Bernd Kramer

Erleuchtung gefällig?

Bernd Kramer

Erleuchtung gefällig?

Ein esoterischer Selbstversuch

Ch. Links Verlag, Berlin

Editorische Notiz
Die Namen der Protagonisten sind, sofern sie nicht mit Vor- und Zunamen auftreten, verändert, ebenso wie weitere Details. Die Dialoge sind aus dem Gedächtnis heraus wiedergegeben.

Die Deutsche Nationalbibliothek verzeichnet diese Publikation
in der Deutschen Nationalbibliografie;
detaillierte bibliografische Daten sind im Internet
über www.dnb.de abrufbar.

1. Auflage, Mai 2013

Schönhauser Allee 36, 10435 Berlin, Tel.: (030) 44 02 32-0
www.christoph-links-verlag.de; mail@christoph-links-verlag.de
Umschlaggestaltung: Burkhard Neie, www.blackpen.xix-berlin.de,
unter Verwendung eines Fotos von Andrea Michele
Piacquadios/Shutterstock
Satz: Agentur Marina Siegemund, Berlin
Druck und Bindung: Druckerei F. Pustet, Regensburg

ISBN 978-3-86153-717-5

Inhalt

Prolog

»Kannst du mir vielleicht auch noch etwas mitgeben für mein Buch? Siehst du da etwas?«

»Okay, ich nehme mal das Kartendeck der aufgestiegenen Meister. Konzentriere dich mal auf das Buch und sage stopp.«

»Stopp.«

»So, ich habe hier jetzt Erzengel Michael liegen. Und er sagt dir: Diese Arbeit wird dich zu deinem inneren Reichtum führen.«

»Ah, Geld?«

»Innerer Reichtum.«

»Erkenntnis?«

»Ja, Erkenntnis. Was ist dein Thema?«

»Na ja, es geht, grob gesagt, um Spiritualität und meine Zweifel daran.«

»Um Wahrheit und Täuschung also?«

»Illusion und Wirklichkeit.«

»Ein superwichtiges Thema. Es gibt nur wenige, die das voneinander unterscheiden können.«

»Und ich werde das können?«

»Absolut.«

Dialog mit einer hellsichtigen Beraterin bei Questico, einem Unternehmen, das mit esoterischer Lebenshilfe per Telefon Millionen umsetzt.

Einleitung

Warum sich plötzlich alle als spirituell und ganzheitlich begreifen

Vielleicht bin ich aus der Zeit gefallen. Weil ich wahrscheinlich immer noch diesem kalten, unbarmherzigen Rationalismus anhänge, der sich doch längst als gescheitert erwiesen hat. Der die vergangenen 200 Jahre unser Denken dominierte. Aber was hat er gebracht? Eine Wissenschaft, die sich allein aufs Vermessen kapriziert; Bürokratien, denen das Schicksal des Einzelnen egal ist; Unternehmen, die in ihren Mitarbeitern vor allem eine verwertbare Arbeitskraft sehen; ein Gesundheitssystem, das den Menschen als reparierbare Maschine betrachtet und nicht als das beseelte Wesen, als das er begriffen werden will. Wer heute etwas auf sich hält, denkt anders. Spirituell. Ganzheitlich. Postrational.

Nur ich bekomme das nicht hin. Ich weiß noch nicht einmal, was das heißt. Ich verharre weiter in der alten, stahlharten Welt und werde partout nicht empfänglich für das neue Numinose.

So könnte man es beschreiben.

Irgendwann habe ich bemerkt, dass ein Teil meines Umfeldes und ich auseinanderdrifteten. Viele, die ich für intelligent und aufgeklärt hielt, fingen an, sich für die seltsamsten Dinge zu begeistern. Mir fiel auf, wie viele meiner Bekannten Dingen Glauben schenkten, deren Unsinnigkeit ich für ausgemacht hielt.

Da ist zum Beispiel eine Kommilitonin, die mir erzählte, dass sie ihre Klausuren mit der Unterstützung einer Freundin zu meistern pflegte, die ihr zur Prüfungszeit per Fern-Reiki positive Energien schickte. Nicht dass sie wirklich daran glauben würde, aber es habe zumindest nicht geschadet.

Da ist zum Beispiel ein entfernter Verwandter, der, wie ich höre, inzwischen zusätzlich zu seinem Hausarzt eine Geistheilerin konsultiert. Diese Heilerin, sagt er, trete sehr bodenständig auf, keine Hexe, keine überakzentuierte Spinnerin, nicht eingebildet oder überheblich, bescheiden im Auftreten, eine ganz gewöhnliche Frau mittleren Alters in Jeans und Bluse. Als ob allein durch Attribute der Alltäglichkeit die Geistheilerei plausibler würde.

Die Menschen in meinem Umfeld sind vielleicht noch vorsichtig und unbestimmt in ihrem abschließenden Urteil darüber, ob an Geistheilerei, Fern-Reiki oder wirkstofffreien Arzneimitteln wirklich etwas dran ist. Als offenkundigen Unsinn ablehnen wollen sie es wiederum auch nicht. Was geht hier vor sich?

* * *

Die Esoterik boomt. Bevölkerungsumfragen zeigen, dass mitunter 40 Prozent der Deutschen der Astrologie gegenüber aufgeschlossen sind. Jeder Vierte glaubt an Wiedergeburt und damit potenziell auch daran, dass Ereignisse aus vergangenen Leben das Dasein im Hier und Jetzt beeinflussen.[1] Eine Studie der Universität Hohenheim vermaß vor einigen Jahren die Gruppe der »spirituellen Sinnsucher«, die ihre ganz persönliche Erleuchtung außerhalb der traditionellen Kirchen und Konfessionen zu finden hofft. Zehn bis fünfzehn Prozent der Bevölkerung zählten die Forscher dazu.[2] Selbst Konfessionslose, selbst solche, die auf den ersten Blick atheistisch erscheinen, bezeichnen sich zu einem beträchtlichen Teil als spirituell.[3] Das gesellschaftliche Klima hat sich verschoben. Die Kirche mag man noch als engstirnig und autoritär ablehnen, ohne auf großen Protest zu stoßen. Aber das Spirituelle kratzt man nicht mehr so ungestraft an. Spiritualität ist gut. Wer sie ablehnt, ist gefühllos, engstirnig, verschlossen. So wie ich.

Verlässliche Zahlen darüber, wie viel die Deutschen Jahr für Jahr für Esoterik ausgeben, gibt es genauso wenig wie einen Konsens, was überhaupt Esoterik ist. Der Trendforscher Eike Wenzel bezifferte den Jahresumsatz mit dem Übersinnlichen immerhin auf bis zu 25 Milliarden Euro. Tendenz steigend.[4] »Die Esoterik dringt zunehmend in den ganz normalen Alltag ein«, meint Hartmut Zinser, Professor für Religionswissenschaften an der Freien Universität Berlin. Die Folge: »Viele nehmen sie schon gar nicht mehr als esoterisch wahr.«[5]

Wie weit die Esoterik die Gesellschaft schon durchdrungen hat, lässt sich an vielen Beispielen zeigen. Die Bundesagentur für Arbeit etwa fördert mit dem Bildungsgutschein die Umschulung zum Astrologen. Es gibt Unternehmen, die sich dafür interessieren, wie sie Mitarbeiter anhand der Schädelform auswählen können, und zahlreiche Personalberater, die ihnen dabei helfend zur Seite stehen.[6] Bürgermeister halten Eröffnungsreden auf Esoterik-Messen.[7] Jürgen Klinsmann lässt Buddha-Statuen auf dem Trainingsgelände aufstellen, weil das den Spielern »einen gewissen Energiefluss« gebe.[8] Auch die Polizei schreckt vor metaphysischen Ermittlungsmethoden nicht zurück: Beamte in Hamburg konsultierten einen Geisterbeschwörer, der Kontakt zu einem von den Rechtsterroristen des Nationalsozialistischen Untergrunds (NSU) ermordeten türkischstämmigen Gemüsehändler aufnehmen sollte. Auf die richtige Fährte führte dieser angebliche »Gigant unter den Metaphysikern« die Ermittler nicht. »Versuch macht klug«, meinte lapidar einer der Beamten in einer Mail an die Kollegen, »und verlieren können wir letztlich nichts.«[9] Selbst an Universitäten, dem vermeintlichen Hort der Aufklärung, wird, häufig mit Geld aus der Wirtschaft, an Hellseherei und dergleichen geforscht. Esoterik ist mittlerweile Mainstream.

Was Shakespeare seinem Hamlet in den Mund legte, scheint zum Motto unserer Tage geworden zu sein. Nachdem der Prinz von Dänemark zur mitternächtlichen Stunde dem Geist seines verstorbenen Vaters begegnet war, sagte er zu seinem Freund Horatio den Satz, den heute auch alle Apologeten der Esoterik als Totschlagargument gegen jeden Zweifel herbeizitieren: »Es gibt mehr Ding' im Himmel und auf Erden, als Eure Schulweisheit sich träumt.«

Mag ja sein.

Aber was folgt daraus? Dass die geschmähte Schulweisheit prinzipiell unfähig wäre, nicht doch eine schlüssige Erklärung zu finden? Oder dass es tatsächlich andere zuverlässige Möglichkeiten gibt, Phänomene zu erkennen und brauchbar zu machen, wenn uns Schulweisheit und Alltagsverstand nicht weiterhelfen?

***

Bei mir löst dieser Mainstream keinen Sturm der Begeisterung aus, sondern einen diffusen Schauer. Mag sein, dass ich mich als Kind in der Geisterbahn auf dem Dorfjahrmarkt so sehr erschrocken habe, dass ich seither einen großen Bogen auch um die guten Gespenster mache, um die Elfen und Engel. Ob die Geister nun schön oder schaurig sind, ist zweitrangig. Sie bleiben Geister, und das grundsätzliche Problem bleibt das gleiche: Wie können wir wir selbst bleiben, wenn wir zu Mitteln greifen, die unseren Verstand übersteigen, auch wenn diese Mittel noch so menschenfreundlich und nützlich erscheinen? Die Esoterik belässt es nicht beim Gebet, bei dem der Gottesfürchtige von Anfang an einkalkulieren muss, dass der unergründliche Allmächtige es möglicherweise nie erhören wird. Auf dem Gebiet der Esoterik gilt Unwirksamkeit von vornherein eher als Ausnahme und nicht als Regel. Für eine Weile tragen uns ihre Methoden vielleicht tatsächlich über eine schwierige Situation, aber plötzlich stellen wir fest, dass wir die Geister, die wir riefen, so schnell nicht wieder loswerden. Goethes Zauberlehrling, der im Übermut das Haus unter Wasser setzt, ist Beispiel genug.

Nicht nur, dass die Selbstauslieferung an das Übersinnliche eine unheilvolle Eigendynamik entfalten kann. Etwas an der Esoterik wirkt schief, widersprüchlich, suspekt. Irgendetwas, scheint mir, passt bei ihr nicht richtig zusammen. Die Arbeit der Heiler und Wahrsager, Energiearbeiter, Astrologen und Schamanen wirkt wie der Versuch, Ephemeres in Portionen zu pressen, Weiches hartzubekommen und Hartes seelenweich. Das Bemühen, Geist mit Materie zu vereinen, scheint mir genauso zum Scheitern verurteilt zu sein wie die Idee, man könne die Luft, die uns umgibt, in Würfel schneiden und mit der Post in alle Welt verschicken. Die Esoterik wirkt unecht und lügnerisch. Sich an ihr kurieren zu wollen, ist, als würde man seine Wunden mit Watte aus Eisenspänen betupfen. Oder mit Verbänden aus Sonnenlicht. Es passt nicht zusammen.

Theodor Adorno schüttelte den Kopf über diese so offensichtlich inkonsistent gefertigten Plastikreligionen. Da schimpfen ihre Anhänger so sehr über den Materialismus unserer Tage. »Aber den Astralleib wollen sie wiegen«, schreibt Adorno. »Die Objekte ihres Interesses sollen zugleich die Möglichkeit von Erfahrung übersteigen und erfahren werden. Es soll streng wissenschaftlich zugehen; je größer der Humbug, desto sorgfältiger die Versuchsanordnung.«[10]

Vor allen Dingen kommt mir das alles nicht vor wie etwas Religionsähnliches, wie etwas, an das man ernsthaft glauben könnte. Transzendentes, das sich dazu herablässt, Steinchen zu beseelen oder Prüfungserfolge zu befördern, diskreditiert sich selbst. Das Übersinnliche macht sich lächerlich, wenn es sich in so Banalem äußert wie einem Kartendeck oder einer Kristallkugel und buchbar ist auf dem Therapie- und Seminarmarkt. Als Weltenlenker halte ich Gott schon für unplausibel, als Hausmeister erst recht. Als Patchwork-Religion unterläuft die Esoterik durch die willkürliche Verbindung von Wiedergeburtglaube und Bibelexegese, Engeln und Energieströmen außerdem so offensichtlich jeden absoluten Wahrheitsanspruch, dass sie für mich unmöglich als glaubwürdige Alternative in Betracht kommt. Lieber glaube ich nichts.

Anfang der 20er Jahre des vorigen Jahrhunderts besuchte Thomas Mann einige Séancen im Hause des Münchener Parapsychologen Freiherr Albert von Schrenck-Notzing, einem Star der damals blühenden Geisterbeschwörerszene, der etwas düsteren Vorläuferbewegung der heutigen Esoterik. Thomas Mann beschreibt seine »Okkulten Erlebnisse«: das Betreten der abgedunkelten Bibliothek, in der er zu seiner Überraschung im Publikum auch einen Zoologieprofessor der Universität erblickt, die Verlegenheit, als die beiden sich als Männer von Verstand Wähnenden in dieser Situation aufeinandertreffen, die gespannte Atmosphäre, die »ein wenig an die Stimmung junger Leute erinnerte, die sich zu ihrem ersten Besuch bei Mädchen anschicken«. Thomas Mann wird gebeten, das Medium, einen jungen

Kerl namens Willi, an dessen Stuhl festzuhalten. Bald darauf fällt Willi in Trance, und im Halbdunkel lässt er ein Taschentuch sich erheben und über die Köpfe des Publikums hinwegfliegen und einen Geist auf einer mechanischen Schreibmaschine tippen.

Etwas billig kommt dem Bildungsbürger Mann dieses Schauspiel vor. »Würde gibt es nur in der Sphäre des reinen Geistes, zu dessen Provinzen die Metaphysik im Sinne erkenntnistheoretisch-transzendenter Spekulation gehört. Wenn aber Metaphysik empirisch wird, wenn sie sich herbeiläßt oder die Verpflichtung zu fühlen beginnt oder der Verführung unterliegt, dem Weltgeheimnis experimentell auf die Spur zu kommen – und das tut sie im Okkultismus, da dieser nichts ist als empirisch-experimentelle Metaphysik –, so darf sie nicht darauf rechnen, ihre Hände rein zu halten, ihrer Haltung Würde zu wahren«, schreibt er. »Denn im Mediumismus und Somnambulismus, der Quelle der okkulten Phänomene, mischt sich das Geheimnis des organischen Lebens mit den übersinnlichen Geheimnissen, und diese Mischung ist trüb.«[11] Die Addition von Oben und Unten ergibt nichts Größeres, sondern allenfalls ein Dazwischen.

Und trotzdem ist Thomas Mann die Faszination am Ende anzumerken. »Nachdem ich gesehen, halte ich es für meine Pflicht, Zeugnis abzulegen, daß bei den Experimenten, denen ich beiwohnte, jede Möglichkeit mechanischen Betruges, taschenspielerischer Illusionierung nach menschlichem Ermessen ausgeschlossen war«, beteuert der Schriftsteller.[12] Künftig wolle er, ein Mensch des »klaren und humanen Gedankens«, das Haus des geheimnisvollen Freiherrn von Schrenck-Notzing meiden, schließt Thomas Mann seinen Bericht. Um dann kleinlaut hinzuzufügen, dass er doch vielleicht versuchsweise noch einmal wiederkommen würde, »zwei- oder dreimal, nicht öfter«[13].

Bloß warum?

Warum schwören heute so viele Menschen auf dieses trübe Gemisch? Woher rührt die Begeisterung für Esoterik? Warum sind viele hingezogen zu dem, was mir Unbehagen bereitet? Was fasziniert sie am Pendeln und Kartenlegen, an Tarot und

Astrologie, Geistheilerei und magieschwangerer Alternativmedizin? Warum wird dafür auch noch eine Menge Geld ausgegeben? Und wer sind die Leute, die daran verdienen?

Mich interessiert, was die Esoterik mit dem Einzelnen macht. Und was aus einer Gesellschaft wird, die zunehmend esoterisch geprägt ist, in der immer mehr Lebensbereiche einen übersinnlichen Anstrich erhalten.

Um das herauszufinden, wage ich ein Experiment. Ich will mich hineinbegeben in diese Welt, vor der mir graut. Ich erwarte und ich hoffe nicht, am Ende bekehrt zurückzukehren. Ich starte einen esoterischen Selbstversuch, rede mit Betroffenen, mit Anbietern, stöbere als Kunde auf dem Markt der Sinnangebote. Und ich versuche, selbst Fuß zu fassen in der Szene, mich und meine Fähigkeiten anzubieten auf diesem Markt der Übersinnlichkeiten. Es ist eine Reise an die Grenze der Vernunft und darüber hinaus, ohne Schutzhelm, ohne doppelten Boden.

Urwissen

Wie ein Heiler durch Schütteln meiner Hände vergangene Existenzen aufspürt, und warum die Esoterik-Bewegung irdische Ursprünge hat

Locker lassen. Nichts kann anstrengender sein, als einfach einmal locker zu lassen. Wie macht man das? Wie findet man zu sich selbst? Wie lässt man sich in sein Innerstes hineinfallen?

Ich habe in einem hellbraunen, abgewetzten Ledersessel Platz genommen, und der Herr, der mir gegenübersitzt, erklärt, dass er seine Behandlung nicht wird beginnen können, wenn ich nicht locker lasse. Er schüttelt den Kopf über meine Verkrampftheit. Ich frage mich, was der Herr genau ist. Ein Guru? Ein Trainer? Ein Coach? Jemand, der einfach nur sein Handwerk ausführt? Oder jemand, der über Fähigkeiten verfügt, die ich nicht einmal zu erahnen wage?

Er hat eine blonde Surflehrerfrisur, schulterlang, durchdringende blaue Augen und spricht in einem weich gebrochenen Deutsch, einem zischenden Akzent, der irgendwie zwischen Polnisch und Französisch changiert.

Ich habe meine Arme ausgestreckt. Er hält meine Hände. Er wiegt sie in der Luft, lässt los, sie fallen ein Stück, er fängt sie auf. Das Einzige, was er mir vorab zu seiner Methode gesagt hatte, war, dass er mit dem Unterbewusstsein arbeite, irgendwie. Warum er dafür meine Hände schaukelt, was er an der Art, wie ich sie halte, erkennen will, wozu das führen soll, ist mir unklar. Ich merke nur, dass ihm das alles noch nicht so recht passt. Und dass es an mir liegt. An mir allein. An meiner mangelnden inneren Bereitschaft vielleicht. An meiner skeptischen Haltung, von der ich befürchte, dass er sie durchschauen könnte.

Mir ist natürlich vollkommen klar, dass mir niemand gegenübersitzt, der hellsichtig ist. Alles was er kann, kann ich potenziell auch. Trotzdem kommt mir mein Vorsatz, ihm kein Wort zu glauben von dem, was er erzählen würde, illoyal vor, unfair.

»Du lässt nicht locker«, ermahnt er mich. »Guck einmal. Du kontrollierst. Du hast Angst, die Kontrolle abzugeben«, sagt er. »Aber wenn du nicht locker lässt, werde ich dich nicht untersuchen können. Dann werde ich in Wahrheit nur mich untersuchen und dir etwas Falsches erzählen.«

Mein Experiment hat mich auf eine Esoterik-Messe geführt, einen Jahrmarkt für Sinnstiftung und Selbstoptimierung. Das Angebot ist weit und widersprüchlich. Es gibt Profanes mit sakralem Anspruch, Räucherstäbchen, Edelsteine und Teesortimente. An manchen Stellen erinnert die Messe an einen Kitschladen voller Deko-Artikel, an anderen wirkt sie wie ein Aufgebot von Wanderpredigern. Das Angebot, das der Herr, dem ich nun gegenübersitze, macht, nennt sich nur ganz allgemein: »Die Heilung«. So steht es an seinem Stand.

Ich müsse ihm nur sagen, was ich weghaben will, hatte er mir erklärt. »Wenn dich an deiner Person oder an deinem Charakter irgendetwas stört, kann ich das beheben. Egal was.«

Vielleicht ist es das, was am besten mit der Sakralisierung des Selbst zu beschreiben ist: Wir sind Superhelden, unsere Seelen omnipotente Götter, zu allem in der Lage. Egal was.

Wenn man sich nur aus dem Würgegriff einer kontrollwütigen Vernunft befreit. Wenn man nur locker lässt.

»Egal was dich stört und blockiert. Ich werde das löschen«, hatte mir der Herr erklärt.

Mein Auftrag erscheint mir überschaubar. Ich würde mich gerne von meiner inneren Unruhe lösen, hatte ich ihm gesagt. Ein ganz gewöhnlicher, kleiner Selbstoptimierungswunsch. Wer will das nicht? In sich ruhen. Von der Arbeit heimkommen und das Smartphone in die Ecke werfen, anstatt bis Mitternacht noch im Bett Dienstmails zu lesen.

Der Heiler hat sich das Anliegen notiert. »Unruhe«, hat er mit dem Füller auf das Umweltpapier geschrieben, mit schwarzer Tinte und in kleiner, teigiger Schrift. Der Zettel liegt auf einem kleinen Schemel neben seinem Sessel, der Füller darauf. Seither kommen wir nicht weiter.

Er wiegt meine Hände und lässt sie los. »Einfach fallen lassen, nicht steuern«, sagt er. Ich versuche einfach, nichts zu tun. An etwas anderes zu denken. Die Kontrolle abzugeben. Auch auf die Gefahr hin, dass er mich dann erst recht durchschaut. Meine Hände sacken herunter. »Schon besser«, sagt er. Ein, zwei Mal probiert er es noch, ehe wir endlich die richtige Geschmeidigkeit erreicht haben. »Okay, perfekt.«

Er rückt ein Stück auf seinem Sessel vor, nimmt meine Hände auf Schoßhöhe, locker, wiegt sie, stellt dabei eine Frage, lässt los und erkennt offenbar in dem, was meine Hände dann tun, die Antwort. Es erinnert an den Muskeltest der Kinesiologie, ein alternativmedizinisches Verfahren: Ein Kinesiologe meint zum Beispiel Krankheiten diagnostizieren zu können, indem er auf den ausgestreckten Arm des Patienten drückt. Entweder der Arm bleibt stark, oder er wird weich, woraus der Kinesiologe je nach Untersuchungsfrage seine Schlüsse zieht. Die Körperspannung drücke die Informationen aus, heißt es. Aus medizinischer Sicht ist das Unsinn.

Jetzt, da ich offenbar locker bin, geht es Schlag auf Schlag. Immer wieder nimmt er meine Hände, lässt sie in meinen Schoß fallen, nimmt sie erneut. Daraus scheinen sich für ihn Antworten auf Ja-Nein-Fragen zu ergeben.

»Unruhe? Ja. Können wir das löschen? Ja. Gebrochener Wille? Nein. Überlastet? Nein. Überfordert? Ja. Machtlos? Ja.«

Er lässt meine Hände auf meine Knie sinken, in überkreuzter Ruheposition, beugt sich zu seinem Schemel und notiert mit schwarzer Tinte auf das Umweltpapier: »Machtlosigkeit.«

Es ging so schnell, dass ich kaum folgen konnte. Und ein wenig fühle ich mich daher jetzt tatsächlich machtlos. Weil meine Hände Antworten auf Fragen geben, die ich nie gestellt habe, die ich vielleicht nie stellen würde. Es kommt mir vor, als beobachte ich zwei Freunde bei einer Plauderei über mich, als würde er, der Heiler, mit einem Teil von mir kommunizieren, der nicht zu mir gehört. Meine Arme wirken wie etwas, das nicht mehr zu meinem Körper zählt. Sie baumeln einfach nur noch.

Machtlosigkeit also. Meine innere Unruhe entspringt angeblich einem Gefühl der Machtlosigkeit. Woher kommt diese Machtlosigkeit? Was hat sie zu bedeuten?

Er nimmt meine Hände.

»Groll? Nein. Hass? Nein. Etwas nicht verarbeitet haben? Ja.«

Ich schalte mich dazwischen: »Was denn nicht verarbeitet?«

»Das weiß ich noch nicht«, sagt er und beugt sich zur Seite, um zu notieren. »Noch sind wir nicht so weit.«

Er nimmt meine Hände, senkt den Kopf und schaut voller Konzentration auf sie herab.

»Woher stammt das? Dieses Leben? Nein. Früheres Leben? Ja.«

Er hält kurz inne. Das sei natürlich jetzt schwierig, sagt er. Es sei immer schwierig, wenn die Ursache in einem früheren Leben liege, weil der Klient selbst dann kaum Hinweise geben kann. Weil alles in den Händen liegt. In meinen Händen. In seinen Händen.

Er nimmt sie.

»Spiritualität? Ja. Also irgendetwas mit Spiritualität. Von den Eltern übernommen? Nein. Warst du etwas bei der Kirche? Ja. Kreuzritter? Nein. Priester? Nein. Mönch? Ja.«

Er zieht mit dem Füller einen Strich unter das zuvor Notierte und schreibt auf: Mönch. Meine innere Unruhe entspringt einem Gefühl der Machtlosigkeit, das ich aus einem früheren Leben als Mönch mit mir herumtrage. Ich bin neugierig.

»Du warst Mönch. Wolltest du das sein? Nein. Deine Familie hat dich dazu gebracht? Ja. Wolltest du da raus? Ja. War der Grund dein Glaube? Nein. Die Gräueltaten, die die verübt haben? Ja. War der Grund auch einmal Liebe? Ja. Liebe zu einem anderen Mann? Nein. Zu einer Frau? Ja.«

Langsam entspinnt sich eine Geschichte, eine Erklärung. Und allmählich meine ich zu durchschauen, wie das Prinzip funktioniert. Er nimmt meine Hände, formuliert eine Frage, lässt los. Fallen meine Arme dann so in meinen Schoß, dass die linke Hand über der rechten liegt, ist die Frage mit Ja beantwortet. Liegt die rechte Hand über der linken, heißt das Nein. Oder umgekehrt.

Eine Geschichte zumindest entwickelt sich in jedem Fall. Wenn man darüber nachdenkt, ist das auch nicht verwunderlich. Früher oder später werden meine Hände eine Frage bejahen, die dann die Richtung für die nächste weist, bis wir uns durch das Gesetz des Zufalls und die Fantasie des Therapeuten schließlich tief in die Details meiner früheren Existenz verirrt haben. Er nimmt meine Hände.

»Ist da etwas Schlimmes passiert? Ja. Selbstmord? Nein. Haben sie dich weggesperrt? Ja. Haben sie auch irgendetwas mit deiner Geliebten gemacht? Ja. Verbrannt? Nein. Umgebracht? Nein. Gefängnis? Ja. Und du hast dir Vorwürfe gemacht? Ja. Hast du deswegen jetzt auch diese Unruhe? Ja. Weil du nicht weißt, wie es ihr geht? Ja. Das belastet dich immer noch? Ja.«

Das also ist die Geschichte, zu der wir uns, zu der meine Hände uns manövriert haben. Meine Hände sinken in den Schoß, er greift zum Füller und notiert in kleiner, teigiger Schrift mein vorgeburtliches Dasein.

»Ich war wirklich einmal ein Mönch?«, sage ich.

»Ja.«

Er selbst habe übrigens eine ähnliche Biografie. In einem früheren Leben, lange, lange bevor er zum Heiler auf Esoterik-Messen wurde, sei er Priester gewesen, sein Schicksal habe meinem geglichen, auch er habe wegen einer Liebe mit seiner Religion gehadert. Daher komme übrigens auch seine heutige Abneigung der Kirche gegenüber, der Institution Kirche, nicht der Spiritualität gegenüber. In einem leeren Gotteshaus, abseits der Messen, sitze er auch heute noch gerne, um der Magie nachzuspüren.

»Ist vielleicht bei dir auch so. Ist oft so«, sagt er. »Dass spirituelle Menschen in ihrem früheren Leben irgendwas mit der Kirche zu tun hatten.«

* * *

Die Frommen von einst inkarnieren sich in den Spirituellen von heute. Ein ewiges karmisches Gesetz. Vielleicht ist das die Antwort auf die Frage, warum die »Entzauberung der Welt«, die der Soziologe Max Weber zu Anfang des 20. Jahrhunderts heranziehen sah, doch nicht eingetreten ist.[14] Warum sich das Religiöse eben nicht verflüchtigt hat in der Moderne. Oder zumindest nicht so, wie es zu erwarten war.

Dabei war selbst Weber nicht so naiv zu glauben, dass eine

»entzauberte« Welt uns keine Rätsel mehr aufgeben würde. Er ging nicht davon aus, dass das Leben einfacher wird, wenn man die unergründlichen Kräfte, die man früher hinter allen Dingen sah, Gottes geheimnisvolles Schalten und Walten, durch vollständige Klarheit eines jeden über alles ersetzen würde. Im Gegenteil: Der Alltag in der entzauberten Welt ist Weber zufolge sogar noch undurchsichtiger, nur dass ihm nicht mehr der Ruch des Mysteriösen anhaftet. Der steinzeitliche Jäger kannte die Waffen und Werkzeuge, die ihn durchs Leben begleiteten; wir dagegen verstehen kaum, wie die Straßenbahn funktioniert, in die wir morgens einsteigen, oder welchen Einfluss die Zinspolitik der Zentralbank auf unser Gehalt hat. »Die zunehmende Intellektualisierung und Rationalisierung bedeutet also nicht eine zunehmende allgemeine Kenntnis der Lebensbedingungen, unter denen man steht«, schreibt Weber. »Sondern sie bedeutet etwas anderes: das Wissen oder den Glauben daran: daß man, wenn man nur wollte, es jederzeit prinzipiell erfahren könnte, daß es also prinzipiell keine geheimnisvollen Mächte gebe, die da hineinspielen«.[15]

Lange gingen Soziologen deshalb davon aus, der Glaube würde zu einer Randerscheinung unserer Gesellschaft, verbannt hinter Kirchenmauern, beschränkt auf den Gottesdienst am Sonntagmorgen. Und selbst da kann man inzwischen ausschlafen, ohne die ewige Verdammnis in der Hölle befürchten zu müssen. Dass wir uns auf die Vernunft verlassen statt auf Gottesworte und Gebete, ist keine unsympathische Vorstellung, wenn man sich vor Augen führt, mit wie viel Blut die Religion jahrhundertelang die Erde überzog. »Gott ist tot«, sagte Friedrich Nietzsche vor gut 130 Jahren, noch halb erschrocken von den unendlichen Möglichkeiten, die der Menschheit damit offenstünden, entlassen aus der Obhut eines allmächtigen Vaters. Heute müssten wir ihn nur noch fröhlich beerdigen.

Und vordergründig scheint die These vom Bedeutungsverlust der Religion ja auch zu stimmen. Wir sind christlich geprägt, aber immer weniger noch eine christliche Gesellschaft. 1991 gehörten in Westdeutschland 11 Prozent der Bevölkerung keiner Kirche an, 2008 lag der Anteil der Bekenntnislosen schon bei

16 Prozent.[16] Andere Quellen zeichnen einen noch deutlicheren Bedeutungsverlust der Kirchen und schätzen den Anteil der Konfessionslosen deutschlandweit bereits auf mehr als ein Drittel der Bevölkerung.[17] Im Osten bildeten sie seit jeher die Mehrheit. Und auch diejenigen, die noch in den Kirchen sind, fühlen sich ihnen immer weniger verbunden; die Zahl der Christen, die regelmäßig den Gottesdienst besuchen, sinkt.

Wäre da nicht diese seltsame neue Form der – ja was eigentlich – »Religion«. Eben die Welt der Schamanen und Heiler, der Wahrsager und Reinkarnationstherapeuten. In den vergangenen Jahren stellten Soziologen und Philosophen in Zweifel, ob wir tatsächlich in einer säkularisierten Gesellschaft leben. Alternative Spiritualität, das zeigt eine Untersuchung, findet vor allem in den Ländern Anklang, die vordergründig als besonders modern und säkular gelten. Es sind vor allem Länder in West- und Nordeuropa, eher protestantische als katholische Gesellschaften, in denen die neue Religion besonders große Teile der Bevölkerung erfasst hat. Und es sind vor allem diejenigen, die viel Wert auf Selbstverwirklichung legen, die ein Faible fürs Esoterische entwickeln.[18]

Der Soziologe Thomas Luckmann hat die These aufgestellt, dass die Religion nicht einfach verschwindet in der modernen Welt, sondern sich nur nicht mehr an die Begrenzungen der Kirchenmauern hält, aus ihnen heraus diffundiert. Die althergebrachten scharfen Konturen der Religionen verwischen, und deren Elemente vermischen sich mit anderem; alltägliche Bereiche werden so sakralisiert. Diese neue Form von Spiritualität kolonialisiert Teile des Lebens, die längst nicht mehr als religiös gelten, das Berufsleben, für das wir in Meditationsgruppen Kraft tanken, die Medizin, in der sich spekulative Verfahren etablieren. Das im weitesten Sinne Religiöse löst sich nicht auf, es lässt sich nur nicht mehr so einfach an den Kirchenstatistiken ablesen – es wird unsichtbar. Unter dem vagen Begriff der Spiritualität wird es allgegenwärtig, aber auch schwerer zu greifen.[19]

Luckmann zufolge birgt die Säkularisierung der Gesellschaft ihre Esoterisierung bereits in sich. Je mehr die Religion in einer ihr zugewiesenen Ecke der Gesellschaft gebündelt wird, desto stärker ist ihr Drang zum Ausbruch. Der Absolutheitsanspruch des Heiligen verträgt sich nicht mit einem Alltag, der jenseits von ihm stattfindet. Je stärker die Kirche zu einer spezialisierten Institution unter vielen wird, desto weiter verflüchtigt sich das Religiöse und verteilt sich über die anderen Bereiche der Gesellschaft.[20] »Neben den Formen wandern auch typisch religiöse Inhalte, Themen und Topoi aus dem ›heiligen Kosmos‹ aus«, meint der Religionssoziologie Hubert Knoblauch.[21]

Die Szene bezeichnet dieses Phänomen mit dem Modewort der Ganzheitlichkeit. Und ganzheitlich heißt, Gegensätzliches als Gleiches zu betrachten. »Technikfaszination und Magiebegeisterung schließen sich in der Alltagswelt dieser Nutzer nicht aus, sondern ergänzen sich in ihrem Lebensgefühl auf scheinbar sinnvolle Weise«, urteilt etwa Matthias Pöhlmann von der Evangelischen Zentralstelle für Weltanschauungsfragen (EZW) über innere Widersprüche in der Welt der Esoterik-Anhänger.[22] »Esoterik und Okkultismus sind schwankende Gestalten: Mal behaupten ihre Anhänger, dass es sich bei Esoterik und Okkultismus um Wissenschaft handle«, schreibt ganz ähnlich der Berliner Religionsforscher Hartmut Zinser. »Mal stellen ihre Anhänger Esoterik und Okkultismus als Glaubenssystem dar, das an die gesamten, vor allem vergessenen und ausgegrenzten Teile der Religionsgeschichte der Menschheit anknüpfe und die in den institutionalisierten Religionen eingetretenen Verkrustungen wieder auflöse.«[23] Es wird zusammengebracht, was ganz offenkundig nicht zusammengehört. Wissenschaft und Religion, die sich mit der Aufklärung auseinanderentwickelten, macht die Esoterik wieder zu einem; manche Historiker sehen in ihr insofern sogar ein Kind der Aufklärung, das deren Streben nach Erkenntnis und Emanzipation teilt und Mythisches in die Sprache einer säkularen technischen Welt übersetzt.[24] Die Anhänger der Esoterik teilen deshalb auch ihre Begriffe mit den Physikern; seit dem 19. Jahrhunderten reden beide immerzu von Energie – und meinen natürlich Unterschiedliches. Neuerdings ist die Quantentherorie der letzte Schrei in der Szene der Erleuchteten. Die Esoterik ist eine Wiederverzauberung der Welt mit den Mitteln ihrer Entzauberung. Sie schafft Zauberei mit den Methoden der modernen Technik. »Die zweite Mythologie ist unwahrer als die erste«, meint daher Theodor Adorno.[25]

Es ist schwer zu sagen, wann die zweite Mythologie beginnt. Vielleicht im Jahr 1848.

In Europa gehen Bürger auf die Barrikaden gegen die Obrigkeit, im Februar wird der französische König abgesetzt, Karl Marx und Friedrich Engels veröffentlichen das »Kommunistische Manifest«, Gold wird in Kalifornien gefunden und löst einen Rausch aus. Und in Hydesville, einem Städtchen im Staate New York, gelingt es am 31. März drei Schwestern im Teenageralter, endlich die merkwürdigen nächtlichen Klopfgeräusche in ihrem Haus zu entschlüsseln.

Im Vorjahr war die Familie Fox in das als verwunschen geltende Gebäude gezogen. Gleich in der ersten Nacht kam das Klopfen, und die Familie suchte im Kerzenlicht alle Räume nach einer Ursache ab. Vergebens. Es klopfte weiter. Es klopfte auch in den folgenden Nächten. Immer wieder, immer lauter. Sogar die Betten sollen gebebt haben wegen des Klopfens.

In jener Märznacht im Jahre 1848 fasst Kate Fox, zwölf Jahre alt und die Jüngste der drei Töchter des Hauses, allen Mut zusammen. Sie klatscht in die Hände. »Mach es mir nach«, ruft sie. Und tatsächlich, das Klopfgeräusch imitiert den Takt. Margaret, die andere Schwester, probiert es ebenfalls. Wieder reagiert das Klopfen auf die Herausforderung. Als die Mutter schließlich darum bittet, das Alter der Kinder zu klopfen, ist die Familie endgültig überzeugt, dass höhere Mächte am Werke sind.

Noch in derselben Nacht lädt die Familie Nachbarn ein, sie bezeugen das Klopfen und stellen Fragen. »Wurdest du ermordet?«, fragt ein Nachbar. Ein Klopfen bestätigt das. Konnte der Täter bestraft werden? Kein Klopfen. In der Art tastet man sich an das Geschehene heran, ähnlich dem Heiler auf der Esoterik-Messe, der aus den bejahenden und verneinenden Antworten meiner Hände eine Biografie meines früheren Lebens konstruiert. Der Mord soll im östlichen Schlafzimmer des Hauses passiert sein, fünf Jahre zuvor, mit einem Schlachtermesser. Der Name der ermordeten Person, die keine Ruhe findet: Charles B. Rosna, ein Hausierer.

Die Fox-Teenager werden zu Stars. Im November 1849 treten sie erstmals öffentlich in der Stadthalle von Rochester auf. Im Sommer 1850 halten sie Séancen in einem Hotel in New York City ab, Journalisten der Großstadt berichten begeistert bis verstört über die seltsamen Fähigkeiten der Schwestern zur Kommunikation mit Toten.

Eine neue Bewegung ist geboren. Immer mehr Medien tauchen auf, die die Jenseitsschranke aufzuheben versprechen, die angeblich Kontakte zu Geistern und Verstorbenen herstellen können.[26] Es bilden sich spiritistische Zirkel, die in abgedunkelten Räumen mit dem Klopfen und dem Pendeln experimentieren, Gläser oder Tische rücken oder später gar Geisterstimmen auf Tonband bannen wollen.

1844 wurde die erste lange Telegrafenlinie von Washington nach Baltimore eröffnet, am 24. Mai sendete Samuel Morse aus der Hauptstadt Washington eine Kombination aus langen und kurzen Signalen nach Baltimore, wo sein Mitarbeiter Alfred Vail sie als Bibelvers entschlüsselt: »Was hat Gott gewirkt!«, 4. Buch Moses, Kapitel 23, Vers 23. Es ist nicht verwunderlich, dass sich vier Jahre später im Hause Fox der Geist des Hausierers Charles B. Rosna nun durch ein an das Morsealphabet erinnerndes Klopfsystem bemerkbar macht. »Offenbar folgten die Klopfgeister dem damals fortschrittlichsten Stand des Wissens«, schreibt der Journalist Thomas Steinfeld, »und offenbar ist Okkultismus ein wenn schon nicht wissenschaftliches, so doch nach einem Ideal von Wissenschaft gebildetes Programm.«[27]

Es ist bemerkenswert, wie die geistige Welt seither dem technischen Fortschritt folgt: Inzwischen soll sich das Jenseits gar der E-Mail bedienen, um sich uns mitzuteilen. Kürzlich sorgte in den USA dieser Fall für Aufsehen: Im Juni 2011 verstarb Jack Froese, mit 32 Jahren. Die Trauer war groß. Wenige Monate später, im November, saß Tim, Jack Froeses bester Freund, auf der Couch, strich ohne große Erwartung mit dem Finger über den Touchscreen seines Smartphones und fand plötzlich eine Nachricht in seinem Postfach, verschickt vom E-Mail-Account des Verstorbenen. Der Betreff: »I'm watching« (»Ich beobachte dich«). Die Nachricht war kurz, aber verstörend: »Hörst du mich?«, schrieb Jack Froese. »Ich bin in deinem Haus. Mach den verdammten Dachboden sauber.« Tim wurde kreidebleich. Kurz vor dem Tod hatte Jack ihn im Scherz tatsächlich auf den erbärmlich verstaubten Zustand des Dachbodens aufmerksam gemacht. Tim schrieb zurück, aber erhielt keine Antwort. Auch Jim, der Cousin von Jack Froese, hatte eine Nachricht bekommen, am 21. November 2011 um 22.31 Uhr: »Hey Jim«, schrieb der Verstorbene, »ich habe es kommen sehen, dass du dir den Knöchel brichst. Ich wollte dich noch warnen.« Jim hatte sich tatsächlich eine Woche vorher den Knöchel gebrochen. Hatte jemand das Passwort zu Jack Froeses Account? Machte da jemand einen schlechten Scherz? So genau wollten es die Empfänger doch nicht wissen, die Nachrichten, die sie erhalten hatten, mochten sie lieber als ein Geschenk ansehen.[28]

»Wenn es um das Okkulte geht«, meint Thomas Steinfeld, »gibt es ein populäres Missverständnis: dass nämlich sich das Okkulte einer Entscheidung zur Irrationalität verdanke, dass also der Okkultist sich von allem, was Wissen und Vernunft heißen kann, abwende, um sich einer religiösen Fantasie, einer Mystik hinzugeben.«[29] Das Gegenteil ist der Fall: Die Klopfgeräusche versichern den Fox-Schwestern und allen Nachbarn und auch allen Zuschauern, die bald die öffentlichen Sitzungen in Scharen besuchen, dass es da etwas gibt, ein Jenseits im Diesseits, eine Welt hinter der Materie, hinter den Dingen, ein Leben nach dem Tod. Was vorher nur unbewiesen geglaubt werden konnte, wird nun zur experimentellen Gewissheit. Transzendente Erkenntnis kann quasi in strenger Versuchsanordnung erlangt werden – das ist die Verheißung der spiritistischen Bewegung. In der Faszination geht völlig unter, dass Margaret Fox, die mittlere der Schwestern, 1888, 40 Jahre nach dem vermeintlichen Entschlüsseln der ersten Klopfgeräusche, gesteht, dass alles nur eine Fälschung gewesen sei. Sie hätten das Klopfen damals selbst verursacht, mit einem Apfel, der an einem Band hing und den sie verdeckt auf den Boden plumpsen ließen.

Im selben Jahr, in dem Margaret Fox ihre Geisterkommunikation als Schwindel enttarnt, erscheint ein Buch, das zur Bibel der zeitgenössischen Esoterik avancieren sollte: Helena

Petrovna Blavatskys »Geheimlehre«, ein vier dicke Bände umfassender Texttorso, in dem die Autorin eine Synthese aus Wissenschaft, Religion und Philosophie verspricht. Das Buch, meint der Religionswissenschaftler Hartmut Zinser, ist »zu einem Text geworden, aus dem viele neuere Esoteriker und Okkultisten geschöpft haben – meist ohne die Quelle anzugeben, vielleicht auch, weil ihnen diese gar nicht bekannt war und sie ihre Ideen über andere Autoren erhalten haben«.[30]

Blavatsky ist eine Art Backpackerin des 19. Jahrhunderts. Mit 17 Jahren macht sie sich auf, verlässt Russland und reist durch die Welt, Europa, Afrika, Asien, Amerika. Sie bringt die Begeisterung für Fernost in den Westen, lässt sich inspirieren von den verschiedenen Kulturen und versucht gewissermaßen einen Urglauben, ein gemeinsames Weltwissen aus allen Religionen herauszudestillieren, das sich zudem mit dem Kenntnisstand der modernen Naturwissenschaft decken soll. Damit hat Blavatsky praktisch das Programm für die folgenden Esoteriker-Generationen vorgegeben.

1873 wird Blavatsky amerikanische Staatsbürgerin, sie lässt sich in New York nieder, wo sie im Herbst 1875 in ihrer Wohnung die Theosophische Gesellschaft ins Leben ruft, gemeinsam mit einem Dutzend okkultismusbegeisterter Vertreter des lokalen Bürgertums. Es ist der erste große Esoteriker-Zusammenschluss der Neuzeit. »Die Ziele dieser Gesellschaft«, heißt es in der Präambel der Gründungsurkunde, »sind die Sammlung und Verbreitung von Wissen über die Gesetze, die das Universum regeln.« Bald darauf entstehen, nach dem Vorbild der Freimauer, Logen in der ganzen Welt. Auch in Deutschland.[31]

Die Theosophen scheinen heute fast vergessen zu sein, aber ihre prominenteste Abspaltung ist weiterhin äußerst umtriebig. Zu Beginn des 20. Jahrhunderts tritt ein selbsternannter Seher namens Rudolf Steiner der Thesophischen Gesellschaft bei und wird bald darauf zum Generalsekretär der deutschen Sektion. Als die Theosophische Gesellschaft den jungen Inder Jiddu Krishnamurti zum künftigen »Weltenlehrer«, zum wiedergeborenen Christus erklärt, bricht Steiner mit ihr und gründet die Anthroposophische Gesellschaft. Die Theosophen sind aus seiner Sicht zu sehr auf das Östliche hin orientiert, Steiner schwebt dagegen eher eine Art christliche Esoterik vor.

Die Anthroposophie ist bis heute die Ersatzreligion des Bildungsbürgertums in Deutschland geblieben. Es gibt die Christengemeinschaft als Kirche mit anthroposophischen Grundsätzen. Es gibt Waldorfschulen, die nach Steiners Lehren unterrichten und längst auch Kinder aus nichtanthroposophischen Kreisen anziehen. Es gibt Ärzte, die der anthroposophischen Medizin folgen. Es gibt Bauern, die nach Steiners Regeln der »biologisch-dynamischen Landwirtschaft« arbeiten, bei der nach dem Mondkalender gesät und geerntet wird. Und es gibt Unternehmen, die nach anthroposophischen Grundsätzen wirtschaften.

Die Anthroposophie ist damit ein Paradebeispiel dafür, wie die Esoterik in sämtliche Lebensbereiche vordringt, Bereiche, die völlig unterschiedlichen Logiken folgen. Aus einer umfassenden Idee soll stets ein Nutzwert für die verschiedensten Fragen des Lebens ableitbar sein. In ihrer Orientierung auf die Brauchbarkeit unterscheidet sich Esoterik fundamental von den etablierten Religionen. Es geht immer um praktische Lebensverbesserung oder besser gesagt: vermeintliche Lebensverbesserung. »Denn die Okkulten«, schreibt Theodor Adorno, »sind praktische Leute. Sie treibt nicht eitle Neugier, sie suchen Tips. Fix geht es von den Sternen zum Termingeschäft.«[32]

* * *

Und welchen Tipp gibt es für mich? Was rät mir der Herr auf der Esoterik-Messe, der soeben meine frühere Existenz als Mönch offengelegt hat? Wie kann ich eine Unruhe aus einem vergangenen Leben lösen, die längst nicht mehr meine ist?

»Wir entwickeln einen Heilsatz«, sagt der Herr, dem ich auf der Esoterik-Messe gegenübersitze. »Damit du das löschen kannst.«

Nachdem wir den Infekt geortet haben, und zwar irgendwo im 14. Jahrhundert, kommt nun das Antibiotikum.

Der Heiler legt den Zettel und den Füller auf den Schemel. Er bittet mich, ihm wieder die Hände zu geben, damit er mit der Zusammenstellung und Dosierung der Worte für den Heilsatz beginnen kann.

»Locker lassen«, ermahnt er mich.

Halbsätze und Wortfetzen werden ohne mein weiteres Zutun zwischen ihm und meinen Händen abgestimmt.

»Ich habe alles im Griff ...« Er schaukelt meine Hände, lässt los, sie sinken in den Schoß, meine linke Hand über meiner rechten, oder umgekehrt. Er liest daraus ein Ja und beugt sich zum Schemel, notiert und greift anschließend wieder nach meinen Händen.

»Ich habe alles im Griff, und jede Erfahrung stärkt mich ... Ja. Ich habe alles im Griff, und jede Erfahrung stärkt mich. Ich bin ruhig und entspannt. Ja.«

Er protokolliert den Rest des Satzes, setzt die Kappe auf den Füller und reicht mir den Zettel aus Umweltpapier. Diesen Satz, erklärt er, solle ich zwei Wochen lang, zweimal täglich, jeweils fünfmal laut und fünfmal leise, sprechen und dabei mit dem rechten Zeigefinger an die linke Faust klopfen, und zwar genau auf die Falte, die sich an der Handseite direkt unter dem kleinen Finger herausbildet, wenn man eine Faust formt. Das Klopfen bitte im Takt mit dem Heilsatz.

Er demonstriert es. »Guck, so.«

* * *

Ob sie gläubig ist? Na ja. Aura? Astrologie? Astralleib? Andrea Kappelmann schüttelt den Kopf. Engel? Elfen? Energien? Überhaupt nicht. Reiki? Reinkarnation? Räucher-Rituale? Kein Thema. Die geistige Welt schweigt zu Andrea Kappelmann, sie ist fern und stumm und für den Alltag irrelevant.

»Ich habe damals nicht an Esoterik geglaubt«, sagt sie. »Und heute glaube ich auch nicht mehr daran.« Warum es in einer Zeit dazwischen anders war, kann sie sich nicht ganz erklären, immer noch nicht, auch jetzt, Jahre später, nicht.

Ich treffe Andrea Kappelmann, Jahrgang 1957, kurzes, feuerrotes Haar und schwarze Brille, in einem Café in Düsseldorf. Es ist nicht selbstverständlich, dass sie immer noch hier lebt und arbeitet und wohl nur ihren Zweifeln im letzten Moment zu verdanken.

Religionsforscher skizzieren einen typischen Weg ins spirituelle Milieu, bei dem der Erstkontakt meist aus ganz säkularen Motiven erfolgt. Es geht um Wellness, Wohlbefinden, Lebenshilfe, Selbstoptimierung. Man besucht einen Yoga-Kurs, um etwas für seinen Rücken zu tun. Man meldet sich zu einem Seminar namens »Zen für Führungskräfte« an, das den beruflichen Erfolg beschleunigen soll. Man trifft eine Reinkarnationstherapeutin, um seine Depressionen zu behandeln. Aber nach und nach wird man sensibilisiert für den spirituellen Hintergrund dieser Methoden. Man beginnt, die Lösung für ein ganz irdisches Anliegen als etwas Transzendentes zu deuten.[33]

Andrea Kappelmann ist ein gutes Beispiel dafür, wie jemand, der mit beiden Beinen im Leben steht, sich auf diese Art in die absurdesten esoterischen Sphären verirren kann. Wie man mit klarem Kopf den Halt verliert. Wie das, was als einfache Lebenshilfe beginnt, das Leben zu ruinieren droht.

Es beginnt Mitte der 90er Jahre. Andrea Kappelmann steckt in einer Krise. Der Beruf als Krankenpflegerin schlaucht sie. Ihr Mann lebt nur für seinen Konditorladen; wenn er abends aus dem Büro kommt, streift er die Schuhe ab, legt sich auf die Couch und greift zur Fernbedienung. Gemeinsame Interessen fehlen. Und mit der Erziehung ihrer beiden Kinder fühlt Andrea Kappelmann sich alleingelassen.

Der jüngste Sohn kommt gerade in die Schule. Und der älteste in die Pubertät. Die Noten werden schlechter, und nach Unterrichtsschluss verkriecht er sich in sein Zimmer. Er habe sich ihr komplett verweigert, sagt Andrea Kappelmann.

Es nützt nichts, an die Tür zu klopfen. Kein Streit, aber auch kein wirkliches Gespräch. Es erscheint ihr, als gerate ihr Sohn plötzlich, mit elf, zwölf Jahren, auf eine andere Umlaufbahn, in die sie ihm zwischen dem Schichtdienst im Krankenhaus und ihren Ehesorgen immer weniger folgen kann.

»Meine Verzweiflung wurde immer größer«, erzählt Andrea Kappelmann heute.

Ihr damaliges Umfeld ist durch und durch säkular und unesoterisch. Nur eine Freundin, nicht einmal die beste, fällt durch ihre seltsame Angewohnheit auf, regelmäßig das Haus mit dem Qualm von Räucherstäbchen zu reinigen. Der Rauch soll negative Schwingungen tilgen. Eine zur Hausfrau verdammte Arztgattin, deren eigene Verwirklichung neben der ihres Mannes zu kurz gekommen ist – so jedenfalls erklärt Andrea Kappelmann sich diesen Spleen, sie nimmt ihn achselzuckend zur Kenntnis. »Ich habe das bisschen Esoterik einfach als eine Eigenart von ihr abgetan.«

Kennengelernt haben sich die Frauen über den Kindergarten, in den ihre Söhne gehen. Man sieht sich, wenn man die Kinder abholt, redet ein bisschen, tauscht Erziehungstipps aus.

Irgendwann erzählt Andrea Kappelmann davon, dass ihr Ältester ihr gerade Kummer bereite. Sie wisse nicht weiter mit ihm, auch mit sich selbst nicht. Sie überlege, ob sie nicht einen Termin bei einem Kindertherapeuten vereinbaren solle.

»Ich habe da vielleicht eine Adresse für dich«, sagt die Arztgattin. Sie schiebt Andrea Kappelmann eine Telefonnummer herüber, die Nummer einer spirituellen Lebensberaterin. »Da gehe ich auch hin. Die kann dir vielleicht helfen.«

Eine Art Therapeutin also, denkt Andrea Kappelmann. Schaden kann es ja nicht. Sie ruft an.

»Die Frau kam schon am Telefon sehr sympathisch herüber«, erinnert sie sich. »Sehr offen. Sehr authentisch. Sehr überzeugt von sich. Und sie fiel gleich mit der Tür ins Haus.«

Die Methode, mit der sie arbeite, sei das sogenannte Channeling, vom englischen Begriff für Kanal. Sie, die Beraterin, öffne sich und werde so gewissermaßen zu einem Kanal, durch den ein Geistwesen, mit dem sie zusammenarbeite, dem Ratsuchenden seine Botschaften vermittle.

Komischerweise, sagt Andrea Kappelmann heute, habe sie diese Erklärung damals einfach so hingenommen.

Das Wesen, mit dem die Lebensberaterin zusammenarbeitet, heißt Seth. Den ersten Kontakt zu Seth will im Jahr 1963 die amerikanische Schriftstellerin Jane Roberts hergestellt haben, der sich Seth als »multidimensionaler Energiepersönlichkeitskern« präsentiert haben soll. Fortan empfing Roberts zweimal wöchentlich in Trancesitzungen Botschaften von ihm. Ihrem Mann diktierte sie währenddessen, was Seth gerade sagte. Auf diese Weise entstanden bis zu ihrem Tod in den 80er Jahren zahlreiche Bücher.

»Ich betrachte mich selbst«, soll Seth, der offenbar einen etwas kruden Sprachstil pflegt, gesagt haben, »als enthusiastischen psychologischen Forschungsreisenden, der sich eigenem Wunsch zufolge auf glücklicher Fahrt durch Universen befindet und imstande ist, mit lauter und herzhafter Stimme von der hypothetischen Küste des einen oder anderen Nachrichten zuzurufen über das, was er gefunden hat und immer noch findet.«[34]

Seth also.

Mittlerweile behaupten auch andere Medien, in Kontakt mit ihm zu stehen und seine Reiseberichte aus den verschiedenen Universen empfangen zu können. Eines dieser Medien ist die Düsseldorfer Lebensberaterin, von der Andrea Kappelmann sich damals Hilfe verspricht.

Die Lebensberaterin empfängt Mutter und Sohn zuhause in ihrer Wohnung. Es gibt kein Schild an der Hauswand, auf dem die Beratungszeiten stünden, keinen Hinweis an der Klingel oder am Briefkasten, keine Inserate in der Zeitung, keine Visitenkarten. »Sie hat all ihre Klienten über Mundpropaganda gewonnen«, sagt Andrea Kappelmann. »Und sie lebte davon.«

Die Frau, die ihnen im obersten Stock die Tür öffnet, beeindruckt Andrea Kappelmann sofort: schlanke Figur, blondes, zu einem Pferdeschwanz zusammengebundenes Haar, dezent elegant gekleidet, attraktiv und jugendlich; die Wohnung aufgeräumt eingerichtet, ohne esoterischen Kitsch. »Die Frau hatte eine super Ausstrahlung, ein unglaubliches Charisma«.

Die Beraterin erklärt den beiden in ein paar Worten das Vorgehen. Die Sitzungen würde sie auf Kassette mitschneiden, damit man sie zuhause in Ruhe nachbereiten könne. Dann drückt sie die Rekordertaste und nimmt Kontakt zu Seth auf.

Der Sohn, dem Andrea Kappelmann die Sache mit dem Geistwesen verschwiegen hatte, verzieht das Gesicht, er verschränkt die Arme und gibt einfach keine Antworten.

Aber Seth scheint ihn bald ohnehin nicht mehr im Blick zu haben. Ganz zum Schluss äußert der multidimensionale Energiepersönlichkeitskern einen Satz, der Andrea Kappelmann wie ein Lasso umschlingt. Der einzige Satz dieser Sitzung, der ihr heute noch in Erinnerung ist, auch wenn sie nicht versteht, warum er sie damals so berührt hat. »Die Mutter ist mir näher als der Sohn«, sagt Seth. Sagt die Beraterin. Nicht um den Jungen gehe es, es gehe um sie, um Andrea Kappelmann selbst.

Es folgt keine Erklärung, keine Erläuterung. Das Medium kappt nur dankend die Verbindung zu Seth und drückt die Stopptaste des Kassettenrekorders.

»Da bekommst du mich nie wieder hin«, sagt ihr Sohn, als sie aus der Wohnung sind.

»In Ordnung«, sagt Andrea Kappelmann – und geht fortan regelmäßig zu der Lebensberaterin.

Warum?

Gute Frage.

»Ich habe mich einfach gut aufgehoben gefühlt«, sagt sie heute.

Seth bestärkt sie. In den nächsten Wochen fühlt sich Andrea Kappelmann tatsächlich besser, sie tritt selbstbewusster auf, auch ihrem Mann gegenüber. Nach einigen Sitzungen erzählt sie ihrer Familie von der Beraterin, so enthusiastisch, dass ihre Schwester, eine Anwaltsgehilfin, und ihr Bruder, ein Rettungsassistent, ebenfalls beschließen, die Dame zu konsultieren. Auch ihnen tun die Botschaften gut. Andrea Kappelmann fährt gemeinsam mit ihrer Schwester zu den Sitzungen. Während die eine in der Wohnung der Beraterin sitzt, wartet die andere im Café, dann wechseln sie die Positionen.

Nur die Mutter von Andrea Kappelmann bleibt skeptisch. Ein Geistwesen namens Seth? Ein Medium, durch das es spricht?

»Ist das vielleicht so eine Art Sekte?«, fragt sie.

»Das würde ich ja wohl merken«, antwortet Andrea Kappelmann.

Von wegen, sagt sie heute. »Nichts habe ich gemerkt.«

Selbstoptimierung

Wie ich bei einer Reinkarnationstherapeutin meine karmische Vergangenheit aufbereite, und warum ich mich anschließend trotzdem nicht besser fühle

Ein weit verbreitetes Missverständnis über Esoterik lautet, dass es sich bei ihr um den Versuch handle, in Meditationshaltung die Augen vor den Ansprüchen des Alltags zu verschließen, sich in einen Zauberwald hineinzufantasieren und darüber alle Sorgen in Beruf, Familie und Freundeskreis zu vergessen. Aber genauso wenig wie Esoterik unsere wissenschaftlich und technisch durchrationalisierte Welt einfach verleugnet, lässt sie sich als bloßen Eskapismus beschreiben. Wahrscheinlich liegt ihr Reiz sogar im gegenteiligen Versprechen: Esoterik geriert sich als Lebenshilfe, die uns unvermutete Kräfte zu verleihen vermag.

»Esoterik bedient nicht nur das Bedürfnis nach Sicherheit«, erklärt Matthias Pöhlmann, der Esoterik-Experte der Evangelischen Zentralstelle für Weltanschauungsfragen. »Der Reiz liegt vor allem auch darin, dass sie eine Möglichkeit zur Selbstermächtigung verspricht.«[35] Es ist ein Unterschied, ob man in einer brüchig gewordenen Welt einen Gott anbetet, der einem vielleicht hilft, vielleicht aber auch nicht und der sich zu nichts zwingen lässt. Oder ob man sein Leben in die Hand zu nehmen glaubt, indem man sich selbst zum Gott macht – in Séancen, durch Geistheilerei, durch ein Bewusstseins-Coaching oder beim Channeling. Esoterik beruht eher auf der Idee der Selbstermächtigung als auf der der Weltflucht.

Man wolle endlich einmal etwas für sich tun. So klingt es oft, wenn sich jemand der Esoterik zuwendet. Wie Wellness für die Seele. Man will mit technischer Hilfe und mit quasiwissenschaftlichen Methoden höher, weiter, göttlicher werden. Die Esoterik ist das Upgrade für die eigene Person. »Was wäre mehr dazu gemacht, sein Ego in Stadiongröße auszuwalzen, als die ausufernde Beschäftigung mit Körper und Geist«, lästert die Schriftstellerin Sibylle Berg.[36]

Die Selbstermächtigung ist dabei die Kehrseite der Ganzheitlichkeit: Der Anhänger der Esoterik bringt als gottähnlicher Wächter Lebensbereiche zusammen, die in einer hocharbeitsteiligen, stark spezialisierten Gesellschaft längst auseinandergedriftet sind. Der Religionssoziologe Hubert Knoblauch sieht auch darin einen Reiz, den die Esoterik ausübt: »Die einzelne Person kann die unüberschaubaren Sonderwissensbestände elegant umgehen und bleibt dabei dennoch handlungsfähig.«[37] Oder meint zumindest, handlungsfähig zu bleiben.

Besonders deutlich wird dieses Selbstermächtigungsversprechen in Büchern wie dem der australischen Fernsehjournalistin Rhonda Byrne, die einen der größten Esoterik-Bestseller der letzten Jahre schrieb. Der Titel: »The Secret«. Darin behauptet die Autorin, ein uraltes Geheimnis zu offenbaren, mit dem wir zu Glück, Erfolg, Reichtum, erfüllten Partnerschaften, erholsamen Urlauben, schönen Autos oder was auch immer kommen können. Der Weg lautet schlicht und einfach: Wir müssen es uns nur richtig wünschen, unsere Energien nur so einstimmen, dass das Universum die Bestellung aufnehmen kann. Dann liefere es im Nu. Dieses Prinzip wird in dem Buch als das »Gesetz der Anziehung« bezeichnet: Wir ziehen an, was wir denken. »Sie sind der Herr des Universums, und der dienstbare Geist ist da, um Ihnen zu dienen«, heißt es in dem Buch. »Er stellt Ihre Befehle niemals infrage. Sie denken an etwas, und augenblicklich beginnt der dienstbare Geist, die Hebel des Universums in Bewegung zu setzen, um durch Menschen, Umstände und Ereignisse Ihren Wunsch zu erfüllen.«[38] Inzwischen gibt es unzählige Nachahmer, die Vorträge und Kurse anbieten, wie wir unser Leben durch energetisch optimal eingeschwungene Gedanken in bessere Bahnen lenken können.

Byrne und ihre Gefolgschaft radikalisieren nur, was bereits im klopfzeichengläubigen 19. Jahrhundert als Neugeist-Bewegung in den USA entsteht. Als Begründer dieser Art des Denkens gilt Phineas Parkhurst Quimby, der 1859 eine Praxis als Heiler eröffnet. Von der Medizin seiner Zeit hat er keine hohe Meinung.

Er erklärt seinen Patienten, die Ursachen ihrer Leiden lägen in falschen, in negativen Gedanken. Eine seiner Patientinnen, eine Frau namens Mary Baker Eddy, erschafft aufbauend auf den Lehren Quimbys eine eigene Religion, die es noch heute in den USA gibt und die den vielsagenden Namen »Christliche Wissenschaft« trägt. Es gebe keine materielle Welt, so lautet der Kern der Lehre, alles sei allein Geist und Gedanke. Ihre Kirche will das geistige Heilen mit dem Christentum verbinden. In den Gottesdiensträumen finden sich meist zwei Kanzeln. Von der einen wird aus der Bibel gelesen, von der anderen aus Eddys Erbauungsbuch »Wissenschaft und Gesundheit mit Schlüssel zur Heiligen Schrift«.

Die Neugeist-Bewegung geht davon aus, dass das Denken eine schöpferische Kraft sei, und zwar im allerwörtlichsten Sinne: Was in unserem Kopf geschieht, strebe automatisch nach Verwirklichung, weil unser Geist mit Gott verbunden sei. Mit unserem Denken seien wir selbst gottgleich. Daher müssten wir uns einer permanenten Gedankenkontrolle unterziehen, darauf achten, dass wir positiv, optimistisch denken, dass unser Kopf nicht in die falsche Richtung läuft. Was heute als »positives Denken« oder als »Gesetz der Anziehung« verkauft wird, geht in Wahrheit auf die esoterisch-protestantische Neugeist-Bewegung zurück.

Das Interessante daran ist, wie die Publizistin Barbara Ehrenreich schreibt, dass diese Auffassung auf den ersten Blick im krassen Widerspruch zur religiösen Tradition der USA steht. Die calvinistischen Siedler sahen sich Gott und seinem undurchdringbaren Willen völlig ausgeliefert, was zu einem verbissenen, puritanischen Lebenswandel führte, bei dem man sich um materiellen Erfolg bemühte, weil allein das als Zeichen der Erwähltheit durch Gott galt.[39]

Die Neugeist-Bewegung musste in einem solchen gesellschaftlichen Klima wie eine Befreiung wirken. Zum ersten Mal kann man durch eigene Gedanken die Wirklichkeit verändern, die Hilfe der geistigen Welt zu seinen Gunsten steuern. So jedenfalls lautet das Versprechen, das von der neuen Glaubenslehre ausgeht. Und warum auch nicht? Die Klopfgeister hatten ja bereits gezeigt, dass man nicht mehr auf einen stummen Gott vertrauen muss, sondern selbst nachfragen und eingreifen kann. Insofern erscheint die Neugeist-Bewegung – wie alle esoterischen Aufbrüche – zunächst wie eine Emanzipation. Der Mensch wird Herr über sich selbst. Nur ist damit der alte Zwang lediglich durch einen neuen getauscht worden: Mit einem Mal können falsche Gedanken fatal sein, es bedarf einer peniblen Überwachung dessen, was im Kopf vorgeht – weil unsere Gedanken ja in ständiger Resonanz mit dem Universum stehen.

***

Meine Suche nach einem Ego, das mich übersteigt, führt mich zu einem Mehrfamilienhaus im Stil der 60er Jahre, zwei Seitenstraßen von der U-Bahn-Station entfernt. Ich drücke die Klingel, nur ein abgekürzter Vorname und ein Nachname, kein Praxisschild, nichts, nur ein Reifenhändler im Erdgeschoss und zwei Worte, die aus der Sprechanlage kommen: »Zweiter Stock.« Die Eingänge zu den Etagenwohnungen befinden sich außen, an einer Art langgestrecktem Balkon. Ich möchte mehr Einzelheiten über meine frühere Existenz als Mönch erfahren. Inwiefern belastet sie mich heute noch? Was kann ich aus ihr lernen, um mein jetziges Leben zu perfektionieren? Und vor allem: Gibt es ernsthaft ein Verfahren, das uns in ein früheres Leben zurückbringt? Wie soll das funktionieren?

Im Internet habe ich nach Reinkarnationstherapeuten in meiner Stadt gesucht, es gibt unzählige, die den verschiedensten Schulen anhängen. Wie entscheidet man sich? Welche Kriterien hat man bei der Auswahl? Ich habe einfach drei Anbieter angefragt, die in der Google-Suche ziemlich weit oben landeten, und den ersten Termin angenommen, den ich bekommen konnte. Ohne zu wissen, auf was ich mich einlassen würde.

Die Therapeutin, eine Dame mit dunkelrotem Lippenstift und adrettem schwarzen Haar, nimmt mir meinen Mantel ab und führt mich in ihr Wohnzimmer. Mir kommt das direkt zu intim vor – bei so jemandem zu Hause zu sitzen. Ihre Homepage wirkte aseptisch und aufgeräumt, so dass ich davon ausgegangen war, mich bei ihr in einer professionellen Praxis wiederzufinden. In einem großen, dunklen Sessel in der Mitte des Raumes soll ich Platz nehmen. Sie setzt sich mir schräg gegenüber ans Fenster, an einen Tisch aus edlem Holz, auf dem ein Klemmbrett mit weißem Papier und ein dicker Ordner liegen.

Ich schaue suchend umher. Sie bricht das Eis.

»Sie waren also auf einer Esoterik-Messe und haben sich Gedanken über Reinkarnation gemacht?«, fragt sie. Ich nicke.

Ich bin nervös. Auf der Homepage steht, ihre Behandlung folge einem ganzheitlichem Ansatz, bei dem sie die östliche Lehre von der Wiedergeburt mit dem westlichen Konzept der Psychotherapie verbinde. Mit dem einzigen Unterschied, dass die Zeitgrenze offen sei. Die klassische Psychoanalyse und neuere tiefenpsychologische Verfahren machen spätestens bei der Geburt halt, davor liegende Seelenschichten sind ihnen unzugänglich. Öffnet man die Zeitschranke, weitet sich das Feld, aus dem prägende, verschüttete, traumatische Erinnerungen gehoben werden können. Es ist nicht nur das Verdrängte aus unserer Kindheit, was uns zu schaffen macht, sondern alles weit, weit davor.

Man könnte es begrüßen als Ausweitung therapeutischer Möglichkeiten. Oder es fürchten, weil es auch so viel mehr Gefahren und Gelegenheiten zu Missbrauch und Manipulation bereithält.

Der Verweis auf das Unbewusste ist schon bei der Psychoanalyse das Mittel, mit dem der Therapeut einen Patienten potenziell in die Unmündigkeit schubsen kann. Der Philosoph Karl Popper hatte der Psychoanalyse einen Hang zum Totalitären attestiert, denn innerhalb ihrer Theorie kann jeder Einwand eines Patienten als unbewusster Abwehrreflex und damit letztlich als Bestätigung für die Deutung des Therapeuten verstanden werden kann.[40]

Bei der Reinkarnationstherapie ist die Möglichkeit zum Widerspruch mangels Zeitzeugenschaft noch begrenzter.

»Funktioniert so eine Rückführung denn bei jedem?«, frage ich.

»Wenn Sie es nicht zulassen, dann werden Sie natürlich nicht in eine Rückführung gehen«, erklärt mir die Therapeutin. »Das ist dann oft eine Art Vermeidung, sich mit seiner karmischen Vergangenheit auseinanderzusetzen.«

Es erinnert mich an das, was der Herr auf der Esoterik-Messe sagte, der mich erstmals mit meiner Mönchsvergangenheit bekannt gemacht hatte. Locker lassen. Geschehen lassen. Zulassen. Funktioniert das Verfahren nicht, liegt es nicht am Verfahren, sondern an meiner eigenen mangelnden inneren Bereitschaft. An meinem Unwillen, mir selbst ins Gesicht zu sehen. Wer sich nicht helfen lassen will, dem kann nicht geholfen werden. Die Verantwortung für den Misserfolg trage ich alleine.

Die Reinkarnationstherapie gilt als eines der gefährlichsten Angebote, die der Psycho-Markt bereithält. Die Methoden unterscheiden sich von Therapeut zu Therapeut; in der Regel werden die Patienten in eine Art Trance oder Tiefenentspannung versetzt und angehalten, sich an ein vermeintliches früheres Leben zu erinnern und ihre Schuld, die sie aus der Zeit mit sich schleppen, anzuerkennen. Sie glauben, sie seien Mörder, Plünderer, Kriegsverbrecher oder Scharfrichter gewesen und müssten dafür im Hier und Jetzt Sühne tun. Wer als Missbrauchsopfer einen Reinkarnationstherapeuten aufsucht, könnte als Antwort bekommen, dass er oder sie in einem früheren Leben vergewaltigend durch die Lande zog. Das, was man selbst in dunklen Zeiten vor der Geburt einem anderen angetan habe, widerfahre einem nun selbst.[41] Das Prinzip der Wiedergeburt basiert nach Überzeugung vieler Therapeuten auf ständig tauschenden Opfer-Täter-Rollen.

Dabei werden die Geschichten, die während einer Reinkarnationssitzung zu Tage treten, oft vom Therapeuten mittels suggestivem Nachfragen gesteuert. Der Patient, in Tiefenentspannung, ist den Bildern, die entstehen, und den Emotionen, die sich daran anknüpfen, völlig ausgeliefert.

Auf der Esoterik-Messe hatte ich einen Vortrag einer Frau gehört, die den Optimismus aus allen Poren auszustrahlen schien, deren Worte mich aber schlucken ließen. »Heilung durch Reinkarnationstherapie«, lautete der Titel ihres Referats. In einem früheren Leben, so erzählte sie mit einer ziemlich beängstigenden Fröhlichkeit, sei sie durch die Inquisition zum Tode auf dem Scheiterhaufen verurteilt worden.

»Und derjenige, der den Scheiterhaufen anzündete, den habe ich in diesem Leben als meinen ersten Mann kennengelernt«, flötete sie. Es ist klar, dass die Ehe zum Scheitern verurteilt war. »Das passiert nun einmal, wenn man sein Karma heiratet.«

Aber nicht nur das. Gott oder das Universum oder das Schicksal richtete es so ein, dass neben dem, der den Scheiterhaufen entzündete, auch derjenige, der damals das Todesurteil gegen sie gesprochen hatte, in ihr Leben trat. Der Hauptinquisitor, dem sie damals gegenübersaß, kehrte zurück als ihr Sohn. Eine Fügung, damit sie ihm vergeben könne, damit sie das Karma lösen könne. »Du warst furchtbar ungerecht zu mir«, habe sie ihm gesagt. »Aber heute bist du mein Sohn, und ich verzeihe dir.«

* * *

Es ist seltsam, dass so viele Menschen von der Vorstellung der Wiedergeburt fasziniert sind, denn eigentlich ist sie Europa eher fremd. Im Christentum spielt sie keine Rolle, und auch die Christen, die sich als »wiedergeboren« bezeichnen, Evangelikale wie der ehemalige amerikanische Präsident George W. Bush, haben dabei eher die eigene biografische Bekehrung im Sinn und nicht etwa eine erneute Passage des Geburtskanals. Der Christ stirbt und genießt das ewige Leben im Himmel, hoch über den Wolken, oder fristet mit etwas Pech seine postmortale Existenz in einem toten Winkel des Fegefeuers oder schmort für alle Ewigkeit in der Hölle. Jedenfalls hält er sich aus irdischen Belangen heraus. Er käme nicht auf die Idee, sich durch Klopfzeichen bei den Lebenden zu melden oder gar in ihre Körper zu schlüpfen.

Die Idee der Wiedergeburt war etwas, wofür sich einst die antiken Griechen erwärmen konnten und mit dem sich später abseits der Kirche ein paar Philosophen auseinandersetzten, wenn sie in ihren Studierzimmern Platon lasen.

Platon hatte eine Theorie der Seelenwanderung entwickelt. Die Seele, glaubte er, muss der Existenz unseres Körpers vorangehen. Sie muss schon da gewesen sein, bevor wir selbst als Wesen aus Fleisch und Blut zur Welt kamen. Der Beleg für ihn: Der Mensch lebt in einer unvollkommenen Welt, hat aber doch eine Ahnung davon, was Vollkommenheit bedeutet. Woher sollte der Mensch wissen, was das Schöne, Wahre, Gute ist, wenn nicht durch eine Seele, die schon vorher Kenntnis davon hatte? Für Platon stand fest, dass die Seele die vollkommenen, ewigen Ideen schon vor unserer Geburt gekannt, dass sie schon vorher in einer Ideenwelt, die unserer Welt der Erscheinungen überlegen ist, gelebt haben muss.

Die Seele steigt hinab aus der Welt der Ideen, schlüpft in einen Körper, fährt mit dem Tod wie ein Hauch aus ihm heraus und in einen neuen wieder hinein. Das ist Platons Idee der Seelenwanderung.

Die Lebenden, schreibt Platon im Phaidon-Dialog, entstehen aus den Toten. Und alles Lernen in diesem Leben bedeutet Wiedererinnern an früheres Wissen.[42]

Für Platon war das alles andere als ein hübsches Gedankenspiel. Die Seelenwanderung verläuft nach verblüffend konkreten Gesetzmäßigkeiten. Eine mit Sünde befleckte Seele irrt nach dem Tod herum, bis sie einen ihr ebenbürtigen Leib findet. Der Trinker wird als Esel wiedergeboren. Die Ungerechten, Herrschsüchtigen und Räuberischen werden zu Wölfen, Geiern und Habichten. Die Einfältigen kehren als Vögel zurück. Die Feiglinge werden, wenn nicht zu Tieren, dann immerhin zu Frauen. Nur die Philosophen gelangen durch immer weitere Wiedergeburt in weiteren Philosophen zur Vollkommenheit. Wobei auch das schnell ein paar Jahrtausende dauert und immensen Körperverschleiß mit sich bringt. Eine Seele, die mindestens dreimal durch einen Philosophen gegangen ist, kann erlöst werden und zurückkehren in die Welt der ewigen Ideen.[43]

Es gab zwar immer wieder Denker, die an Platon anknüpften. In den europäischen Mainstream schaffte es die Idee der Wiedergeburt aber trotzdem nicht. Bis die Esoterik sie entdeckte. Die »entscheidende Popularisierungsagentur von Reinkarnationsvorstellungen«[44] war Ende des 19. Jahrhunderts die Theosophie. Helena Petrovna Blavatsky brachte die Idee der Wiedergeburt von ihren Reisen nach Indien mit – aber machte aus der relativ abstrakten Idee, die im Buddhismus vertreten wird, eine ganz eigene Lehre. Im Buddhismus existiert keine Idee einer durchlaufenden Persönlichkeit; weitergegeben wird nach dem Tod nur so etwas wie eine allgemeine Lebenskraft, die sich in einem Geschöpf manifestiert. Für die Theosophie rutscht dagegen unser tatsächliches Ich in die nächste Geburt. Blavatsky stellte sich das etwa so vor, als seien wir ewige unsterbliche Schauspieler, die in sterbliche Rollen schlüpfen.[45]

Die Vorstellung, dass es unsere Persönlichkeit sei, die durch verschiedene Leben wandere, und nicht etwa irgendein abstraktes Prinzip, ist die Voraussetzung dafür, um aus der Idee der Reinkarnation eine Therapie machen zu können. Wir werden befähigt, uns zu heilen und zu perfektionieren, wenn wir in diesem Leben unsere früheren aufarbeiten.

Dass wir uns im Alltag eigentlich nie an irgendwelche vergangenen Existenzen erinnern, ist natürlich ein ernster Einwand. Aber seit Sigmund Freud das Unbewusste entdeckte, meinen die Reinkarnationsverfechter, auch darauf eine Antwort gefunden zu haben: Wir können uns halt nur nicht erinnern.

* * *

Die Therapeutin bittet mich, die Augen zu schließen. »Lehnen Sie sich zurück«, sagt sie. »Und jetzt gehen Sie einfach einmal in die Situation hinein, als Sie ins Kloster kommen.«

Ich weiß nicht genau, was ich machen soll, ich befinde mich weder in Trance noch in Hypnose, aber vielleicht kommt das noch. So lange stelle ich mir einfach vor, was sie von mir verlangt, ganz klassisch, wie in der Verfilmung des Buchs »Der Name der Rose«. Ich sehe mich vor meinem inneren Auge als jungen Mann von vielleicht achtzehn, neunzehn Jahren, mit Tonsur und eingehüllt in eine braune Kutte, die mir eine Nummer zu groß erscheint. Ein sonniger Tag, beunruhigend ruhig.

»Was für eine Haarfarbe haben Sie?«

»Dunkelblond. So wie jetzt auch.«

»Dick oder dünn?«

»Normal.«

»Tragen Sie Schuhe?«

»Sandalen.«

Ich schlendere durch den Innenhof des Klosters, ein mächtiger Sandsteinbau mit dicken Mauern und Wehrturm, auf einer Anhöhe draußen auf dem Land gelegen. Es erinnert mich sehr an das furchtbare Kloster, in das wir in der zehnten Klasse für ein paar Tage zu Exerzitien mussten.

Am Brunnen begegne ich einem Mitbruder und wechsle ein paar Worte mit ihm.

»Worüber reden Sie?«

»Ich kann nichts verstehen«, sage ich. »Das ist wie in einem Stummfilm.«

Während ich es mir vorstelle, wird mir kurz schummrig, so als sinke ich irgendwie weg. Ich habe das Gefühl, jetzt vielleicht bereit zu sein für die Rückführung, für eine Fantasiereise inklusive Audiospur. Aber dann höre ich, wie meine Therapeutin die in Klarsichtfolie eingehüllten Seiten in ihrem Leitz-Ordner umschlägt und der Stift dann über das Notizpapier auf dem Tisch schleift. Ihre Schrift klingt nach großen, ausholenden, ausladenden Bögen. Ich versuche trotzdem, meiner Fantasie freien Lauf zu lassen, nicht die Situation um mich herum kontrollieren zu wollen, aber es kommt nicht so richtig in Gang. Was, zum Teufel, notiert sie da?

»Es muss ja irgendwie weitergehen«, sagt sie schließlich. »Gehen Sie doch bitte einmal zur nächsten wichtigen Situation. Einer wichtigen Situation, keiner unwichtigen.«

Ich entdecke mich in einer kleinen Zelle des Klosters, ich sitze an einem Tisch, und vor mir steht ein Mitbruder, zorniger Gesichtsausdruck. Ich senke den Kopf, blicke auf die abgenutzte Tischplatte, versuche mit meinem Blick in der verblichenen Maserung des Holzes Halt zu finden. Die Befragung, die ich über mich ergehen lassen muss, ist mir unangenehm. Ich höre den Stift schnell über das Papier auf dem Klemmbrett jagen. Ich hoffe, eine Szene präsentiert zu haben, mit der die Therapeutin mehr anfangen kann. Ist das wichtig genug? Hat das Dramatik? Es fügt sich einigermaßen in das, was man mir auf der Esoterik-

Messe erzählt hat. Ich bin mir nicht sicher, welche Anteile dieser Szene ich meiner Therapeutin zuliebe mehr oder weniger rational zusammenkonstruiert habe und was davon wirklich dem freien Lauf meiner Fantasie entspringt. Für sie jedenfalls scheint all das Sinn zu ergeben.

»Was fragt man Sie?«, möchte sie wissen.

»Keine Ahnung«, sage ich. »Da ist immer noch kein Ton.«

»Aber Sie fühlen es vielleicht.«

»Angst«, sage ich. »Unwohlsein.«

»Was ist der Grund dafür?« Ich höre die Klarsichtfolien in dem Ordner knistern. Vielleicht langweile ich sie mit meiner Geschichte. Vielleicht bin ich ein schlechter Patient.

»Weiß nicht«, sage ich.

»Doch, das wissen Sie.«

»Ich habe gegen die Regeln des Klosters verstoßen.«

Ich merke, dass mir die Geschichte bereits zu entgleiten beginnt, dass das, was in meiner Fantasie geschieht, sich irgendwie mit dem deckt, was hier geschieht. Dass nicht nur der Mönch in meinem Kopf das Verhör als Pein empfindet, sondern auch ich, im Jetzt und Hier. Dass ich im Ledersessel zusammensacken möchte wie der Mönch am Holztisch in der Klosterzelle.

»Gegen welche Regel?«, fragt sie. »Gegen welche Regel haben Sie verstoßen?«

»Weiß ich nicht.«

»Doch, das wissen Sie. Gegen welche Regel haben Sie verstoßen? Schauen Sie genau hin.«

»Ich habe mich mit ihr getroffen«, sage ich, mit einer Stimme, die so brüchig wird, dass ich mich über meine eigene Verschämtheit wundere. »Sie haben herausgefunden, dass wir uns getroffen haben.«

Man bestraft mich mit Feldarbeit, ich ziehe einen Pflug durch den Acker, allein, gebückt, die großen, trockenen Erdklumpen drücken von unten gegen meine Sandalen.

»Halten Sie sich jetzt an die Regel?«, fragt meine Therapeutin.

»Ja«, sage ich. »Natürlich.«

»Aber die Frau«, sagt sie. »Was ist mit der Frau?«

Was mit der Frau ist? Ich zucke die Schultern. Wir treffen uns nicht. Ich fürchte mich vor den Konsequenzen, die ein Treffen hätte.

»Wie heißt sie denn?«

»Keine Ahnung.«

»Das Erste, was Ihnen einfällt.«

»Esmeralda.«

Esmeralda. Das ist also das Erste, was mir einfällt? Die Frau aus Victor Hugos »Glöckner von Nôtre-Dame«. Das passiert, wenn man nicht lange genug nachdenkt und sich von Mittelalter-Klischees leiten lässt. Der Name katapultiert mich augenblicklich, noch während er über meine Lippen kullert, zurück in meine Gegenwart. Ein Mehrfamilienhaus, zwei Seitenstraßen von der U-Bahn-Haltestelle. Unten ein Reifenhändler. Alles ganz profan, fast lächerlich. Ich werde mir meiner selbst wieder bewusst, schüttle die Gefühle meiner imaginären Mönchsfigur ab und richte mich ein Stück im Sessel auf, nur dass ich darauf achte, die Augen geschlossen zu halten. Esmeralda.

Einige Tage nach der Sitzung schreibe ich der Therapeutin sogar noch eine Mail, bedanke mich artig und unaufrichtig für die interessante Erfahrung und sage ihr, dass es bei all dem, was wir in der Therapie herausgearbeitet haben, doch den einen Punkt gibt, der mich an der ganzen Geschichte zweifeln lässt: dieser Name.

»Was Sie mir schildern, kenne ich nur zu gut«, antwortet mir die Therapeutin. »Nach meiner ersten Rückführung ging es mir ähnlich. Je mehr Rückführungen dazukamen, desto unwichtiger wurden Namen und Details. Mit jeder Rückführung wurde nur wichtiger, was ich erlebt hatte und wie ich anders hätte handeln können.«

Es ist also alles auf eigenartige Weise gleichzeitig symbolisch und real. Je nachdem, wie es gerade passt.

In dem Moment, als ich bei ihr im Wohnzimmer sitze, die Augen geschlossen, wirft mich diese Absurdität aber doch so sehr aus der Bahn, dass ich um mein Experiment fürchte. Die Glaubwürdigkeit von allem, was noch kommen würde, ist arg angeschlagen. Ich schalte auf klaren Kopf um und wähle wenigstens für mich selbst einen Namen, der authentisch ist. Josef heißt der Mönch in dieser Geschichte.

»Welches Jahr schreiben wir?«, fragt die Therapeutin.

»1368.«

»Wo befinden wir uns?«

»Tja ...«

»Das Erste, was Ihnen einfällt.«

»Süddeutschland. Bei Nürnberg.«

»Und Ihre Esmeralda«, beharrt die Therapeutin, die diesen Namen von Anfang an ausspricht, ohne dass ihr daran etwas verdächtig vorzukommen scheint, die die Grenze von Fiktion und Realität nicht so streng zieht, wie sie mir später per Mail gestehen würde. »Wollen Sie die gar nicht wiedersehen, die Esmeralda?«

»Na, doch.«

»Ich möchte gerne die nächste wichtige Situation wissen«, sagt die Therapeutin streng. »Sehen Sie sie wieder?«

Ich versuche mich gegen das Verderben zu stemmen, in das die Therapeutin mich hineinstürzen will. Vielleicht ist das eine Art der Vermeidung, weil ich die Auseinandersetzung mit meiner karmischen Vergangenheit scheue. Ihr Therapieplan arbeitet dem gezielt entgegen.

»Sehen Sie sie also wieder?«, fragt die Therapeutin. »Die Esmeralda?«

»Erst einmal lange Zeit nicht.«

»Wie lange?«

»Ein halbes Jahr.«

»Ein halbes Jahr halten Sie sich an die Regeln?«

»Ja.«

»Gut. Haben Sie während dieses halben Jahres an Esmeralda gedacht.«

»Schon«, sage ich.

Sie wirkt ungeduldig. Ich höre die Klarsichthüllen knistern.

»Und dann? Was passiert dann?«

Eines Tages bekomme ich einen Brief, auf eine etwas geheimnisvolle Weise, ein Fremder bringt ihn mir zum Kloster; ehe ich den Brief öffnen, ehe ich etwas fragen oder entgegnen kann, ist der Bote schon wieder verschwunden. Es ist, natürlich, ein Brief von ihr, der Frau mit dem Namen, sie schreibt, dass sie sich Sorgen mache, weil sie so lange nichts von mir gehört habe. Ob es mir gut gehe. Ob ich Probleme bekommen hätte, ihretwegen. Dass sie mich liebe. Immer noch. Trotz allem. Solche Dinge.

»Dürfen Sie Briefe empfangen?«, fragt die Therapeutin.

»Nein.«

»Es ist also ein heimlicher Brief?«

»Ja.«

»Wie fühlen Sie sich? Was macht dieser Brief mit Ihnen?«

»Na ja ...« Ich überlege. »Ich würde ihr schon gerne ein Lebenszeichen geben, irgendein Lebenszeichen.«

»Wie wollen Sie das anstellen?«

»Weiß ich nicht.«

»Wollen Sie raus aus dem Kloster?«

»Würde ich mich nicht trauen.«

Ich bin offenbar ein schwieriger Fall. Zu vorsichtig. Zu unentschlossen. Die Therapeutin ermahnt mich, doch bitte zur nächsten wichtigen Situation zu gehen.

Ich sehe mich in einer Kerkerzelle, Wände aus kaltem Stein, durch ein vergittertes Fenster, unerreichbar hoch für mich, dringt ein blauer Lichtschimmer. Erst allmählich erschließt sich mir, was passiert ist; erst allmählich rekonstruiere ich das Geschehene. Eines Nachts hatte ich mich aus dem Kloster geschlichen, also doch; es war nach der Spätmesse, die anderen Mönche waren in ihren Zellen, und ich drückte leise die Türklinke der meinen herunter, schlich über die Gänge, über den Hof, im Schutze der Schatten, die die Mauern warfen, durch das Tor hinaus, über die Feldwege hinab zu ihr. Die Grillen zirpten.

Ich sage ihr, dass ich ein letztes Mal gekommen sei, dass es mir gut gehe, aber dass wir uns nicht mehr sehen dürften. Sie solle sich keine Sorgen machen.

»Was macht das mit Ihnen?«, will die Therapeutin wissen. »Was macht das mit Ihnen, dass sie ihr so etwas sagen? Wollen Sie sie verlassen?«

»Na ja ...«

Die Frau wischt sich eine Träne von der Wange, eine von der linken, eine von der rechten. Sie schaut zu Boden, ich sehe sie an. Meine Augen bleiben trocken.

Ich will gehen, um noch vor Anbruch der Dämmerung zurück in meiner Zelle im Kloster zu sein, vor der Vergil, dem gemeinsamen Gebet in den frühen Morgenstunden. Würde man mich dort vermissen, wäre ich endgültig verloren. Ich weiß das. Sie weiß das. Meine Therapeutin weiß das natürlich auch.

»Wie kann man so gefasst reagieren?«, fragt die Therapeutin.

»Aus Verantwortungsbewusstsein«, sage ich.

Ich stecke in einem Dilemma, und obwohl ich es natürlich einfach gelassen als Teil des Experiments betrachten könnte, habe ich die Hoffnung noch nicht aufgegeben, es lösen zu können.

Irgendwie, ohne es direkt bemerkt zu haben, habe ich mich mit dieser Figur zu identifizieren begonnen, will sie schützen, bewahren, heil aus dieser Geschichte herausbringen. Was ich als Stichwort auf einer Esoterik-Messe aufgeschnappt hatte, hat sich zu einer reich ausstaffierten Biografie entwickelt, die ich doch so einfach nicht aufgeben will. Die Geschichte des Mönchs Josef ist zu meiner Geschichte geworden. Sein Schicksal ist meines. Sein Schicksal dirigiert die Therapeutin, ich führe es aus.

»Kann es sein, dass Esmeralda schwanger ist?«

»Nein.«

»Schauen Sie einmal genau hin. Sie haben sich ein halbes Jahr nicht gesehen. Ist sie schwanger?«

»Nein«, sage ich. »Sie ist nicht schwanger.« Immerhin das.

»Was ist der wahre Grund dafür, dass Sie sich in Gefahr begeben und noch einmal zu ihr zurückkehren?«, sagt die Therapeutin, und ihre Frage klingt so, als wüsste sie die Antwort. Nur ich weiß sie nicht.

»Ich will mich von ihr verabschieden«, sage ich. »Ihr sagen, dass sie sich keine Sorgen machen soll.«

»Wollen Sie sie denn verlassen?«

Ich zögere. So kalt? So gefühllos?

»Nein«, sage ich schließlich leise.

»Sie wollen sie eigentlich wiedersehen?«

»Ja.«

Ich küsse sie, zum Trost, zum Trotz, und ein allerletztes Mal, wie ich mir fest vornehme. Das, dieser Kuss, scheint es zu sein, worauf die Therapeutin bei dieser Begegnung die ganze Zeit gewartet hat, worauf sie hingearbeitet hat. Ich erzähle es ihr wie ein schüchterner Junge, sie lässt den Stift in großen Bögen über das Papier huschen und summt ein breites und befriedigtes »Mhmm«.

»Und dann will ich wieder gehen«, sage ich.

»Geht das denn so einfach?«

»Nein.«

»Was sagt Esmeralda zu Ihnen?«

»Weiß ich nicht.«

»Doch, das wissen Sie. Was könnte man in so einer Situation sagen, wenn man verliebt ist und da einfach jemand gehen will?«

»Sie fragt mich, ob es nicht doch eine Möglichkeit gäbe, dass ich aus dem Kloster austrete.«

»Wie geht es dann weiter?«

»Ich bleibe die Nacht bei ihr.«

Ich höre wieder das laute, zufriedene Summen der Therapeutin. War das die Antwort, die sie von mir hören wollte? Habe ich jetzt meine Vermeidung aufgegeben?

Am nächsten Morgen weiß ich mit Gewissheit, dass meine Abwesenheit im Kloster nicht unbemerkt geblieben sein kann. Dass mein Leben als Mönch damit gescheitert ist. Die Szene, als man uns findet, nehme ich nur dunkel und verschwommen wahr. Ich weiß nicht, wer uns findet und was im Einzelnen passiert. Ich weiß nur, dass ich zum Schluss allein in dieser Gefängniszelle sitze. Dass ich meine Strafe bekommen habe.

Aus meiner Sicht ist die Geschichte an dieser Stelle zu Ende. Alles ist gesagt. Ich hoffe, die Augen öffnen zu dürfen und einen Abschluss gefunden zu haben, mit dem ich gut leben kann. Mein Vergehen habe ich im Gefängnis abgesessen. Heute kann es mich nicht mehr belasten, und weiter möchte ich der Therapeutin eigentlich nicht entgegenkommen. Es ist doch alles nur ein Test, nur ein Teil des Experiments. Ich habe schon jetzt das Bedürfnis, tief durchzuatmen. Aber die Therapeutin lässt nicht nach. Das Schlimmste steht noch bevor.

»Was passiert als Nächstes?«, sagt sie.

»Nichts mehr.«

»Wie lange sitzen Sie im Gefängnis?«

»Lange.«

»Wie lange?«

»Ich denke, für immer.«

Es überzeugt sie nicht.

»Wie kann es sein«, fragt die Therapeutin, die mir wieder einen Schritt voraus zu sein scheint, »wie kann es sein, dass man für immer im Gefängnis sitzt? Was könnte noch passiert sein?«

»Na ja, ich habe gegen die Klosterregeln verstoßen«, sage ich. »Ich habe mich mit einer Frau getroffen.«

»Und dafür kommt man für immer ins Gefängnis?«

»Vielleicht. Keine Ahnung.«

»Doch, das wissen Sie«, mahnt sie. »Was ist der wahre Grund dafür, dass Sie im Gefängnis sitzen?«

Mir fällt wirklich nichts ein. Ich schweige.

»Gegen welche Regel des Lebens haben Sie verstoßen? Was muss passiert sein, damit man für immer ins Gefängnis kommt?«

Ich schweige weiter, aber ahne etwas.

»Das Erste, was Ihnen einfällt.«

»Ich könnte sie umgebracht haben.«

Ich bin erschrocken darüber, dass ich so etwas denke. Bisher war ich fest davon überzeugt, dass ich zu Mord nicht einmal in meiner Fantasie fähig wäre.

»Ist das das Schlimmste, was Sie sich vorstellen können?«

Ich nicke. Ich meine, das Prinzip zu verstehen: Die Geschichte, die ich erlebe, muss eine möglichst dramatische Wendung nehmen. Das Schlimmste ist immer das Wahrscheinlichste. Ich weiß nicht, was das Schlimmste bedeutet, aber ich will es nicht unbedingt in meiner Biografie haben, auch nicht in dem erfundenen pränatalen Teil meiner Biografie. Seit über einer Stunde, schätze ich, habe ich die Augen schon geschlossen. Die Sitzung ist zu einem Kampf mit der Therapeutin geworden, zu einem Verhör, in dem sie mich um jeden Preis zu einem Geständnis bewegen möchte.

»Haben Sie Esmeralda umgebracht?«

Ich zucke verhalten die Schultern. Warum sage ich nicht nein, ganz einfach, ganz klar? Weil es zu einfach wäre, gegenüber einer Vorahnung, die ich sogar selbst ausgesprochen habe?

Sie bleibt hartnäckig. »Machen wir es einmal anders«, sagt sie. »Gehen Sie in die Situation, in der Ihr Leben zu Ende geht.«

Ich bin erschrocken. Das Sterben habe ich mir noch nie vorstellen müssen und nie vorstellen wollen, erst recht nicht das eigene. Mein eigener Tod, der Tod als Mönch des 14. Jahrhunderts: Ich bin immer noch in der Gefängniszelle, immer noch alleine, fünf Jahre sind vergangen. Die letzte Zeit habe ich das Essen verweigert, habe gehungert. Ich sehe mich in der kalten Zelle am Boden kauern, kraftlos, müde.

»Wie kommt es zu Ihrem Tod? Wo in Ihrem Körper fühlen Sie ihn als Erstes?«

Als Erstes schleicht der Tod in meinen Bauch, sage ich, ich fühle meinen Magen zusammenfallen, und von da sickert der Tod sternförmig weiter in alle Richtungen meines Körpers, hinunter in die Beine, hinauf in die Lunge, die sich kahl anzufühlen beginnt, zu ledrig und schwer, um noch lange mit ihr atmen zu können, alles fällt nach und nach zusammen.

»Lebt Ihr Körper noch, oder geht es schon zu Ende?«

»Es geht zu Ende«, sage ich.

Mein Kopf sinkt schwer und schummrig zur Seite, auf das harte Bodenpflaster der Zelle. Es ist mir unangenehm, mir eine so genaue Vorstellung davon machen zu müssen.

»Wo sehen Sie sich jetzt?«

»Von außen.«

»Wie erleben Sie das Verlassen des Körpers?«

»Ich bin erleichtert, nicht mehr die Kraft für ihn aufbringen zu müssen.«

»Was ist Ihre letzte Wahrnehmung?«

»Warm«, sage ich. »Das letzte bisschen Wärme, das aus meinem Kopf geht. Dann ist alles weg.«

»Und Ihr letzter Gedanke?«

Ich zögere. »Ich habe einen großen Fehler gemacht.«

Und wieder höre ich ihr zustimmendes Summen, so als wäre

ich endlich zu der Einsicht gekommen, die sie schon lange für mich vorgesehen hat.

»Jetzt steht noch im Raum, ob Sie die Esmeralda umgebracht haben. Haben Sie?«

»Nein.«

Nachdem ich schon meinen eigenen Tod nachempfinden musste, will ich nicht auch noch für ihren verantwortlich sein. Das ist mir jetzt klar. Darauf möchte ich mich nicht einlassen.

»Man hat Ihnen den Mord angehängt?«

»Ja.«

Aber wenn ich keinen Mord begangen habe, was ist es dann? Was ist es dann, was in diesem Leben nicht stimmt?

Was hätte anders verlaufen können, fragt sie mich, was hätte passieren müssen, damit ich nicht so ende, so dramatisch.

Ich hätte mich an die Regeln des Klosters halten können, sage ich. All das, was ich tun wollte, was die Therapeutin mich aber nicht machen ließ. Ich hätte mich nicht weiter mit der Frau treffen, es nie so weit kommen lassen sollen.

Aber ihr schwebt offenbar eine andere Alternative vor. »Was noch?«, sagt sie.

Ich hätte nicht ins Kloster gehen sollen, sage ich, ich hätte aufbegehren können gegen den Entschluss meiner Eltern, mich dorthin zu schicken.

»Was ist ein Mensch, der den Mund nicht aufmacht?«

»Tja …«

»Es fängt mit F an.«

»Feige.«

Und wieder summt sie zufrieden.

»Aber was ist der Grund dafür, dass man Sie ins Kloster geschickt hat?«

»Meine Eltern wollten diese Beziehung nicht.«

»Aber Sie hätten die Esmeralda doch heiraten können?«

»Nein.«

»Wieso nicht?«

Ich erwäge Alternativen, die uns in dieser Geschichte elegant weiterbringen könnten. Der falsche Stand? Sie war einem anderen versprochen? Es fällt mir keine gute Antwort ein.

»Warum trennt man zwei Menschen mit so einer Maßnahme, dass man Sie sogar ins Kloster schickt?«

»Weiß ich nicht.«

»Wenn Sie es wüssten: Was könnte es gewesen sein?«

Ich zucke mit den Schultern. »Die falsche Frau.«

»Ja, aber warum könnte es die falsche Frau gewesen sein?«

Und es kommt wieder so eine böse Ahnung in mir auf.

»Was hat der Vater Ihnen denn gesagt? Er muss es ja irgendwie begründet haben?«

Mir fällt nichts ein. »Er sagte, sie sei eine Hexe.« Mittelalterklischees.

Die Therapeutin scheint das sofort als Verlegenheitsantwort zu durchschauen. »Eine Hexe? Hat sie mit Kräutern hantiert? Nein. Das ist für mich noch nicht schlüssig.«

»Nein«, sage ich, mit geschlossenen Augen, und spüre ein gequältes Lächeln in meinem Gesicht aufziehen. »Für mich auch nicht.«

»Warum sagt Ihnen Ihr Vater, sie sei eine Hexe? Hat Ihr Vater Ihnen vielleicht etwas verheimlicht?«

»Vielleicht.«

»Warum trennt man zwei Menschen? Was wäre das Schlimmste, was es gewesen sein könnte?«

Und dann fragt die Reinkarnationstherapeutin, die meine Ahnung wohl schon teilt: »Woher kennen Sie Esmeralda?«

»Sie war einfach irgendwann da.«

»Sind Sie zusammen aufgewachsen? Schauen Sie einmal genau hin.«

Ja, sage ich, Esmeralda war die Tochter einer Hausangestellten, ihre Mutter eine Magd unseres Hofes.

»Könnte es sein«, sagt die Therapeutin schließlich langsam, »dass Sie ihr Bruder waren?«

»Das habe ich auch gerade gedacht.«

Nur hätte ich es nicht aussprechen wollen. Das Tückische an einer Vorahnung, die man mit sich herumträgt, ist, dass sie sich anfühlt wie eine Erinnerung an etwas Reales und in dem Moment zu einer wird, in dem man sie ausspricht.

Ich bin erschrocken, dass die Rückführungstherapeutin so

klar benennt, was ich bereits vermutete, auch wenn diese Vermutung wahrscheinlich nur deswegen zustande kam, weil die Therapeutin meine Fantasie geschickt in genau diese Richtung gelenkt hat. Trotzdem fühle ich mich ertappt, überführt, womit mir alles umso wirklicher erscheint.

Als mein Vater die Sympathie zwischen mir und Esmeralda bemerkte, brachte er sie auf einem anderen Hof unter. Aber wir hingen aneinander, es zog mich zu ihr, sie zu mir, und so blieb nur eine Möglichkeit: Mich musste man ins Kloster schicken.

»Das könnte der wahre Grund gewesen sein«, sagt die Therapeutin. »Geschwister heiratet man nicht. Und vielleicht wusste Ihr Vater das. Kann das sein?«

»Kann sein.«

»Aber Ihr Vater hat Ihnen den richtigen Grund nicht gesagt. Deswegen ist er Ihnen nicht eingefallen.«

»Ja, möglich.«

»Die Esmeralda wird ein uneheliches Kind gewesen sein. Eine Halbschwester«, sagt sie. »Jetzt ist es zumindest stimmig für mich.«

»Ja«, sage ich. »Für mich auch.«

Ich öffne die Augen. Das hellgraue Tageslicht blendet mich, ein bisschen benebelt bin ich noch, überfordert, was ich mit all dem anfangen soll. Ich schaue auf die Uhr. Das Nachfragen und Nachforschen hat fast zwei Stunden gedauert.

»Ich hoffe, wir konnten etwas Licht ins Dunkel bringen«, sagt die Therapeutin und lächelt mich an, plötzlich ganz freundlich und gar nicht so streng, wie ich sie die ganze Zeit über im Ohr hatte.

»Ein wenig«, sage ich. »Aber was bedeutet das für mein Leben jetzt?«

Vielleicht, sagt sie, ist es ja meine Unfähigkeit, dagegen aufzubegehren, dass man mich ins Kloster schickte, meine damalige Feigheit, die ich noch mit mir herumschleppe, als unbewältigte karmische Aufgabe. Aber das wäre letztlich ein Thema für eine weitere Sitzung. Wir können ja einen Termin machen.

»Sie können sich ja einmal beobachten und fragen, wo Sie

heute noch feige sind. Wo jemand Fremdes über Ihr Leben verfügen will und Sie sich unterordnen.«

Diese Sitzung kommt sicher in die engere Auswahl solcher Situationen.

***

Im Café in Düsseldorf berichte ich Andrea Kappelmann von meiner Rückführungssitzung und davon, wie sehr mich die Situation an das erinnerte, was sie mir über ihren ersten Besuch bei der spirituellen Lebensberaterin erzählt hatte. Private Räume, kein Schild am Briefkasten und eine Therapeutin, die absolut überzeugt scheint von dem, was sie da tut. Ich erzähle, dass mir im Rückblick erst so wirklich klar geworden ist, wie suggestiv sie meine Geschichte gesteuert hat und wie schwer es mir, hätte ich sie nicht für mein Experiment besucht, sondern aus wirklicher Hilfsbedürftigkeit, gefallen wäre, die Seriosität des Verfahrens zu hinterfragen.

Ich glaube nicht an Reinkarnation und Wiedergeburt. Das hatte ich schon vor meinem Besuch bei ihr für mich persönlich geklärt. Aber was, wenn ich da nicht so entschieden gewesen wäre? Wenn ich frühere Leben als unwahrscheinliche, aber nicht ganz auszuschließende Möglichkeit in Betracht gezogen hätte, agnostisch, zwar nicht überzeugt von dieser Möglichkeit, aber eben auch nicht restlos vom Gegenteil. Vielleicht hätte ein kleiner Funken Bereitschaft genügt, und ich hätte eines der Fantasiebilder tatsächlich für ein vorvergangenes Lebensereignis gehalten oder schlimme Vorahnungen für ein Gefühl, das sich auf historische Fakten stützt.

Wer weiß, wie ich an Andrea Kappelmanns Stelle reagiert hätte, wenn ein Geistwesen durch ein Medium den Satz spricht: »Die Mutter ist mir näher als der Sohn.«

Andrea Kappelmann besucht die Lebensberaterin bereits einige Monate, sie und Seth sind Vertraute geworden. Auch Andrea Kappelmanns Schwester und ihr Bruder zählen zu den Stammkunden der Beraterin.

Eines Tages lädt das Medium einige Kunden zum Kaffee zu

sich, damit man einmal außerhalb der Einzelsitzungen miteinander in Kontakt kommen, sich kennenlernen könne, schließlich bewegten alle ähnliche Themen. Andrea Kappelmann ist dabei, ihre Schwester, ihr Bruder und einige weitere Klientinnen und Klienten der Lebensberaterin.

An der Existenz eines Geistwesens namens Seth zweifelt in dieser Runde niemand mehr. Andrea Kappelmann hatte es anfangs nur hingenommen, als nützliche Hypothese, die vielleicht absurd war, ihr aber guttat. Inzwischen ist aus Seth, ohne dass sie es bemerkt hatte, eine Autorität geworden.

Auch andere Klienten am Kaffeetisch sind felsenfest überzeugt davon, dass dieses Geistwesen existiert. Eine Frau meint, dass Seth während der Sitzungen Dinge aus ihrer Kindheit ausgesprochen habe, die sonst niemand hätte wissen können. Kleinere oder größere Aha-Erlebnisse dieser Art hat jeder von ihnen gesammelt.

»Wir haben nicht nur Kaffee getrunken und geschwatzt«, sagt Andrea Kappelmann. »Es fing dann langsam auch an mit bestimmten Themen. Die Botschaften, die durchgegeben wurden, waren mit einem Mal anders.« Mächtiger. Bestimmter. Esoterischer.

Für euch, die ihr relativ regelmäßig kommt, eröffnet ihnen die Beraterin, hat Seth eine besondere Mission vorgesehen. Euch verbindet eine große Aufgabe, die ihr stellvertretend für die Menschheit zu erfüllen habt. Eine Herausforderung, geistiger Art. Es kristallisiert sich in den Kaffeerunden eine bestimmte Richtung heraus.

»Wir waren hinterher felsenfest der Meinung, dass wir die Inkarnation der zwölf Apostel wären.«

Auserwählte. Die elitäre Vorhut eines neuen Zeitalters.

Was genau passiert, während sich dieser eingeschworene Kundenkreis zum Kaffee trifft, kann Andrea Kappelmann heute nur ungenau wiedergeben. »Es war immer etwas verwaschen, was da kam«, sagt sie.

Es ist eine Art Gruppentherapie zur Erlösung der Menschheit. Die Teilnehmer sollen an sich selbst meißeln und feilen, sich optimieren, geistig reinigen, spirituell vervollkommnen, um allein so einen globalen Bewusstseinswandel einzuleiten. Ziel und Zweck, Mittel und Methode bleiben diffus, die geforderte Disziplin wird dafür umso härter.

Alle paar Wochen trifft man sich nun, isst und trinkt und analysiert reihum, wie weit ein jeder auf seinem Weg gekommen ist, wo die Arbeit am neuen Selbst vorangeht und wo sie stockt.

Seth sieht alles. Seht beobachtet alles. Seth beurteilt alles. Für manche gibt es Lob. Für manche gibt es Hiebe. Wer aus der Gruppe was zu erwarten hat, ändert sich schnell. Von Mal zu Mal sitzt ein anderer auf dem heißen Stuhl und muss die Kritik von Seth und der Gruppe auf sich einprasseln lassen.

»Es gab immer schwarze Schafe, aber das wechselte. Man konnte sich nie sicher sein.«

Andrea Kappelmann geht mit einem bangen Gefühl zu den Sitzungen, manchmal mit blanker Angst, wie sie sagt, und trotzdem will sie keines der Treffen verpassen. Heute findet sie diese Angstlust schizophren.

An Andrea Kappelmann hat die Gruppe einiges zu kritisieren. Sie sei, aus Sicht der geistigen Welt, zu zögerlich, zu zaudernd, zu langsam in allem, vor allem in ihrer spirituellen Entwicklung, von ihrem ganzen Charakter her zu phlegmatisch, zu apathisch in ihrer Persönlichkeit. Seth spricht. Die Gruppe nickt.

Minutiös seziert man einander die Seele. Das Gefühl ist das Rohmaterial, aus dem der neue Mensch geformt werden soll. Unter Seths Anleitung leben sie in der andauernden Introspektion.

Die Gedanken und Empfindungen müssen in die richtige Richtung gelenkt werden, in die die ganze Menschheit eines Tages folgen soll. Wie ist das Gefühl, wo steht die Intuition, stimmt die Empfindung, die sich regt?

Mit der Zeit sollen die Gruppenmitglieder nicht nur ihre eigenen Gefühle immerzu im Blick haben, sondern auch auf das Innenleben der anderen achten. Damit sie sich gegenseitig unterstützen, einander bei ihrer inneren Feinjustierung assistieren können.

»Wir sollten schauen, ob wir empfinden können, was die anderen gerade fühlen«, sagt Andrea Kappelmann.

Auch sie ist bald überzeugt davon, die anderen lesen und durchschauen, bis in den Grund ihrer Seelen blicken zu können, wenn sie sich nur stark genug konzentriert. Die Gruppenmitglieder werden füreinander zu vollkommen gläsernen Menschen. Jedenfalls sind sie davon überzeugt.

Sie bilden einen Kreis der Hellfühligen, in dem jeder den anderen kontrollieren zu können meint. In dem jeder der Gefühlskontrolle durch den anderen ausgeliefert ist. Und über alle gemeinsam wacht, aus einem Winkel des Universums, Seth, der enthusiastisch forschungsreisende Energiepersönlichkeitskern.

Andrea Kappelmann hat gerade Nachtdienst im Krankenhaus, als ein Anruf sie aus dem Bett im Pflegerzimmer klingelt. »Was machst du da gerade?«, hört sie jemanden durchs Telefon fragen. »Du gehst innerlich in die völlig falsche Richtung. Was machst du da?« Es ist ihre Therapeutin, die sie mitten in der Nacht warnen will. Bloß wovor? Andrea Kappelmann weiß nicht, wie ihr geschieht, mit dem Schlaf noch in den Augen. Angeblich waren ihre Träume falsch gepolt, dem spirituellen Fortschritt nicht dienlich, ihrer Menschheitsmission abträglich. Andrea Kappelmann entschuldigt sich und dankt für den Hinweis.

»Allgegenwärtige Kontrolle war das«, sagt sie heute. Durch Seth, durch das Medium, durch die aus der Ferne Gefühle lesenden Gruppenmitglieder. Auch wenn die Treffen nur alle zwei Wochen stattfinden: »Faktisch hat man keine Minute mehr, in der man unbeobachtet ist.«

Das Leben kreist um die Gruppe und ihre Mission. Der Kontakt zu Freunden und Bekannten außerhalb der Gruppe wird flüchtiger, oberflächlicher, bricht ab. Mit wem hätte man darüber reden sollen? Wer versteht die harte Arbeit, die sie da innerlich verrichtet?

Einige Zeit begleitet ihr Mann sie zu den Gruppensitzungen. Doch auch das kann nichts daran ändern, dass sie sich auseinandergelebt haben, vielleicht leben sie sich dadurch sogar schneller auseinander. Sie trennen sich und lassen sich scheiden. Der älteste Sohn, dem zuliebe sich Andrea Kappelmann einst überhaupt einen Termin bei der Lebensberaterin hatte geben lassen, lebt bei seinem Vater, wohl aus Angst, er könne auch in die

Gruppe der Mutter hineingezogen werden. Der Jüngste bleibt bei Andrea Kappelmann. Die Ehen anderer Gruppenmitglieder zerbrechen ebenfalls mit den Jahren.

Zu ihren Eltern brechen Andrea Kappelmann und ihre Geschwister den Kontakt ab, nachdem eine Sitzung deren eklatantes Versagen offenbart hatte. Sie sezieren ihre Kindheit und kommen zu dem Schluss, dass die Eltern ihnen nicht den Respekt haben zukommen lassen, der inkarnierten Aposteln zusteht.

Ein paar Mal fahren sie hin, zu dritt, Andrea Kappelmann, ihre Schwester und ihr Bruder, um die Eltern zu einem Schuldeingeständnis zu bewegen. Die fallen aus allen Wolken, erkennen ihre tobenden Kinder nicht wieder, vor allem Andrea Kappelmann scheint wie verwandelt: Sie gleicht so gar nicht mehr der zurückhaltenden Tochter, wie sie da brüllt und schreit.

»Irgendwann haben unsere Eltern uns gebeten zu gehen. Sie hielten es einfach nicht aus«, erinnert sich Andrea Kappelmann. »Wir sind wutentbrannt gefahren. Wir sahen keine Chance, unsere Eltern zur Einsicht zu bringen.«

Und dann kommt die Sache mit dem Missbrauch. Dem vermeintlichen.

Die Gruppe sitzt zu Hause bei einer der Frauen. Das Thema ihrer Sitzung: die Beziehung zu den Vätern. Plötzlich wird Andrea Kappelmanns Schwester schwarz vor Augen, es gehe ihr nicht gut, sagt sie, sie wolle sich nur einen Moment hinlegen, der Kreislauf. Sie verschwindet ins Zimmer nebenan.

Andrea Kappelmann entschuldigt sich, steht auf, folgt ihrer Schwester. Sie setzt sich zu ihr ans Bett und versucht, so wie sie es in der Gruppe gelernt hatte, sich in sie hineinzufühlen, zu ertasten, was sie so aus der Bahn geworfen, was ihren Kreislauf hat zusammensacken lassen. Eine Weile sammelt und konzentriert sich Andrea Kappelmann auf das, was sie wahrnimmt.

Dann schaut sie ihre Schwester erschrocken an. »Du, ich bekomme ganz merkwürdige Bilder«, sagt sie. »Es fühlt sich an wie ...«

Sie geht zurück und erzählt es der Gruppe. »Es fühlt sich an wie Missbrauch.«

***

Was war da passiert? War Andrea Kappelmann in eine Sekte geraten? Wenn von Sekten die Rede ist, denkt man zuerst an Gruppen wie die Zeugen Jehovas oder Scientology, nach außen abgekapselt, mit strenger Hierarchie und missionarischem Auftrag. Gruppen, vor denen schon im Schulunterricht gewarnt wird. Irgendwie war das hier anders, beiläufiger. Und Andrea Kappelmann ist, wenn man sich die Berichte von Beratungsstellen ansieht, nicht einmal ein ungewöhnlicher Fall: Die Geschichten der Esoterik-Geschädigten beginnen in der Praxis einer Lebensberaterin, bei einem Coach, bei einer Nachbarin, die einen Hauskreis gründet, unscheinbar und gleich nebenan. Die Szene ist kleinteilig, intim und zersplittert wie der gesamte Kosmos der Esoterik. Es bilden sich Gruppen um Erleuchtete, ungeplant und spontan, festigen sich und zerfallen vielleicht irgendwann einmal wieder, ohne dass sie weiter bemerkt werden.[46]

Ursula Caberta, die als ehemalige Leiterin der Hamburger Arbeitsgruppe Scientology bekannt wurde, plädiert daher dafür, sich vom Begriff Sekte zu verabschieden. Er fasse nicht, was Esoterik sei. Der Sektenbegriff, schreibt sie, sei »zur Beschreibung des Phänomens sehr problematisch«: »Nicht immer sind von Anfang an feste Gruppenstrukturen erkennbar und nicht alle esoterischen Gemeinschaften lassen sich als Sekte bezeichnen. Selten ist bei den Angeboten sofort klar, welche Praktiken angewandt werden, und fast nie gibt es einen Hinweis auf die Absolutheit der Lehre.«[47]

Andrea Kappelmann geht nicht einmal davon aus, dass es die Absicht ihrer Beraterin war, eine feste Gruppe von Jüngern um sich zu scharen. Es ergab sich einfach. Sie empfing eine Botschaft von Seth, noch vage, und ihre Kundinnen sprangen darauf an. Eines ergab das andere.

»Ich glaube nicht, dass sie darauf hingearbeitet hat, uns von ihr abhängig zu machen«, sagt Andrea Kappelmann heute, nach dem Ausstieg. »Es ist irgendwann zu einem Selbstläufer geworden. Und sicher haben wir sie auch zu dem gemacht, was sie geworden ist.«

Deutschland, ein Land voller Propheten.

Da ist der Reiki-Ausbilder, der sich irgendwann zum Groß-erzbischof einer eigenen Kirche ernennt.

Da ist der Bioladen-Inhaber, der als Mysterienmeister Vorträge in seinem Geschäft anbietet.

Da ist der selbsternannte Schamane, der eine ehemalige Jugendherberge zu einem Meditationszentrum umbaut und mit seiner Anhängerschaft dort einzieht.[48]

Manchmal entwickeln sich um einen Erleuchteten kleine spirituelle Franchise-Unternehmen: Man kann bei ihm Seminare belegen und seine Produkte erwerben und dann irgendwann selbst seine kleine private Gruppe anführen. Erleuchtung nach dem Schneeball-Prinzip.

Da ist zum Beispiel der Architekt aus der bayerischen Kleinstadt Friedberg, der mittlerweile vor allem seltsame Lehrgebäude baut, ein Herr mit Glatze, grauem Oberlippenbart und marmorierter Brille. Im Februar 1979 trat die geistige Welt in sein Leben. »Seit dieser Zeit begleitet mich die Präsenz eines Lichtwesens aus einer höheren Ebene«, behauptet er über sich. »Es führt mich und hat auf die Menschen, mit denen ich zusammen bin, eine energievolle und segensreiche Wirkung. Schon kurze Begegnungen, besonders während der Seminare, können zu Veränderungen im Alltag und Leben führen.«[49]

Er bietet so unterschiedliche Dinge an wie Wirbelsäulenaufrichtung und Wasserenergetisierung und vertreibt ein Gerät, dessen Elektroden man an den Kopf legt, um Ruhe und, wie er es nennt, »rosa Rauschen« zu erzeugen. Das soll das Gehirn harmonisieren. Das Ganze gibt es auch mit integriertem MP3-Player. Und dann sind da noch die Lichtkreise, zu deren Gründung er in allen Städten aufruft: »In einem Licht-Netzwerk vereint zu sein, bedeutet zugleich, der großen Kraft des neuen Zeitalters zu folgen und das machtvolle morphogenetische Feld aller Lichtkreise zu nutzen.«[50] Durch die Lichtkreise soll es für die Seminarteilnehmer stets in Wohnortnähe die Möglichkeit geben, ihre geistige Entwicklung weiterzuverfolgen.

Auch bei mir in der Nähe gibt es einen solchen Kreis. Auf der Homepage der Frau, die meinen Lichtkreis leitet, steht, dass es um Quantenheilung, Bewusstseinserweiterung und Karma-Reinigung gehe. Ich kann mir nicht wirklich viel darunter vorstellen. Am Telefon hatte mir die Frau gesagt, dass ich gerne einmal vorbeikommen und mitmachen dürfe. Aber sie warnte mich vor: Für mich als Einsteiger sei vieles vielleicht nicht direkt zu verstehen, die meisten Teilnehmer seien fortgeschritten, viele hätten schon Seminare besucht, beim Ekkehard, dem Meister aus Bayern.

Ich finde mich mit zwei weiteren Männern und sieben Frauen im dritten Zimmer einer Dreizimmerwohnung wieder, das eigentlich viel zu klein ist für uns alle. Die Jalousien sind herabgelassen, damit man das düstere Wetter draußen nicht sieht. An den Wänden hängen blassbunte Mandalas, aus der Stereoanlage tönt der monotone Klang von Buschtrommeln, ein wenig zu laut. Und wir schütteln uns.

»Locker in die Knie, ganz locker«, sagt die Leiterin des Heilkreises, eine Frau in einer Art erdbeerrotem Jogginganzug, die uns wie eine Gymnastiklehrerin orchestriert. »Lass dich immer mehr in das Schütteln hineinfallen, wie ein Kind.« Der Aufruf zum Lockerlassen scheint mich wie ein Schatten durch die Esoterik-Szene zu begleiten, und wie schon bei dem Heiler auf der Messe fällt es mir auch jetzt schwer. Wir sollen uns in Ekstase schütteln. In Ekstase atmen. Stoßatmen. Die Leiterin gibt den Takt vor, mit den Trommeln von der CD, die immer lauter zu werden scheinen. Raus mit der Luft, raus mit der Luft, raus mit der Luft. Hände schütteln, Schultern schütteln, raus mit der Luft. Ich fühle mich wie ein einziges Unwetter.

»Und pusten«, sagt die Leiterin, und wir pusten. Ein Luftstrom von zehn Schüttelnden füllt den Raum, ein Pfeifton wie aus einer verstopften Posaune, der sich unter die Buschtrommeln mischt. Je länger ich das mache, desto mehr kommt es mir so vor, als würde der Raum, in den wir uns hineingequetscht haben, zu einer riesigen Papiertüte, die durch die Luft tänzelt. »Und pusten«, sagt die Leiterin, »und klatschen. Vor dem Stirnchakra. Klatschen.«

Das hatte sie vorher erklärt: Das Klatschen soll unsere Chakren, die Energiezentren, reinigen. Wir klatschen und schütteln und pusten und pusten und schütteln und klatschen. Vor dem Herzchakra, vor dem Herzchakra, vor dem Nabelchakra. »Und klatschen«, kommandiert sie. »Und pusten nicht vergessen.«

Ich weiß nicht, was diese Übung soll. Aber als wir mit ihr durch sind, fühle ich mich so ausgepowert, dass ich mich zu meiner eigenen Verwunderung bereitwillig in die Harmoniemusik fallen lasse, die folgt.

Die Leiterin nimmt die Fernbedienung der Stereoanlage und dreht lauter. Eine Harfe, eine Frau, die im hohen Sopran ein indisches Mantra singt. »Om Namah Shivay«, summt die Stimme weich und fließend und windet sich Halbton um Halbton höher hinauf. »Om Namah Shivay. Shiva Om Namah.«

Die Frau links von mir greift mit ihrer Hand nach meiner, ich gebe dem Herrn neben mir die Hand. Wir schließen die Augen und lassen unseren Kreis zur Musik wiegen.

Ich weiß nicht, woher meine plötzliche Kitschanfälligkeit kommt, aber mit einem Mal denke ich, dass mir das hier gefallen könnte. Ich habe das Gefühl, wir würden davonschweben. Vielleicht ist es der Gesang, der sich wiederholt und wiederholt und mich einlullt, vielleicht ist es die Erschöpfung vom Schütteln, vielleicht beides. Ich fühle mich wohl, tatsächlich, jetzt wo ich mitmache und nicht darüber nachdenke.

Was ist eigentlich so schlimm an Esoterik, geht es mir durch den Kopf. Man trifft sich, meditiert ein bisschen, fasst sich an den Händen, fühlt sich gut. Ganz unspezifisch gut.

Ich bleibe nicht lange bei diesem Gefühl.

Nach der Meditation weist uns die Leiterin auf den Termin in zwei Monaten hin, zu dem sie eine besondere Meditation anbietet. Uns als Gruppe spricht sie mit »du« an. »Wenn du dich hier beheimatet fühlst, bist du dazu herzlich eingeladen«, sagt sie.

In zwei Monaten ist der Tag, der, nach allem, was man hört, einen globalen Bewusstseinswandel einleiten soll, eine spirituelle Epochenwende. »Es gibt die Theorie, dass sich an diesem Tag das Magnetfeld der Erde verändern könnte«, sagt sie, unaufgeregt akademisch, den Konjunktiv betonend. »Es heißt, dass damit drei dunkle Tage einhergehen und es Sinn machen könnte, sich Wasser und Vorräte zuzulegen«, fährt sie fort. Die Gruppe lauscht, einige nicken. »Wir haben ja auch Magnetkristalle in unserem Gehirn. Es könnte eine Bewusstseinsänderung stattfinden. Da ist es sinnvoll, wenn man mit Meditation vertraut ist, so wie wir das hier machen. Auf jeden Fall ist es sinnvoll, die Ruhe zu bewahren.«

Magnete im Gehirn?

Bewusstseinsveränderung?

Hamsterkäufe planen?

Was mache ich hier?

Der stämmige Herr, der im Holzfällerhemd neben mir sitzt, meldet sich, indem er einfach nur mit dem Zeigefinger etwas zuckt. »Ich habe da auch eine Theorie, um diesen Ängsten mal etwas entgegenzusetzen«, sagt er. »Es wird ein toller Tag, und wir sind alle zusammen und haben Spaß.« Er sagt Spass, mit kurzem Vokal.

Die Gruppenleiterin hört es sich an, nickt knapp und sagt im gleichen eigenartig hysteriefreien Tonfall wie davor: »Ich will keine Angst machen, sondern euch einfach diese Information geben. Es ist gut, in diesem Kreis anzusprechen, was mit unserem Planeten geschieht.«

Als ich die Wohnung verlassen habe, laufe ich etwas schneller zu meinem Auto, als ich müsste. Mir sei sicher viel fremd vorgekommen, hatte die Frau zu mir gesagt, als ich mit den anderen Teilnehmern im Flur stand und meine Schuhe schnürte. Ich dürfe mich gerne noch einmal melden, wenn ich eine Frage hätte. Und wenn ich beim nächsten Mal wieder dabei wäre, würde sie sich sehr freuen.

»Danke«, sagte ich. »Ich werde mal sehen.«

War das schon gefährlich? Oder einfach nur etwas schräg? Wo endet eine Meditationsgruppe mit etwas zu lebhafter Fantasie, und wo beginnt eine Kleinsekte, die einen gefangen zu nehmen droht? Wann ist die Reise in ein früheres Leben als Mönch unterhaltsam, und wo beginnt sie bedrohlich zu werden?

Der deutsche Bundestag setzte Ende der 90er Jahre eine Enquete-Kommission zu »sogenannten Sekten und Psychogruppen« ein. 1998 legte die Kommission ihren Endbericht vor: »In den vergangenen 20 Jahren hat sich in der Bundesrepublik Deutschland ein mittlerweile vollkommen unübersichtlicher ›Psychomarkt‹ gebildet, dessen Expansion immer weiter fortgeschritten ist«, hieß es darin.[51]

Um den florierenden Markt der Lebenshilfe zu regulieren, schlug die Kommission eine Art spirituellen Verbraucherschutz vor. Er soll Anbieter zu schriftlichen Verträgen verpflichten, in denen sie den Behandlungsablauf, ihre Qualifikation, Methoden und Kosten darlegen müssen. Der Konsument soll wissen, worauf er sich einlässt. Einige Überlegungen zielten auch darauf, die Beweislast vor Gericht umzukehren: Im Zweifel sollen die Anbieter belegen müssen, dass auftretende gesundheitliche oder psychische Beschwerden nicht auf ihr Tun zurückzuführen sind. Es wäre ein billiges Gesetz, das nichts kosten, aber der Szene vielleicht doch ein klein wenig ihres Übermutes nehmen würde. »Die Zahl der Methoden entwickelt sich ständig weiter. Für den Konsumenten ist eine Orientierung auf diesem unüberschaubaren Markt weder auf der inhaltlichen noch der finanziellen Seite möglich«, schrieb die Enquete-Kommission. Das Parlament möge daher ein entsprechendes Gesetz verabschieden, hieß es damals im Abschlussbericht.

Und was passierte dann? Jemand legte den Bericht in eine Schublade, und man vergaß ihn.

* * *

Auf meiner Suche nach Selbstoptimierung will ich mir Rat holen bei Questico, einem Unternehmen, das spirituelle Lebenshilfe am Telefon und im Internet anbietet. Wer sich auf der Homepage einen Kunden-Account einrichtet, dem schenkt Questico zum Einstand 15 Minuten, die man gratis bei einem der zahllosen Berater vertelefonieren kann. Es funktioniert so: Ich logge mich auf der Homepage ein, wähle einen Berater aus, klicke auf »Jetzt anrufen«, und ein paar Minuten später klingelt mein Telefon. Die Fülle ist verwirrend. Alternativ kann man sich auch über eine Hotline zu einem passenden Berater durchstellen lassen.

Questico hat die esoterische Beratung zum perfekt durchrationalisierten Geschäft für den Massenmarkt entwickelt. Die Muttergesellschaft setzte zuletzt in Deutschland mehr als 70 Millionen Euro um. 2006 wurde Questico als eines der am schnellsten wachsenden Unternehmen Deutschlands ausgezeichnet.

Das Unternehmen erwartet auch für die kommenden Geschäftsjahre noch »eine moderate Umsatzsteigerung«, verbunden »mit einer überproportionalen Verbesserung des operativen Ergebnisses«, wie es im Jahresabschlussbericht 2010/2011 heißt.[52] Die Geister lassen die Kassen klingeln. Und es gibt längst Nachahmer, die ähnliche Dienste offerieren.

Dabei beginnt die Geschichte des Unternehmens eigentlich banal und unscheinbar. Im Jahr 2000 boomt die New Economy, unzählige Gründer und noch mehr Anleger hoffen auf das schnelle Geld im Internet. Auch vier Herren, allesamt vorher in namhaften Positionen in Unternehmensberatungen und bei Konsumgüterfirmen beschäftigt, wollen mitmischen. Sie bauen ein Start-up-Unternehmen auf, das auf die Vermittlung telefonischer Beratung über das Internet spezialisiert sein soll. Esoterik haben sie dabei gar nicht im Blick. Wer die Questico-Homepage besucht, soll dort Experten in den Bereichen Recht, Kochen oder Reisen finden. Oder jemanden, der einem im Notfall per Telefon helfen kann, ein Computerproblem zu lösen. Der Name des Portals leitet sich von »Question« ab, dem englischen Begriff für Frage.

Fragen haben die Kunden allerdings vor allem in einem Bereich. Tipps für die Gartengestaltung interessieren sie nur am Rande. Auch den nächsten Urlaub will kaum jemand mit einem Fachmann am Telefon beraten. Sogar die Computerhilfe zieht nicht so recht. Das Einzige, was wirklich gut läuft, ist die Astrologie. Und das selbst über das Platzen der New-Economy-Blase hinaus. »Dabei war das Thema nicht einmal offensichtlich präsent: Es hing als Unterkategorie im Bereich Gesundheit«, beschreibt Mitgründer Sylvius Bardt, der inzwischen in den Aufsichtsrat des Mutterunternehmens adviqo weitergerückt ist, die Anfänge von Questico.[53] »Keiner der Unternehmer und Gründer hatte oder hat eine Affinität zu dem Thema. Aber wir haben uns mit aller gebotenen Professionalität und Seriosität diesem Thema gewidmet.«

Im Jahr 2002, als andere Internetgründungen längst pleite sind, konzentriert sich Questico voll auf den Bereich der Lebensberatung und streicht alle weltlichen Kategorien. Man rekrutiert fachkundige Mitarbeiter und kooperiert mit Stars der Szene wie dem in den Boulevardmedien dauerpräsenten Astrologen Winfried Noé. Mit einer Startauflage von 200 000 Exemplaren erscheint die Zeitschrift *Zukunftsblick,* in der sich die Berater vorstellen. 2004 startet Questico den Sender Astro TV. 20 Millionen Haushalte erreicht der Spartenkanal in Deutschland, Österreich und der Schweiz. Alles dient nur einem Zweck: noch mehr Menschen zum Anrufen zu bewegen.

Die Call-in-Sendungen, in denen die Anrufer live vor laufender Kamera beraten werden, sind mit das Merkwürdigste und Befremdlichste, was im Fernsehen läuft. Skurriler als das Dschungel-Camp und vernichtender als manche Casting-Show.

Im Beratungsfernsehen spielen sich Szenen wie diese ab: Im Studio residiert eine korpulente Dame und bittet zur Kurzaudienz, vor ihr auf dem Tisch eine Kristallkugel. »Und der Nächste, Blitzrunde«, sagt sie in die Kamera, eingeblendet eine Nummer, 50 Cent pro Anruf aus dem deutschen Festnetz. Eine Frage, eine Antwort.

Ein Klingeln wird eingespielt und ein Anrufer ins Studio durchgestellt.

»Hier ist die Katja, hallo«, sagt die Wahrsagerin.

»Ja, hallo. Ich wollte eigentlich diese Frau mit der Kugel haben.«

Sie winkt in die Kamera. »Sie sind mit mir verbunden«, sagt sie. »Ihre Frage, bitte.«

»Mein Name ist Bodo. Ich wollte fragen, was mir momentan im Wege steht und wie ich mich verhalten soll.«

»Wie Sie sich verhalten, ist Ihre Entscheidung, das nehme ich Ihnen nicht ab«, sagt Wahrsagerin Katja. »Hier liegt das Selbstbewusstsein in der Kristallkugel. Da hapert es bei Ihnen. Glauben Sie ein bisschen mehr an sich.«

»Okay.«

»Alles Gute für Sie, tschüss. Blitzrunde, jetzt einwählen. Mit wem spreche ich?«

»Hallo Katja, hier ist Marlies.«

»Marlies, deine Frage.«

»Man hat mir ein Los zugeschickt von der Klassenlotterie. Soll ich das spielen?«

Und so geht es weiter, stundenlang, die ganze Nacht.

Eine Kultfigur im Beratungsfernsehen ist Daniel Kreibich, immer wieder parodiert und immer wieder von sich selbst übertroffen, ein Herr mit braun gebranntem Gesicht und gebleichten, in ein Dauerlächeln gebrachten Zähnen. Die Profilseite bei Questico beschreibt ihn als »Star-Hellseher, Medium und Lifecoach«, angeblich heiß begehrt bei den Schönen und Reichen dieser Welt, die ihn konsultieren, bevor sie eine neue Filmrolle annehmen oder sich in die nächste Affäre stürzen. Über Questico vertreibt er auch seine Kollektion aus Kristalldiamanten, in verschiedenen Farben und mit verschiedenen Funktionen. Der blaue beispielsweise spendet Heilung und Lebensfreude, Einsamkeit werde durch Selbstliebe abgelöst, der rote aktiviert sexuelle Energie und weckt eingeschlafene Ehen auf, der grüne führt zu Reichtum. Jeder dieser Diamanten hat einen Wirkradius von 200 Metern, einen Durchmesser von circa 120 Millimetern, wiegt circa 900 Gramm, ist »von Daniel Kreibich persönlich energetisiert«, kostet 99,95 Euro und besteht – aus echtem Glas.[54]

Wenn das nichts nützt, hilft Daniel selbst. Privat am Telefon für 4,39 Euro pro Minute oder direkt im Fernsehen.

Anruferin Wilma zum Beispiel hat es zu Daniel ins Studio geschafft. »Ich bin immer noch blockiert von meiner letzten Beziehung«, erklärt sie. »Da ist es mir nicht wirklich gut gegangen. Ich merke aber, dass ich keine neue Beziehung eingehen kann, weil ich den immer noch im Herzen habe.«

Daniel kratzt sich am Kinn und nickt. »Und du möchtest das gerne ablösen, das Karma?«

»Es geht mir nicht gut dabei.«

Daniel schließt die Augen und streichelt den Kristall, 120 Millimeter Durchmesser, 900 Gramm, aus purem Glas.

»Ich gehe einmal in dich hinein«, sagt Daniel und streckt den linken Arm in die Kamera, legt den Kopf in den Nacken, fühlt und fuchtelt mit dem Arm. »Er ist bei dir in zwei Chakren drin«, sagt er.

»Dann ziehen wir ihn jetzt raus, damit du endlich frei bist für einen neuen Partner, der dein Herz auch wirklich verdient.« Daniel macht eine Bewegung wie beim Tauziehen, kneift die Augen zusammen und schnauft. »Jetzt ziehe ich das Beziehungskarma ab«, stöhnt er. Ein Gong wird eingespielt, als er fertig ist. »Und die Energien der neuen Zeit, die Macht des Diamanten der Ewigkeit ist jetzt mit dir.« Er öffnet die Augen. »Meine Liebe, wir haben dich befreit von ihm.«[55]

»Die Berater, die bei Astro TV zu sehen sind, haben allesamt eine erfolgreiche Performance auf der Questico-Plattform. Darüber hinaus spielt aber auch immer der Entertainment-Effekt eine bedeutende Rolle: Ist jemand TV-geeignet, hat er oder sie einen hohen Unterhaltungswert?«, erklärt Gründer Sylvius Bardt das Konzept des Unternehmens. »Manche der Berater polarisieren bewusst und sind im TV lauter als in der seriösen Beratungssituation auf Questico.«[56] Die Zuschauer wüssten, dass das Fernsehen nur der Appetizer ist, dass sie dort Unterhaltung zu erwarten hätten, keine richtige Beratung.

Ist Wilma nur zu ihrem Amüsement befreit worden? Und vor allem, wie viel Karma steckt nach dem Auftritt in ihr?

Es ist irgendwie typisch für die Esoterik: Immer wenn man sie beim Wort nimmt, flüchtet sie ins Symbolische. Will man sie in die Mangel nehmen, relativiert sie sich selbst und entkommt einem immer wieder, weil sie in ihrer Ganzheitlichkeit prinzipiell alle Lebensbereiche beansprucht und auf den gerade anderen ausweicht, wenn man sie auf einen festnageln will. Will man Analyse, erklärt sie sich zur Synthese. Will man sie als Wissenschaft ernst nehmen und widerlegen, redet sie sich als Glauben heraus. Zweifelt man an ihrem Versprechen der Lebenshilfe, deklariert sie sich eben kurzerhand zur Unterhaltung um.

Dafür allerdings sind die Aussagen, die die Hellseher im Fernsehen machen, dann doch erschreckend konkret. Stephan Schulz zum Beispiel, ein Herr mittleren Alters, der mit Hemd und Krawatte eher an einen Versicherungsvertreter erinnert als an einen Wunderheiler, ist bekannt dafür, seinen Kunden die Diagnosen geradeaus ins Gesicht zu sagen. »Liebe Frau Kasch, ich habe hier eine Nachuntersuchung liegen beim Internisten«, sagt er ernst und schiebt mit den Fingerspitzen die soeben gelegten Karten auf dem Tisch gerade. Dann blickt er in die Kamera: »Sie lassen bitte auch Ihr Herz untersuchen.« Bei anderen erspürt er Arthrose in den Finger- und Fußgelenken, Rheuma, Unterleibsschmerzen, Magenprobleme, Blasenentzündung, belastete Bronchien.[57]

»Wer Berater bei Questico sein will, muss durch ein intensives Auswahlverfahren«, meint Gründer Sylvius Bardt. »Die Berater sind zudem klaren Regeln unterworfen: Sie dürfen keine Fragen zur Gesundheit beantworten oder Aussagen zu Leben oder Tod tätigen.«[58]

Man kann sich nur fragen, was manche Berater ihren Kunden erst am Telefon sagen, wenn sie die engen Regeln schon vor dem wachenden Auge einer Fernsehkamera derart dehnen.

Ich hatte selbst bei Questico angefragt und um ein Interview gebeten. Dort fühlt man sich inzwischen von der Kritik verfolgt, wie so oft in der Szene. Man ist nicht mehr so offen, wie man es noch zu Bardts aktiven Zeiten war. »Da wir in der Vergangenheit überwiegend schlechte Erfahrungen mit der journalistischen Aufbereitung von Esoterik-Themen machen mussten (tendenzielle Berichterstattung), haben wir uns entschlossen, für diese Anfragen nicht mehr zur Verfügung zu stehen«, schreibt mir das Unternehmen zurück. Also bleibt mir für einen eigenen Blick hinter die Kulissen nur die Rolle des Kunden.

Ich wähle die Servicenummer von Questico und bitte die Dame, die meinen Anruf entgegennimmt, mir bei der Suche nach einem geeigneten Berater behilflich zu sein. Sie erkundigt sich, zu welchem Bereich genau ich Hilfe suche.

»Es geht um meine spirituelle Entwicklung«, sage ich. »Im weitesten Sinne.«

Ich will wissen, ob mich etwas mit ihnen verbindet, mit den Gurus, Hellsehern und Geistheilern dieser Welt, ob nicht auch ich ein unentdecktes Potenzial habe, das ich in diese Richtung nutzen kann. Mich bewegt die Frage: Könnte ich nicht auch Seth channeln? In frühere Leben blicken? In die Seelen anderer Menschen? Und was müsste ich dafür tun?

»Ah, sehr speziell«, sagt die Dame. Sie durchsucht die Datenbank. »Hier wäre etwas. Spirituelles Coaching«, liest sie vor. Und der Berater sei ein guter und sehr erfahrener Mann, was mein Anliegen anbetrifft. Absolut empfehlenswert.

»Kennen Sie den persönlich?«, frage ich.

Sie lacht. »Wissen Sie, wir haben bei Questico über 2000 Berater. Da kenne ich nicht jeden einzelnen.« Aber das macht nichts: Der empfohlene Ansprechpartner habe bereits 36 000 Gespräche geführt und dabei stets sehr gute Kundenbewertungen erhalten.

»36 000 ...«, murmele ich. Eine beeindruckende Zahl.

»Der ist schon ein paar Jahre dabei«, sagt sie. »Würde 1,99 Euro die Minute kosten.«

»Puh, so teuer?«

»Wir können noch einmal nach einem günstigeren Berater schauen.

»Bitte.«

Sie tippt wieder etwas in die Datenbank ein. »Die hier vielleicht«, sagt sie und liest vor: »Spirituelle Begleitung, Persönlichkeitsentwicklung, um mit der eigenen Essenz in Berührung zu kommen. Lichtarbeit. Für 1,69 Euro pro Minute. Geht das in Ihre Richtung?«

»Könnte passen«, sage ich. »Ist die denn gut?«

»Ganz ehrlich: Der Erste war besser«, erklärt mir die Frau. »Aber Sie dürfen diese Bewertungen nicht überschätzen. Die braucht nur einmal einen Kunden gehabt zu haben, der vielleicht ein Märchen hören wollte und nicht damit klarkam, dass sie ihm ihre ehrliche Meinung gesagt hat.«

Die Meinungen anderer Kunden sind offensichtlich eine schwache Orientierungshilfe. Fallen sie zu gut aus, ist der Berater nicht ehrlich. Fallen sie zu schlecht aus, dann vielleicht nur, weil sich zu viele Kunden nicht ihrer karmischen Vergangenheit, ihren falschen Gedanken oder ihrer unreinen Seele stellen wollen. Eine schlechte Bewertung kann nach der Logik genauso für einen guten Berater stehen wie eine gute für einen schlechten.

Dabei sind die Bewertungen der Kunden doch das wichtigste Qualitätssicherungsinstrument bei Questico, wie Sylvius Bardt meint: »Sie beurteilen die Gespräche, die sie geführt haben, geben Kommentare ab. Diese Beurteilung ist für jeden einsehbar und entscheidet über die Präsentation der Berater im Netz. Wenn Berater also über Jahre Tausende von Gesprächen geführt haben, dann existieren ausreichend Beurteilungspunkte, um ein valides Bild zu zeichnen.«[59]

Die Beraterin, die mir vorgeschlagen wird, hat bei 3247 Gesprächen immerhin in 93,44 Prozent der Fälle positive Bewertungen erhalten.

»Also gut«, sage ich.

Die Vermittlungsdame nimmt meine Buchungsanfrage entgegen. Ich drücke die Auflegetaste meines Handys. Zwei Minuten später vibriert es auf meinem Schreibtisch.

Die Beraterin klingt, als hätte sie mich die ganze Zeit erwartet. Sie jauchzt durchs Telefon, was sie Schönes für mich tun könne.

»Ich würde gerne wissen, wo du meine spirituellen Potenziale siehst«, sage ich. »Ich habe den Eindruck, dass da gerade relativ viele Schwingungen auf mich einwirken, aber ich weiß nicht so recht, was ich daraus machen kann.«

»Aha. Das ist ja eine interessante Frage«, jubelt sie. Ich fühle mich geschmeichelt.

Sie nehme einmal ein Kartendeck zur Hilfe, erklärt sie, das sogenannte Erzengelorakel, genau das Richtige für dieses Thema. Die Erzengel wiesen uns auf unsere spirituellen Fähigkeiten hin. Wo sie wohl sitzt, überlege ich. Im Wohnzimmer? In der Küche? An einem Schreibtisch voller Esoterik-Schnickschnack? Hat sie ein Büro? Durchs Telefon höre ich sie die Karten mischen. Ich soll mir vorstellen, ich würde mich selbst im Spiegel betrachten. »Sobald du ein gutes Gefühl hast, sagst du einfach stopp.«

Ich mache es genau so. »Stopp«, sage ich.

»Aha«, sagt sie, betrachtet offenbar die Karte und macht deutlich, dass sie natürlich mehr über mich weiß als ich selbst. »Oh ja, das kann ich mir sehr gut vorstellen bei dir.«

Sie habe Erzengel Chamuel gezogen, erklärt sie mir dann. Erzengel Chamuel stehe für den Frieden. Frieden, liest sie vor, resultiere aus der Erinnerung, dass nur die Liebe real ist.

»Klingt logisch«, behaupte ich.

»Ja, oder?«, ruft sie. »Das also ist deine Lebensaufgabe. Friedensstifter sein. Darauf wird es bei dir hinauslaufen. Wow«, sagt sie und stockt. »Da läuft mir ein Schauer den Rücken hinunter.«

Im Moment sei ich natürlich noch sehr mit mir selbst beschäftigt und müsse mich erst einmal finden. »Das ist auch richtig so. Du musst eine Entwicklung machen. Aber da wird es drauf hinauslaufen.«

»Okay.«

Ihre Begeisterung scheint meine noch zu überbieten, was natürlich auch damit zusammenhängen könnte, dass sie für dieses Gespräch bezahlt wird, während ich bezahle. Meine 15 Gratisminuten neigen sich dem Ende zu, aber sie ist längst noch nicht fertig und will direkt schauen, in welchen Bereichen genau meine spirituellen Fähigkeiten liegen. Das will ich dann auch irgendwie gern wissen.

Sie greift zu einem Buch und blättert eine Weile darin. »Die Frage ist ja auch nicht alltäglich«, sagt sie. »Aber ich freue mich total über diese Frage.«

»Ja?«

»Ja, das ist doch die wichtigste Frage von allen«, sagt sie. »So, da habe ich es.«

Sie werde mir nun eine Stelle aus der Bibel vorlesen, 1. Brief des Paulus an die Korinther, Kapitel 12, Vers 8 bis 11. Es gehe um die Gaben des Heiligen Geistes, um das, was man in der Spiritualität erreichen könne. »Wir müssen uns jetzt einmal beide auf den Text einlassen«, sagt sie.

»Ich bin bereit.«

Dann liest sie die Bibelstelle vor, als wäre es ein Versandkatalog, aus dem wir wählen können.

Vers 8: »Einem wird gegeben durch den Geist, zu reden von der Weisheit.«

Ich überlege. Weisheit. So wie das Medium, das von sich

behauptete, mit Seth in Kontakt zu stehen? So wie ihr Fernsehkollege Daniel Kreibich? »Tja …«

»Hast du, oder?«

»Die Gabe, von der Weisheit zu reden?«

»Ich würde sagen, die hast du.«

»Vielleicht, irgendwie …«

Wir machen weiter. Vers 9: »Einem wird gegeben durch den Geist, gesund zu machen die Kranken.« Wie der Herr auf der Esoterik-Messe, der an meinen Händen geschüttelt hat?

»Heilen? Ich weiß nicht …«, sage ich.

»Bei mir kommt da ein klares Ja für dich«, sagt sie.

»Okay.«

Vers 10: »Einem anderen wird gegeben die Gabe der Weissagung.«

Ich verstehe das Spiel und sage: »Habe ich.«

»Ja, eindeutig, oder?«, ruft sie, und wir legen neben der Heilkraft und Weisheit auch die Prophetie in meinen Warenkorb. Ein Großeinkauf beim Universum. »Da geht es also lang mit deinen spirituellen Fähigkeiten«, sagt sie. Großartig finde sie das, ganz großartig.

»Und diese Sache mit dem Mönch?«, sage ich. »Hindert mich das nicht?«

»Welcher Mönch?«

Ich erzähle ihr von meiner Reinkarnationssitzung und davon, wie ich in einem früheren Leben gleich doppelt Schuld auf mich geladen habe durch meinen Verstoß gegen den Zölibat und durch den Inzest. Und wahrscheinlich auch durch meine Feigheit. »Ich frage mich, ob mir das in meiner Spiritualität im Weg stehen könnte«, sage ich. »So karmisch gesehen. Ob es da noch irgendwelche Rückstände gibt aus diesem Leben.«

»Eindeutig nein«, sagt sie.

»Nicht?«

»Im Gegenteil! Was denkst du denn, woher du diese ganzen Gaben des Heiligen Geistes hast? Das kommt genau aus dieser Zeit als Mönch. Da ist der Grundstock gelegt worden. Du hast das ein Leben lang eingeübt«, erzählt sie. So ähnlich hatte mir das der Herr auf der Esoterik-Messe auch erklärt: Eine unglückliche Verbindung zur Religion kann zu einer glücklichen Verbindung zur Spiritualität führen. »Vielleicht konntest du die Früchte in deinem damaligen Leben noch nicht ernten, vielleicht wegen der Frau. Aber in diesem hast du die Chance dazu.«

Bevor ich auflege, gebe ich ihr noch eine Bewertung. Ihr 3248. Gespräch, volle fünf Punkte bekommt sie von mir. Außerdem kosten mich die Beratung und die Vermittlung durch Questico 50 Euro, die direkt von meinem Konto abgebucht werden.

Geistesgaben

Wie ich in einem Seminar ein Wochenende lang das Hellsehen übe und wider Erwarten darin sogar ziemlich gut bin

Nicole ist gekommen, weil in letzter Zeit so viel auf sie einströmt, so viele Energien und Schwingungen, die sie gerne sortieren möchte. Petra wünscht sich mehr Struktur in ihren Botschaften. Teresa möchte sich weiterbilden für die Arbeit in ihrer eigenen Beratungspraxis im Badischen. Julia, eine junge Grundschullehrerin aus München, denkt über eine Ausbildung zur medialen Beraterin nach, wozu dieses Seminar ein erster Schritt wäre. Ursula, eine grauhaarige ältere Dame aus Lübeck in adretter Kleidung und mit ausgewähltem Schmuck, würde sich gerne stärker ihrer Intuition öffnen können, ebenso wie Corinna. Astrid, eine unscheinbar wirkende Angestellte eines Biomarktes aus Goslar, verspricht sich mehr Anleitung. Sie habe schon unzählige Bücher zum Thema gelesen, sagt sie, aber in der praktischen Anwendung bekäme sie es dann einfach nicht auf die Reihe.

Und ich?

Botschaften bekomme ich allenfalls von der Post, Energie von meinem Stromversorger. Meine Intuition erweist sich mal als nützlich, liegt manchmal aber auch glatt daneben. Übungsbücher habe ich bisher keine gelesen, und dass ich gerade viele Schwingungen auf mich einwirken sähe, denen ich nachgehen müsste, ist allenfalls eine Behauptung, um Questico-Berater auf die Probe zu stellen.

»Na ja«, sage ich, als ich an der Reihe bin. »Ich würde einfach gern wissen, ob man so etwas wirklich lernen kann.« So wie man Stricken, Skifahren oder Französisch lernt. Ob das so einfach geht.

Hellsehen kommt mir vor wie etwas aus dem Märchen. Es passiert oder eben nicht. Ich wüsste nicht, wie man es sich aneignen sollte. Ich glaube nicht im Entferntesten, dass es eine Kompetenz ist, die außerhalb von Märchen existiert, aber das ist ja erst einmal zweitrangig.

Die Frau, die mich, und vielleicht auch die anderen Seminarteilnehmer, von der Erlernbarkeit der Hellseherei überzeugen soll, hat einen Heilpraktikerschein, einen Doppelnamen und eine Maybrit-Illner-Stimme. Sie gibt sich mit meiner Motivation noch nicht so recht zufrieden. Im Vergleich zu den anderen war mein Statement nüchtern und wohl zu wenig enthusiastisch.

»Was versprichst du dir von diesem Wochenende?«, fragt sie, und ich meine, einen verdächtig kritischen Unterton herauszuhören. Sofort verfalle ich in kurzzeitige Enttarnungsangst. Andererseits hat sie mich bereits für das Seminar bezahlen lassen, was mich beruhigt. 300 Euro, inklusive Mehrwertsteuer.

Ich präzisiere. »Ich habe im Alltag oft das Gefühl, dass ich viele Dinge, die geschehen, eigentlich schon vorher hätte wissen können.« Wenn es trotz einigermaßen guten Wetters dann doch anfängt zu regnen und mir einfällt, dass ich am Morgen an der Garderobe noch darüber nachgedacht hatte, den Schirm einzupacken. Wenn ich auf eine Party gehe, nur um festzustellen, dass ich eigentlich doch hätte zuhause bleiben sollen. Solche Dinge. Meine nachträgliche Vorahnung würde ich gerne zu einer vorherigen Gewissheit machen können.

»Prima«, sagt die Heilpraktikerin.

Wir sitzen auf samtroten Meditationskissen im Kreis in einem pastellgelb gestrichenen Raum, die Kursleiterin, zehn Teilnehmer, acht davon Frauen, ich, noch ein weiterer Mann, Thomas, der sich allerdings bald als der Gatte von Teresa herausstellt. In unserer Mitte flackert in einer flachen, mit bunten Steinchen befüllten Schale eine Kerze. Alles sehr fein, sehr friedlich.

Was mich allerdings gleich zu Beginn erschreckt hatte: Unsere Taschen mussten wir am Empfang abgeben, potenzielle Störquellen für unsere Arbeit, wie die Heilpraktikerin uns später erklärte. Auch Wasserflaschen dürfen wir, egal ob aus Plastik oder Glas, nicht in den Kursraum mit hineinnehmen. Wenn wir durstig sind, sollen wir bitte leise aufstehen und hinausgehen. Im Übungsraum selbst sind nur Stift, Papier und unsere Konzentration erlaubt.

Wir haben uns angemeldet zu einem »Grundkurs Hellsichtigkeit und Medialität«, drei Tage, von Freitag bis Sonntag. Danach sollen wir in der Lage sein, Botschaften von der geistigen Welt zu empfangen. Für den Alltag, als Entscheidungshilfe. Für uns selbst. Für andere. Für Freunde, Verwandte. Für eigene Kunden vielleicht.

Im Raum bin ich derjenige, der die geringste Erfahrung im medialen Arbeiten mitbringt. Derjenige, der spirituell am unmusikalischsten ist. Trotz der wohlwollenden Prognose von Erzengel Chamuel. Eine Garantie dafür, dass ich nach diesem Seminar zum Medium werde, gibt es natürlich nicht. Die Grundlagen, verspricht ein Infoblatt, das uns vor dem Seminar zugeschickt wurde, seien zwar »von jedem psychisch gesunden Menschen erlernbar«. Das Energiefeld müssten wir aber natürlich aus eigener Initiative mitgestalten. Medialität sei eine »innere Prozessarbeit«. Die Anmeldung zum Kurs erfolgt auf eigene Gefahr. »Bei physischen oder psychischen Leiden haben Sie eigenverantwortlich über Ihre persönliche Eignung zur Seminarteilnahme zu entscheiden«, ist auf einem Formblatt zu lesen.

Der Anfang ist wie der Unterricht in der Fahrschule: Es beginnt mit der Theorie. Die Heilpraktikerin stellt sich an den Flipchart-Ständer. »Tasten wir uns heran an das Thema Medialität«, sagt sie.

Eine Skizze, wohl noch von einer der vorherigen Gruppen, zeigt eine Blume, einen Menschen, eine Schnecke, einen Stein und um die Figuren herum, mit rotem Edding gezeichnet, oszillierende Hüllen. In unserer Welt, erklärt die Heilpraktikerin, sendet alles Schwingungen aus, aus allem strahlt Information, aus dir, mir, uns allen, ebenso aus Pflanzen, Tieren, Steinen, Gegenständen. Mit allem, was wir tun, denken, machen, emittieren wir Energie, die andere aufgreifen und dechiffrieren können.

Der Theorie unserer Seminarleiterin zufolge verbreiten sich diese Informationen über ein feinstoffliches Gitternetz, das sich durch alle Erscheinungen des Universums zieht und in das wir uns bewusst und mit der passenden mentalen Technik einklinken können. Es ist wie beim Radio: Die Musik liegt als elektromagnetische Welle in der Luft, man braucht nur das richtige Gerät, um sie in Klang zu verwandeln.

Diese Gegebenheiten sind wie ein feststehendes Naturgesetz. Sie sind die Voraussetzung unserer Medialität, sagt die Dozentin. Aber sie verlangen uns, wenn wir sie uns zunutze machen wollen, ein besonderes Verantwortungsgefühl ab. Die Seminarleiterin ermahnt uns, dass wir auch auf der feinstofflichen Ebene die Privatsphäre des anderen achten. Die Gesetze des Anstandes, an die wir uns in der materiellen Welt zu halten haben, müssten auch für die rein energetische gelten, sogar umso mehr. »Ihr seid in einem Bereich, in dem ihr ganz viel Macht ausüben könnt«, sagt die Seminarleiterin. »Treibt also keinen Missbrauch mit euren Fähigkeiten.« Auf der feinstofflichen Ebene sind die Menschen nackt. Immer. Überall. Aber man muss ja nicht hinsehen. Exhibitionisten sind wir alle unfreiwillig, aber wir müssten uns ja nicht auch zum medialen Voyeurismus verführen lassen. Die Türen stehen sperrangelweit offen, aber das soll uns nicht zum Hausfriedensbruch einladen. »Spaziert da also nicht einfach rein und guckt euch alles an, ohne vorher zu fragen.« Sie lächelt.

Es erinnert ein wenig an das, was Andrea Kappelmann in ihrer Esoterik-Gruppe erlebt hatte. Auch dort ging jeder davon aus, den anderen jederzeit durchschauen, dessen Absichten, Gefühle, Stimmungen lesen zu können. Auch da war, zumindest der festen Überzeugung der Gruppenmitglieder zufolge, jeder für den anderen prinzipiell allzeit transparent. Lag das Problem nur darin, dass ihnen die Skrupel abhanden gekommen waren?

Das Vertrauen auf die freiwillige Selbstkontrolle der Hellsichtigen reicht mir nicht aus; ich mache mir Sorgen um meine feinstoffliche Privatsphäre. Ich zeige auf und frage, ob es nicht doch irgendeine Möglichkeit gebe, die Privatsphäre zu schützen. Sich etwas überzuziehen, Türen und Fenster zu schließen. Ich möchte mich nicht ständig den ungefragten Blicken irgendeines x-beliebigen Mediums ausgesetzt wissen. Vor allem möchte ich nicht, dass die Seminarleiterin, die schon zu Beginn, wie ich mir einbilde, so skeptisch gefragt hatte, mein Experiment durchschaut.

Interessanterweise scheine ich der Einzige in der Gruppe zu sein, den solcherlei Sorgen plagen. Die meisten hatten keine Rückfragen. Astrid, die Biomarkt-Mitarbeiterin aus Goslar, wollte zu der Theorie lediglich wissen, ob man immer einen Helfer aus der geistigen Welt brauche, einen Engel oder Erzengel, um sich das offenliegende Wissen über andere zu erschließen, oder ob man auch direkt daran könne. Und Julia, die junge Grundschullehrerin, die sich gerade im Lotussitz, den sie eingenommen hat, neu positioniert, lächelt bei meiner Frage nur mitleidig zu mir herüber.

»Wenn man die oberste Stelle der geistigen Welt anspricht«, erklärt mir die Dozentin, »dann erhält man nur heilende und helfende Botschaften, die guttun und niemanden in seiner Privatsphäre verletzen.«

Ich sehe sie fragend an.

Die Dozentin lächelt und schlägt das Blatt auf dem Flipchart-Ständer um und geht zum nächsten Punkt über. Nachdem wir unser aller Eigenschaft als unfreiwillige Sender behandelt haben, widmen wir uns den verschiedenen Empfangsmöglichkeiten.

Für jeden unserer fünf Sinne, erklärt sie, gebe es eine Entsprechung auf der feinstofflichen Ebene. Dem Sehen entspricht das Hellsehen. Dem Hören entspricht das Hellhören. Dem Riechen das Hellriechen. Dem Schmecken das Hellschmecken. Dem Fühlen das Hellfühlen.

Unter Hellsehen konnte ich mir bislang grob etwas vorstellen. Aber Hellschmecken?

»Wer von euch kocht zuhause, ohne zu kosten? Einmal den Arm hoch.«

Einige heben die Hand. Ich nicht.

»Das ist Hellschmecken. Man hat eine so präzise Ahnung, dass man nicht mehr vorher kosten muss.«

Die wahren Meister des Hellschmeckens seien oft Sterneköche, die rein nach Gefühl salzen, pfeffern und würzen und statt mit ihrer richtigen Zunge nur mit ihren feinstofflichen Geschmacksknospen abschmecken müssen, ob noch eine Prise fehlt.

Das soll schon Medialität sein? Mir kommt das zu einfach vor. Der Rest der Gruppe fasst es anscheinend eher als ermutigend auf. »Wir alle haben die Fähigkeit zur Medialität«, sagt die Heilpraktikerin, sie lacht, ein Lachen, das stets so abrupt anfängt wie es endet.

»So weit alles klar?« Was bedeutet eigentlich diese Feinstofflichkeit, von der immer die Rede ist?

***

Die Wahrsagerei gehört zum Kerninventar der Esoterik und beruft sich auf eine lange Tradition. Schon seit der Antike, mindestens, versuchen die Menschen den Blick in die Zukunft und hinter das Schicksal. Zwei Adler ließ Zeus, der griechische Göttervater, von beiden Enden der Welt losfliegen. An dem Ort, über dem sie zusammentrafen, der Mitte der Welt, entstand das größte übersinnliche Schauspiel der damaligen Zeit: das Orakel von Delphi, die wichtigste Pilgerstätte für alle Zukunftshungrigen.

Ein Tempel wurde dort über einer Erdspalte gebaut, aus der Halluzinationen auslösende Gase aufstiegen. Ethylen, Methan, Kohlendioxid: Geologen streiten darüber, was genau die Pythia, die Tempelpriesterin, zum Dämmern und Derilieren brachte. Vielleicht war es auch nur die mangelnde Frischluftzufuhr. Jedenfalls gab die Seherin am laufenden Band verworrene Botschaften von sich. Umstehende Priester bemühten sich, die konfusen Aussagen der Seherin zu deuten. Dieser Umstand hatte für das Orakel als Gesamtattraktion einen unverkennbaren Vorteil: Erwies sich eine der Weissagungen als falsch, lag es vielleicht nicht an der Seherin, sondern an den Interpreten, die schlampig gearbeitet hatten. Das Wahrsagen im Zweistufenverfahren machte das Orakel unangreifbar.

Trotzdem verloren die Griechen irgendwann ihr Interesse am Orakel, nicht aber an der Zukunftsdeutung an sich. Man versuchte es zwischenzeitlich mit einer wissenschaftlich anmutenden Variante: mit der Astrologie, die die Zukunft nach scheinbar objektiven Kriterien zu entschleiern versuchte. Das versprach auf den ersten Blick mehr Verlässlichkeit. Daneben etablierten sich im Laufe der Jahrhunderte allerlei andere Verfahren. Die Römer ließen ihre Priester zum Beispiel die Eingeweide toter Tiere deuten. Im Mittelalter wurde das Bibelstechen erfunden: Man schlug das heilige Buch ziellos irgendwo auf und versuchte aus dem Text die Antwort auf eine gerade brennende Frage herauszulesen. Daneben geisterten natürlich auch Propheten und Wanderprediger durch die Gegend, dem großen historischen Vorbild Jesus folgend, die ihre ganz persönlichen Eingebungen verkündeten. Kein Wunder, dass die Kirche derlei beunruhigen musste.

Im Katechismus der katholischen Kirche gibt es einen Paragrafen, der sich allein mit der Verwerflichkeit von Wahrsagerei und Magie beschäftigt: »Gott kann seinen Propheten und anderen Heiligen die Zukunft offenbaren. Die christliche Haltung besteht jedoch darin, die Zukunft vertrauensvoll der Vorsehung anheimzustellen und sich jeglicher ungesunder Neugier zu enthalten«, steht da. »Sämtliche Formen der Wahrsagerei sind zu verwerfen: Indienstnahme von Satan und Dämonen, Totenbeschwörung oder andere Handlungen, von denen man zu Unrecht annimmt, sie könnten die Zukunft ›entschleiern‹. Hinter Horoskopen, Astrologie, Handlesen, Deuten von Vorzeichen und Orakeln, Hellseherei und dem Befragen eines Mediums verbirgt sich der Wille zur Macht über die Zeit, die Geschichte und letztlich über die Menschen, sowie der Wunsch, sich die geheimen Mächte geneigt zu machen.«[60] Auch wenn diese Analyse stimmen mag: Das Eigeninteresse einer Institution, die aus anderen guten Gründen um ihre Autorität bangt, ist in diesen Zeilen natürlich ebenso unverkennbar.

In ihrer Geschichte schwankt die Wahrsagerei stets zwischen den beiden Polen, zwischen Prophetie und Berechnung, zwischen Orakel und Astrologie, so wie die ganze Esoterik sich immer im Spannungsfeld zwischen Intuition und Methode, Wissen und Glauben, Technik und Transzendenz bewegt. Der römische Philosoph und Redner Cicero unterschied bereits zwischen natürlicher und künstlicher Weissagung – wobei er beide für gleichermaßen unsinnig erklärte.[61]

***

Wir hocken auf unseren samtroten Meditationskissen und üben, wie wir die richtige Haltung einnehmen, um Eingebungen zu erhalten. Wir bemühen uns um einen geraden Rücken und legen die Hände auf die Knie.

»Sollen wir die Handflächen nach oben öffnen?«, fragt jemand. »Oder ist das egal?«

Die Seminarleiterin nimmt ein Teelicht aus einer Schachtel und wirft es einer Teilnehmerin aus unserer Runde zu.

»Wie habt ihr die Hände dabei?«, fragt sie. »Wie müsst ihr also die Hände halten, wenn ihr etwas empfangen wollt?«

Wir probieren die Position, gerader Rücken, geschlossene Augen, die Hände nach oben geöffnet auf den Knien, wie zwei Satellitenschüsseln. Sie anders herum zu legen, finde ich bequemer. Nun kribbeln sie, und ich habe ständig den Impuls, mit den Fingern zu zucken. Aber vielleicht ist das ja schon die Energie.

Als Nächstes, erklärt die Dozentin, sollten wir bitte einen inneren Lichtkanal aufbauen, zwischen Wirbelsäule und Bauchdecke, vom Kopfansatz bis zum Steißbein etwa. Dazu stellt sie Entspannungsmusik an.

Das Ergebnis ist, wie wir anschließend feststellen müssen, eher suboptimal.

»Ich war viel zu abgelenkt von meinen Nackenschmerzen«, sagt Astrid. »Ich habe gar keinen Lichtkanal hinbekommen.«

»Du guckst einfach, was in der nächsten Runde passiert«, sagt die Heilpraktikerin durch ein Lächeln hindurch, wie eine Kindergärtnerin, die einem der Mädchen Mut machen will.

Corinna hatte gegen ihre Müdigkeit zu kämpfen, der Lichtkanal fiel ständig wieder in sich zusammen.

»Das entwickelt sich noch«, sagt die Heilpraktikerin.

Und Ursula, die Lübecker Dame, versucht sehr detailliert zu

beschreiben, wie sie vorgegangen ist. »Ich bekomme das gar nicht aus mir selbst heraus hin«, sagt sie. »Ist das nicht zu viel Kopfarbeit? Sich so etwas vorzustellen?«

»Wie war es denn bei dir?«, fragt die Dozentin.

»Na, wenn ein Kanal aus Licht verlangt wird, dann stelle ich mir genau das vor.«

Die Heilpraktikerin weist auf ein Missverständnis hin, das später beim Empfangen gravierende Folgen haben könnte, ein Punkt, der ihr besonders wichtig ist. Sie wird plötzlich rigoros.

»Es geht nicht um das Licht selbst«, sagt sie, »sondern darum, ein Gefäß zu bilden.« Kein Kanal *aus* Licht, sondern ein Kanal *für* Licht. Eine Art Rohr. Innen hohl. Ganz wichtig. Ansonsten könnten keine Botschaften rein. Ist doch logisch.

Ich hatte ihre Anweisung ebenfalls missverstanden und mir einen Lichtstrahl vorgestellt, der irgendwo in meinem hinteren Oberkiefer beginnt und sich unter dem Becken verliert. Ein Lichtstrahl kommt mir sympathischer vor als irgendeine komplizierte, total materialistische Rohrkonstruktion. Ich bin da romantisch.

»Na ja«, sage ich deswegen. »Geht das denn nicht vielleicht doch mit einem Lichtstrahl?« Licht ist ja kein fester Stoff, sondern durchlässiges Material. Und überhaupt, denke ich mir: Ist all das letzten Endes nicht doch nur symbolisch zu verstehen?

Die Seminarleiterin widerspricht vehement. »Ihr müsst da ganz präzise sein«, sagt sie streng. »Euch nicht einfach irgendwas vorstellen und dann hoffen, dass es auch damit funktioniert. Ihr wollt doch sauber empfangen. Also müsst ihr einen Kanal aufbauen. Keinen Lichtstrahl.«

Einige in der Gruppe sind verwirrt. Corinna erbittet weitere Angaben. Wie breit soll der Kanal sein? Fingerbreit? Richtig dick? Und wo soll er stehen? In der Körpermitte? Eher Richtung Rücken? Eher Richtung Bauch?

»Macht euch nicht verrückt«, sagt die Seminarleiterin, lacht abrupt und beendet ihr Lachen ebenso wieder. »Das entwickelt sich noch.«

Die Seminarleiterin bittet uns, ein Blatt Papier zur Hand zu nehmen.

»Wir fangen einmal ohne konkrete Frage an«, sagt sie. »Ihr schreibt einfach alles auf. Egal ob ein Wort kommt oder ein Bild. Alles aufschreiben.« Dann diktiert sie uns den Satz, mit dem wir uns an die geistige Welt wenden sollen: »Ich bitte die geistige Welt, die Meister der Lichtebene, um eine Botschaft für mich selbst.«

Astrid erkundigt sich, ob wir wählen könnten zwischen der geistigen Welt und den Meistern der Lichtebene.

»Nein, auf keinen Fall«, sagt die Dozentin. »Beides gehört zusammen.« Die Meister der Lichtebene seien ein spezieller Teil der geistigen Welt. Wenn wir nicht genau sie ansprächen, bekämen wir keine heilenden, sondern mitunter schädliche Botschaften.

Wir prägen uns den Satz ein, fünfzehn Wörter immerhin, um ihn auch ja mit geschlossenen Augen fehlerfrei auf die Reihe zu bekommen.

Ich bin gespannt, was auf mich einströmen wird aus den Weiten des Kosmos. Ob ich wirklich hellsehen kann. Ich schließe die Augen, achte auf meinen Atem, tief ein, tief aus, ich versuche, mir einen inneren Lichtkanal aufzubauen. Ich habe mich dafür entschieden, ihn mir als gläsernes Rohr vorzustellen, nicht mehr als Lichtstrahl. Mit größtmöglicher Würde ersuche ich innerlich die Meister der Lichtebene um einen Kontakt.

Dann warte ich.

Und warte.

Und warte.

Nichts.

Dann meine ich, vielleicht auch nur, weil ich mich inzwischen so sehr nach irgendeiner Wahrnehmung sehne, etwas Frisches zu fühlen, wie eine kühle Brise, ein unklarer Lufthauch aus einem schlecht isolierten Fenster. Ich öffne die Augen, langsam, blinzelnd, und notiere: »Keine richtige Botschaft, aber ein frisches Gefühl, unterer Brustbereich.« Ich lege den Kugelschreiber und den Collegeblock an die Seite, die Hände wieder nach oben geöffnet auf die Knie, schließe die Augen und warte.

Es kommt nichts. Ich bin erst enttäuscht, dann kurz sogar panisch, weil ich befürchte, dass ich mich im Kreis der Erleuchteten als derjenige ohne Empfang würde entblößen müssen. Ich merke, dass ich anfange nachzudenken, dass meine Gedanken anheben und um Sinn und Unsinn und die richtige und falsche Technik zu kreisen beginnen. Ich versuche, sie einzufangen und herunterzudrücken. Solange die Gedanken durch meinen Kopf schwirren, so viel ist mir klar, können keine Botschaften kommen. Sie verstopfen nur das obere Ende meines Lichtkanals.

Die Gedanken halten wieder halbwegs still, aber eine Botschaft kommt nicht. Nur die Dunkelheit vor meinen verschlossenen Augen sehe ich, und dann doch, kurz, ein dunkelgrünes Flackern. Soll ich es notieren? Soll ich nicht? Will mir die geistige Welt irgendetwas damit sagen? Aber was? Oder ist es nur das übliche Flimmern hinter geschlossenen Lidern? Ich öffne die Augen, greife zu Zettel und Stift und schreibe es auf: »Grün, ganz kurz.«

Ich schaue mich um. Die anderen sitzen da mit Satellitenschüssel-Händen und konzentriertem Gesicht und erwecken in ihrer Reglosigkeit den Eindruck, als bekämen sie gerade ganz viel herein. Einige schreiben, eine Zeile, zwei Zeilen, mehrere Zeilen, ganze Romane. Ich habe anscheinend nicht den besten Empfang.

Ich schließe die Augen wieder und achte penibelst darauf, keine Gedanken aufsteigen zu lassen. Eine Weile passiert nichts. Dann schälen sich aus der Dunkelheit vor meinen Augen Formen heraus, wabernd und unscharf, Dunkelgrau auf Schwarz, sie zerfallen und bauen sich wieder auf. Schließlich meine ich eine Straße zu erkennen und darauf, kurz aufblitzend, einen roten Klacks, der sich, möglicherweise mit etwas Nachhilfe meiner Fantasie, zu einem Auto formt. Ein Kleinwagen, Fiat, Peugeot, ehe ich genau hinsehen kann, lässt das Bild wieder nach. Ich bemerke, dass ich darüber wieder ins Nachdenken verfalle, öffne die Augen und halte die Botschaft fest.

Ich schließe die Augen, und wieder passiert erst einmal nichts. Dann ein Satz: Sei du selbst. Ich soll ich selbst sein?

Der Satz kommt mir wie gedacht vor, kurz zwar, aber grammatikalisch korrekt, andererseits zu spontan, zu unüberlegt, als dass er wirklich von mir stammen könnte. Vielleicht war auch nur der erste Teil, bis zum zweieinhalbsten Wort, vorbewusst, und beim hinteren sind meine Gedanken um die Ecke geeilt und haben dran gezogen. So ganz kann ich den Vorgang nicht rekonstruieren. Ich weiß nur, dass es eigentlich nicht mein Stil ist, mir Kalendersprüche dieser Art in den Kopf zu setzen, was für einen Zuruf von den Meistern der Lichtebene sprechen könnte. Aber was wollen sie mir damit sagen? Dass sie mein falsches Spiel als Hellsehinteressent missbilligen? Dass meine Skepsis für falsch und unangebracht befunden wurde? Oder wollten sie mir wirklich nur einen kleinen Aphorismus schenken?

»Dann bedankt euch bei der geistigen Welt für die Botschaften, die ihr bekommen habt«, sagt die Seminarleiterin sehr plötzlich und dreht die Meditationsmusik leiser. »Atmet noch einmal tief ein und aus. Schließt euren Lichtkanal. Und dann machen wir die Runde.«

Corinna beginnt. »Ich war unglaublich berührt von dieser Erfahrung«, sagt sie mit bebender Stimme, schiebt ihre Brille auf die Nase und sieht auf die Stichworte in ihrem Notizblock. Sie beschreibt, wie eine Lichtkugel über ihrem Kopf schwebte und in den Kanal sank. Unten angekommen, öffnete sich die Lichtkugel, in ihr lag eine Schriftrolle, auf der stand: Du gehörst zu uns. Wir wollen mit dir arbeiten. Heile deinen Schmerz.

Ich bin erst einmal richtig neidisch. So viel, so klar, keine zusammenhanglosen Wahrnehmungsfetzen wie bei mir. Geht das mit rechten Dingen zu?

Dann beginnt Corinna zu schluchzen. Eine Träne rollt ihre rechte Wange hinunter, eine ihre linke.

»Schön«, sagt die Dozentin, steht auf, reißt ein Stück Zewa von der Rolle und reicht es Corinna. »Die Tränen dürfen kullern. Das zeigt, dass hier energetisch ganz viel passiert.«

»Und dann ging es weiter«, sagt Corinna, nachdem sie sich die Augen trockengetupft hat. Plötzlich habe von oben jemand in den Kanal hinuntergeschaut. »Der Markus, der eigentlich schon verstorben ist. Und er schickte lauter rote Herzen herunter.«

»Schön«, sagt die Seminarleiterin wieder. Und ich bin nicht nur erstaunt über die Botschaft, sondern auch verstört über die

Emotionalität. Hilft so etwas, die Trauer über den Tod zu verarbeiten, weil man den Verstorbenen nie ganz verliert? Oder verschlimmert es sie, weil es mit Illusionen spielt? Ich weiß es nicht.

Anschließend ist Ursula an der Reihe, die sich ebenfalls ganz berührt zeigt von der Botschaft ihrer Sitznachbarin und dieser Empfindung erst einmal wortreich Ausdruck zu verleihen bestrebt ist. Sie sei ganz fasziniert davon, was in der Medialität alles möglich sei, zumindest bei anderen.

»Deine Botschaft, bitte«, drängt die Seminarleiterin.

Ursula druckst herum. »Ich glaube, bei mir ist es schwieriger«, sagt sie. »Wenn ich muss und unbedingt will, bekomme ich einfach nichts rein.«

»Lies bitte vor.«

Ursula fasst sich an die Stirn, zwischen die Augenbrauen und bemüht sich um die richtigen Worte. Hier hätte sie unheimlich viel gespürt, aber es sei dann ins Stocken geraten, wahrscheinlich, weil ihr Wunsch nach einer klaren Vision zu groß gewesen sei.

Die Dozentin wird ungeduldig. »Nicht interpretieren. Einfach vorlesen, bitte.«

Erst jetzt schaut Ursula auf den Zettel in ihrem Schoß. »Allmähliches Anwachsen der Energie am dritten Auge«, liest sie ab und zuckt die Schultern.

Auch ich traue mich nicht so recht, meine Minimaleingebungen oder das, was ich dafür halte, der Gruppe zu präsentieren. Zögerlich lese ich vor: »Keine richtige Botschaft, aber ein frisches Gefühl, unterer Brustbereich.«

»Stopp!«, fährt die Dozentin dazwischen, ehe ich den grünen Klecks, das rote Auto und den peinlichen Appell ans Selbstsein vorlesen kann. »Keine wirkliche Botschaft«, wiederholt sie. »Das ist deine Bewertung. Die Botschaft lautet: Frisches Gefühl.«

Sie beharrt darauf. Nicht interpretieren. Nicht bewerten. Keine Meinung. Keine Ausschmückung. Kein Einordnungsversuch. Die Botschaft ist die Botschaft, nicht das Medium. Egal wie sinnig oder unsinnig es erscheinen mag, was die geistige Welt uns mitzuteilen hat. »Das Universum ist gewissermaßen das Hauptpostamt«, erklärt die Dozentin. »Wir sind nur die Briefträger, die übermitteln.« Ein Briefträger kommentiert nicht die Post, die er austrägt. Er schreibt keine Aufmunterungssprüche auf Totenbriefe. Er malt keine Herzchen auf Ansichtskarten, weil sie ihm sonst zu trist erscheinen. Er verändert keinen Urlaubsgruß, nur weil er aus seiner Sicht keinen Sinn ergibt.

Die Kursleiterin verdeutlicht es mit einer Anekdote aus ihrer eigenen Arbeit als mediale Beraterin. Eines Tages kam eine Klientin, die erfahren wollte, wie es ihrem kürzlich verstorbenen Vater gehe. Die Hellseherin brachte sich in Empfangshaltung, aber auf die Frage nach seinem Befinden äußerte der Vater bloß: »Kind, mal dir die Fingernägel wieder rot an.« Sie probierte es wieder und wieder, aber die Einflüsterung aus dem Jenseits blieb unverändert. »Jetzt sag es ihr endlich, es stimmt«, kam schließlich. Sie sagte es.

»Wir sind ganz neutral«, erklärt die Seminarleiterin. »Es liegt in unserer Verantwortung, dass wir sauber empfangen und nicht unsere eigenen Wünsche und Vorstellungen untermischen. Für die Inhalte haben wir keine Verantwortung.«

Sie sieht mich an. »Verstanden?«

Ich nicke und lese weiter vor, kommentarlos und ohne jeden Interpretationsversuch, dunkelgrüner Klecks, rotes Auto, ich selbst sein. Für den Inhalt habe ich keine Verantwortung.

»Sehr schön«, sagt die Dozentin.

Sie steht auf, geht an den Flipchart-Ständer und tippt mit dem Edding auf das Blatt, auf dem die fünf feinstofflichen Entsprechungen unserer fünf Sinne aufgelistet sind. »Das Schöne bei ihm ist«, sagt sie und weist mit dem Edding in meine Richtung, »dass die Botschaften direkt auf verschiedenen Ebenen gekommen sind. Über das Hellfühlen, über das Hellsehen, ganz klassisch, und mit dem Satz zum Schluss auch über das Hellhören.«

Ich fühle mich unverhofft wie ein Musterschüler. »Werte das nicht so ab«, sagt sie zu mir. »Freue dich über deine Botschaften.«

»Aber was soll das alles bedeuten?«

»Pass auf, ich gebe euch einen Tipp«, sagt sie und erklärt uns, dass wir bei der geistigen Welt ja nachfragen könnten, wenn wir mit ihren Botschaften nichts anzufangen wüssten.

»Und wenn wieder nur ein Bild kommt?«, frage ich.

»Dann bittet einfach, die Botschaft in einer anderen feinstofflichen Sinneswahrnehmung zu erhalten.« Liebe geistige Welt, ich bitte um eine zusätzliche schriftliche Erläuterung.

Und wenn auch das nichts nützt: reklamieren. Kraut und Rüben einfach zurückschicken ins Universum und gegen etwas Vernünftiges umtauschen. »Ist wie im Kaufhaus«, erklärt die Seminarleiterin. »Wenn wir mit der Botschaft nichts anfangen können, geben wir sie zurück und machen einmal Neustart.«

Manchmal klappt das.

Manchmal bleibt die geistige Welt hartnäckig. So wie der verstorbene Vater der einen Kundin unserer Seminarleiterin, der unbedingt seine Botschaften zu den Fingernägeln loswerden wollte. Die Beraterin erklärte sich erst entschuldigend, ehe sie den Wunsch des Vaters zitierte, die Tochter möge sich doch bitte die Fingernägel rot anmalen.

»Und da fing die Frau laut an zu lachen. Sie hatte sich nämlich gerade die Nägel lackiert, als der Anruf mit der Todesnachricht kam.« Unsere Dozentin lacht ebenfalls laut und plötzlich und hört ebenso plötzlich wieder auf damit.

Bei mir sei die Botschaft übrigens relativ klar: Sei du selbst, lass dich nicht ablenken, nicht vom Straßenverkehr oder etwas anderem. »Das war in deinem Fall die Botschaft«, sagt sie und lächelt. Mit etwas Übung würde ich die Bedeutung auch bald selbst entschlüsseln können.

Auf ähnliche Weise rückt sie für uns alle die mehr oder weniger zersplitterten Fantasiepartikel zurecht. »Ich war ja schließlich immer mit dabei, als ihr gearbeitet habt.«

Den Papiervogel, den Julia, die junge Lehrerin, gesehen hat, deutet sie beispielsweise als klares Symbol für den Drang nach Freiheit. Thomas, dem Mann von Teresa, hat die geistige Welt eingeflüstert: »Sei aufrichtig und nimm das hier ernst.« Dem hat die Seminarleiterin nichts hinzuzufügen.

Nur für Astrid, die Biomarkt-Mitarbeiterin aus Goslar, kann unsere Dozentin wenig tun.

»Ich habe keine Botschaft bekommen.« Kein Wort, kein rotes Auto, keinen grünen Klacks, einen Papiervogel oder eine Lichtkugel mit einer Schriftrolle erst recht nicht. Sie ist geknickt. Was ihr schon zuhause mit den Übungsbüchern nicht gelingt, haut auch in der praktischen Gruppenarbeit nicht hin.

Die Dozentin schaut streng zu ihr herüber.

»Ich habe versucht, das Gedankenkarussell auszuschalten und mich nur auf den Kanal zu konzentrieren«, stottert Astrid.

Ich kann das gut nachvollziehen. Meine Botschaften kamen schließlich auch nur in den kurzen Phasen, in denen ich nicht nachgedacht habe, und waren alles andere als klar, deutlich oder strukturiert. Dass die Dozentin sie direkt als lobendes Beispiel bespricht, hätte ich nicht erwartet. Es hätte mir auch wie Astrid gehen können.

»Ich habe die ganze Zeit versucht, mich in diesen Kanal einzufinden«, erklärt Astrid.

»Und damit«, sagt die Dozentin in einem Tonfall, dessen Härte mich überrascht, »konntest du nicht medial arbeiten.«

Astrid scheint wie erschlagen. Sie starrt die Seminarleiterin mit einer Mischung aus Scham und Enttäuschung an. Es scheint ein wenig so zu sein wie in der Gruppe um das Seth-Medium, in die Andrea Kappelmann geraten war: Wer Lob und wer Prügel erhält, scheint keinen klaren Kriterien zu folgen. Und jederzeit kann es umschlagen. Man muss auf der Hut sein. Das Urteil über Astrid kommt mir genauso willkürlich vor, auch das Urteil über mich. Hätte sie nur einen Gedanken aus ihrem Karussell herausgenommen, in den Lichtkanal fallen lassen und als Botschaft deklariert, wer weiß, vielleicht fiele ihr damit die Rolle der Musterschülerin zu. Vielleicht liegt das auch einfach in der Natur der Sache, weil der Gegenstand unserer Arbeit so ungreifbar ist. Nur dass Astrid ihn eben sehr ernst nimmt.

Nach einer Schrecksekunde versucht sie sich aufzuraffen: »Ist ja auch das erste Mal, dass ...«

»Ist gar kein Problem«, sagt die Dozentin mütterlich. »Aber achte einmal darauf: Insgeheim bist du ein bisschen stolz darauf, dass es nicht funktioniert. Du hast das in dir einprogrammiert.«

***

Eigentlich könnte Astrid gelassen sein. Denn zur Wahrsagerei, sollte man meinen, ist längst alles gesagt. Und das mindestens seit Cicero, der bekanntlich in einer Zeit lebte, die wir für abergläubischer halten als die unsere. Der Philosoph hatte schon die Versuche seiner Zeitgenossen in Bausch und Bogen verworfen. Was würde er sagen, wenn eine Zeitmaschine ihn ins vermeintlich aufgeklärte 21. Jahrhundert, zu uns in den Seminarraum transportieren könnte?

Die Römer hatten ein breites Repertoire verschiedener Wahrsagetechniken. Bei der Organschau etwa war die Leber des geopferten Tieres von besonderem Interesse. Der Verlauf bestimmter Furchen und Spalten in dem Organ sollte beispielsweise baldigen Reichtum oder andere mehr oder weniger freudige Ereignisse ankündigen. Aber was hat das eine mit dem anderen zu tun, welche Verbindung gibt es zwischen der Leber eines Tieres und dem eigenen Geldbeutel? »Aus welcher natürlichen Wahlverwandtschaft«, fragt Cicero, »kann ein Leberschnitt mit meinem elenden Gewinn, oder mein kleiner Gelderwerb mit Himmel, Erde und der Natur zusammenhängen?«[62]

Und Wetterzeichen und Blitze? Ebenfalls beliebt zur damaligen Zeit, um irgendetwas aus ihnen heraus- oder in sie hineinzudeuten. Dabei, meint Cicero, sei es doch mehr als offensichtlich, dass die Götter die Blitze nicht gerade als Instrument gedacht haben, um dem Menschen etwas mitzuteilen. Warum sonst werfen sie so viele Blitze ins Meer, wo kein Mensch sie sieht und interpretieren kann?

Auch die Astrologie, immerhin eine der wenigen Methoden, die sich bis heute gehalten haben und die dank des Einsatzes von Computertechnik immer präziser und treffsicherer geworden zu sein behauptet, hält Cicero schon damals für ziemlich leicht zu entkräften. Warum sollten die Sterne, die zur Zeit der Römer weit weg waren und bis heute nicht näher an die Erde gerückt sind, irgendeinen Einfluss auf unser Leben haben? Warum dann nicht eher das Wetter zum Zeitpunkt unserer Geburt? Vielleicht ist unser Schicksal temperaturgeprägt: Der Mensch, der im Winter bei minus zwei Grad das Licht der Welt erblickt, wird in seinem Leben nicht zu einem heißblütigen Charakter – oder doch, gerade deswegen? Und wer im Halbdunkel eines nebligen Herbsttages geboren wird, hat keine Chance mehr auf ein sonniges Gemüt? »Da nun eine so große Abwechslung der Witterung stattfindet, so daß der Himmel bald heiter, bald stürmisch ist, wie verträgt es sich mit dem gesunden Menschenverstande, zu sagen, ›Das habe keinen Einfluß auf die Entstehung der Geborenwerdenden‹«, meint Cicero, »und daneben zu behaupten, etwas auf jeden Fall so Zartes, das sich auf keine Weise empfinden, ja kaum denken läßt, wie die Einwirkung des Mondes und der übrigen Gestirne auf die Temperatur des Himmels habe einen Einfluß auf die Entstehung der Kinder?«[63] Und sowieso, meint Cicero: Die Astrologie widerlege sich täglich selbst. Menschen mit gleichem Sternzeichen haben so unterschiedliche Schicksale, dass wenig für die Annahme spricht, die Gestirne hätten ihnen etwas Gemeinsames ins Stammbuch geschrieben. Und umgekehrt: Im Krieg teilen unzählige Soldaten, egal ob Widder, Wassermann oder Waage, auf dem Schlachtfeld oft dasselbe tragische Los. Die Sterne erweisen sich als unzuverlässig.

Heute zeigen uns Sozialforscher, woraus sich viel eher ein Horoskop stricken ließe: Welchen Beruf haben die Eltern? Welche Schule haben sie besucht? Sind sie arm, sind sie reich? Wer privilegiert aufwächst, hat die besseren Aussichten, später selbst einmal ein gutes und auskömmliches Leben führen zu können. Nur hat das eben nichts mit den ewigen Gesetzen der Sterne zu tun, sondern mit der Gesellschaft und was wir aus ihr machen. Solche Horoskope sind potenziell veränderbar – das ist ihre Chance.

Nun könnte man das Problem der Wahrsagerei auch auf die jeweils angewandte Technik zurückführen, die nicht funktioniert, statt auf ihre prinzipielle Unmöglichkeit. Was ist mit dem, was Cicero als die natürliche Weissagung bezeichnet, die Träume, die Visionen, die Eingebungen, die wir auch in unserem Seminar fleißig trainieren? Die Seele, das dachten damals einige Philosophen, allen voran Platon, der daraus bekanntlich ein ganzes Reinkarnationsmodell ableitete, sei eine Art Ewigkeitssplitter im Menschen, sein unsterblicher Teil, der die Ideen kennt und deswegen hinter die vergänglichen Erscheinungen blicken kann. Cicero bezweifelt das. »Unsere Seelen, behaupten sie, seien göttlich und von außen in uns gekommen, und die Welt sei mit einer Menge übereinstimmender Seelen angefüllt. Durch diese theils ursprüngliche Göttlichkeit der Seele selbst, und durch die Verbindung mit den äussern Seelen werde nun erschaut, was künftig sei.«[64]

Heute sind solche Vorstellungen natürlich direkt viel wissenschaftlicher verpackt, wie im Theorieteil unseres Seminars: Feinstoffliche Gitternetze spannen sich über alle Menschen, Dinge und Planeten, mit unserem Energiekörper stehen wir mit diesem Netz in Verbindung und können daraus Informationen abgreifen.

Aber selbst wenn dem so wäre: Warum sollten wir das Gute, Wahre, Schöne ausgerechnet dadurch erkennen, dass wir Traumbildern ihren freien Lauf lassen? Warum sollten sich die ewigen Wahrheiten ausgerechnet in unserer Fantasie offenbaren, warum nicht im kühlen Kopf? Weil uns das, was wir träumen, fremder erscheint als das, was wir bewusst wahrnehmen? Und weil es umso mehr überrascht, wenn gerade das dann zutrifft? Dabei ist das letztlich, sagt Cicero, eine Überschätzung des Zufalls. Bei den unzähligen Träumen, die wir jede Nacht haben, ist es wenig verwunderlich, dass sich früher oder später einmal einer als wahr erweist. Die Masse der Versuche zieht irgendwann einen Treffer nach sich. Aber warum folgern wir daraus, dass die Fantasie, die besonders für Täuschung anfällig ist, ein geeignetes Instrument für sehr weitreichende Erkenntnis wäre?

Wer nach einer stürmischen Seefahrt wieder festen Boden betritt, glaubt noch, dass alles schwankt. Wenn man die Augen zu einem Schlitz zusammenkneift, sieht man eine Laterne zweimal. »Wenn man will«, meint Cicero, »kann man bei jenen Irrthümern so gut wie bei Träumen philosophiren; z. B. wenn sich Etwas, das steht, zu bewegen scheint, kann man daraus ein Erdbeben oder eine plötzliche Flucht prophezeien; und, wenn man das Licht in einer Laterne doppelt sieht, Zwiespalt und Aufruhr weissagen.«[65]

Es ist egal, ob man Tieren den Bauch aufschlitzt, um ihre Leber zu inspizieren, ob man Horoskope berechnet oder sich schlicht auf seine seherischen Fähigkeiten verlassen zu können meint: Für Wahrsagerei sieht Cicero keinen Platz in der Welt.

»Wird ein Seher besser schließen, als ein Steuermann, was für eine Witterung bevorsteht?«, fragt er. »Oder wird er die Natur einer Krankheit scharfsinniger erkennen, als ein Arzt, die Führung eines Krieges besser durch Vermuthungsschlüsse verstehen als ein Feldherr?«[66] Warum sollte man sich auf die vage Zuverlässigkeit irgendwelcher Eingebungen verlassen, wenn es längst Kundige gibt für alles, was sich mit Hilfe von Vernunft, Wissen und Erfahrung einigermaßen durchblicken lässt?

Überhaupt: Wenn es bereits für alles Experten gibt, und heute weit mehr als in der Antike, was bleibt dann noch als spezifisches Fachgebiet des Wahrsagers? Keines, sie sind ganz und gar überflüssig, sagt Cicero, und macht ein kleines, interessantes Gedankenexperiment, das auch heute nichts von seiner Gültigkeit verloren haben dürfte.

Was bliebe, fragt er, dann das Metier des Wahrsagers? Ein Wahrsager müsste sich auf Aussagen kaprizieren, die nicht auf Wissen, Vernunft oder Erfahrung beruhen. Aber worauf dann? Ciceros erster Definitionsvorschlag lautet: »Das Vorausahnen solcher Dinge also, die auf dem Zufall beruhen, ist Weissagung.«[67] Nur ist sie damit komplett nutzlos. Wenn man genauso gut ins Blaue hinein spekulieren kann, kann man sich die Berechnung von Horoskopen und die Seherei auch gleich sparen.

Bliebe also noch die Möglichkeit, dass die Wahrsagerei nicht für das zuständig ist, was in den Bereich des Zufalls fällt, sondern in den der Vorhersehung. »Läugnest du aber die Wirklichkeit des Zufalls, und behauptest, es sey Alles, was geschieht und geschehen wird, von aller Ewigkeit her bestimmt, so mußt du deine Definition der Weissagung ändern«, schreibt Cicero. Sie wäre dann nicht mehr die Lehre von der Zufallsaussage, sondern die von der Erkenntnis des unabänderlichen Schicksals. Diese Definition kommt dem Selbstbild der Hellsichtigen wahrscheinlich am nächsten. Nutzlos wäre sie aber in beiden Fällen.

Entweder weil man genauso gut raten könnte, oder weil der Hellsichtige Dinge voraussagt, die sich ohnehin nicht ändern lassen. Wozu also Wahrsager?

* * *

Wir üben unbeirrt weiter. Die Dozentin geht herum und verteilt Umschläge, zwei für jeden, aus zwei verschiedenen Stapeln, die sie uns jeweils aufgefächert zum Ziehen hinhält. Den ersten Umschlag sollen wir links vor uns auf den Boden legen, den zweiten rechts. Und unbedingt verschlossen lassen. Die Aufgabe lautet: Erspüre die Energiequalität. »Damit ihr ein Gefühl dafür bekommt, ob eure Antennen richtig eingestellt sind.« Sie lächelt nickend in die Runde.

Wir sehen uns fragend an. Sollen wir einen Brief entziffern? Sind da überhaupt Briefe drin? Oder Bilder? Oder ein Wort?

»Es geht nur um die Energiequalität«, sagt die Dozentin. »Befindet sich in dem Umschlag eine helle, positive Energie oder eine dunkle, negative Energie? Das reicht völlig. Mehr müsst ihr nicht herausfinden.«

»Kann die denn raus, die Schwingung?«

»Macht euch mal keine Sorgen.«

»Geht denn das überhaupt, wenn die Umschläge geschlossen sind?«, fragt jemand.

»Klar«, sagt die Dozentin. »Es ist alles Schwingung.«

Wir sollen ein Blatt nehmen, es in der Mitte knicken, »rechter Umschlag« als Überschrift auf die rechte Seite, »linker Umschlag« auf die linke Seite schreiben.

Wir gehen in Empfangshaltung, Hände nach oben geöffnet, gerader Rücken, gerader Lichtkanal. Ich bitte die geistige Welt um eine Botschaft bezüglich der Energiequalität des ersten Umschlags, dann des zweiten.

Für den linken Umschlag notiere ich: kalter Schauer, Kriegskanone, kurzer, heller Blitz. Für den rechten Umschlag: Wolken, Aktenordner, Büroatmosphäre.

In den Umschlägen, klärt uns die Dozentin anschließend auf, befänden sich Zeitungsausschnitte, eher bunte, fröhliche Nachrichten von den Vermischtes-Seiten in dem einen Umschlag, eher negative Artikel in dem anderen. Ein Raunen geht durch die Gruppe.

»Ach, Zeitungsausschnitte ...«, sagt Ursula.

»Ich habe mich schon die ganze Zeit gewundert«, nuschelt Petra.

»Was glaubt ihr?«, fragt die Dozentin in die Runde. »In welchem Umschlag sind die eher unangenehmen Nachrichten?«

»Rechts«, sagt jemand.

»Rechts«, sagt noch jemand.

»Rechts.«

Ich sage: »Links?«

Sechs tippen auf rechts, vier auf links. Ich rechne kurz durch, auch wenn das notorisch besserwisserisch ist. Bei zwei Umschlägen liegt die Wahrscheinlichkeit, mit seiner Energiewahrnehmung den richtigen auszuwählen, so man nicht von übersinnlichen Faktoren ausgeht, bei genau 50 Prozent. Macht ein Hellsehschüler zehn Versuche, dürfte er erwartungsgemäß in fünf Fällen richtig und in fünf Fällen falsch liegen. Machen zehn Hellsehschüler jeweils einen Versuch, sollten etwa fünf von ihnen richtig liegen und fünf falsch. So viel Statistik ist mir aus meinem Mathematikgrundkurs in der Schule noch in Erinnerung geblieben. Das Ergebnis kommt dem Erwartungswert jedenfalls ziemlich nahe. Trotzdem liegt eine knappe Mehrheit daneben.

»Links ist richtig«, sagt die Dozentin.

Ich freue mich im ersten Moment und denke dann an die Statistik, die mein Talent direkt wieder infrage stellt. Es ist ernüchternd.

Im Raum kommt Verunsicherung auf. »Was heißt das jetzt für die Botschaften, die wir bisher empfangen haben?«, fragt Petra, die schon vor dem Seminar meinte, in Grundzügen hellsichtig zu sein, und jetzt plötzlich sehr verstört wirkt. »Heißt das, dass die alle falsch sind?«

Die Dozentin versucht zu beruhigen, denn auch für vermeintlich falsche Botschaften gibt es immer eine plausible Erklärung. »Was hast du denn genau empfangen?«, fragt sie Petra.

»Eher positive Energie«, sagt die. »Wärme, viel Licht. Liebe.«

»Und was war in dem Umschlag?«

»Ein Artikel über einen Kindermörder.«

Es gebe da mehrere mögliche Erklärungen, sagt die Seminarleiterin. Manchmal zum Beispiel käme uns vor allem das Schlechte vertraut vor, aus einem früheren Leben vielleicht, so dass wir mit positiver Energie darauf reagieren.

»Man kann das ja im Leben oft beobachten«, sagt die Dozentin. »Mädchen aus Gewaltfamilien landen wieder in Gewaltfamilien, weil sie die Brutalität als das Heimische und Lichtvolle erleben.«

Petra sieht sie groß an.

»Das muss nichts heißen«, erklärt die Seminarleiterin ihr, »aber vielleicht hast du in einem anderen Leben Schmerz erlebt.«

»Okay«, sagt Petra.

Wir steigern den Schwierigkeitsgrad. Unsere Dozentin teilt eine neue Runde Umschläge aus, darin der Name eines anderen Seminarteilnehmers. Sie diktiert den Satz, den wir verwenden sollen: »Ich bitte die geistige Welt, die Meister der Lichtebene, um eine Botschaft für die Person, deren Name auf dem Zettel in dem Umschlag steht, der vor mir liegt.«

Achtundzwanzig Wörter. Hellsehen für Fortgeschrittene. Wir notieren sie. Unsere Dozentin wiederholt sie auf Bitte ein weiteres Mal und noch ein Mal.

»Eine Botschaft für die Person in dem Umschlag?«, fragt jemand.

»Nein. Für die Person, deren Name auf dem Zettel in dem Umschlag steht, der vor mir liegt.«

Genau so. Wort für Wort, vom ersten bis zum achtundzwanzigsten, sonst könnte es schiefgehen, mehr oder weniger, je nach Worttreue.

»Was ist, wenn in dem Umschlag unser eigener Name steht?«, erkundigt sich jemand.

»Dann ist die Botschaft für euch selbst.«

Wir prägen uns den Satz ein. Empfangshaltung, tiefe Atemzüge, tief ein, tief aus, gerader Rücken, der innere Lichtkanal.

Während ich mich darauf konzentriere, in die Empfangsposition zu gehen, vergesse ich den Satz schon wieder, muss blinzelnd aufs Papier schauen und von Neuem beginnen, ehe es klappt. Ich schreibe anschließend wieder alles auf, was mir nicht wie mein eigener Gedanke erscheint.

Eine Viertelstunde horchen wir in uns hinein, dann dürfen wir die Umschläge öffnen und uns »Geschenke machen«, wie es die Seminarleiterin ausdrückt.

Ursula macht den Anfang. Sie öffnet den Verschluss auf der Rückseite des Couverts, das Dreieck, das nach innen steckt, zieht die Karte aus dem Umschlag, die Spannung steigt, jeder kann es sein, es ist: Petra.

Ursula nimmt ihren Notizzettel in beide Hände und sieht zu Petra. Sie liest vor: »Dein inneres Licht zeigt dir den Weg.«

Petra legt die Handflächen aufeinander und verbeugt sich dankend.

Petras Botschaft für Corinna lautet: »Höre auf dein Herz.«

Teresas Botschaft für Julia: »Bewundere den inneren Weg, den du gehst.«

Corinnas Botschaft für mich: »Folge dem Licht in dir.«

»Sehr schön«, sagt unsere Dozentin. »Sehr schöne Botschaften. Ihr seht: Es funktioniert. Ihr müsst euch nur konzentrieren.«

Ob man es nun das innere Licht nennen möchte, dem man sich anvertrauen soll, oder ob man es als Herzenswissen bezeichnet, das einen zur Wahrheit führt: Ich habe den Eindruck, dass unsere Botschaften allesamt ziemlich ähnlich ausgefallen sind. Wir könnten sie austauschen und neu verteilen, ohne dass sich etwas Wesentliches an ihrem Inhalt ändern würde. Das Bauchgefühl lobt sich selbst. Die Intuition spricht stets ein Plädoyer in eigener Sache.

Der praktische Mehrwert solcher Zirkelschlüsse erschließt sich mir nicht so ganz. Wir bitten die geistige Welt um Hinweise, was wir tun sollen, und die verweist nur wieder auf die geistige Welt, oder eben auf unser innerstes Wissen, das aber nur wieder ein Instrument ist, mit dem wir Zugang zur geistigen Welt erhalten sollen. Der Himmel verweist auf das Herz und das Herz auf den Himmel. Oder der Himmel auf den Himmel und das Herz auf das Herz. Die Begriffe sind auswechselbar. Oder bin ich nur zu verkopft für die ewigen Appelle an das Herz, das, wie der Philosoph Blaise Pascal einmal schrieb, Gründe hat, die der Verstand nicht kennt?

Andererseits sind diese Botschaften aber auch erstaunlich konsequent, wenn man bedenkt, dass wir über die Adressaten nichts weiter wissen als dass sie im selben Raum sitzen. Eine Ermutigung, an die eigenen Fähigkeiten zur Medialität zu glauben, gewährleistet eine Minimaltreffsicherheit in einer Gruppe, in der alle ihre Medialität zu optimieren trachten. Jede Botschaft stimmt für jeden.

Meine eigene fügt sich natürlich, von allerlei nicht systematisierbaren Fantasiestückchen einmal abgesehen, ebenfalls in dieses Muster.

Ich öffne den Umschlag und bekomme einen kurzen Schreck, als ich den Namen lese.

»Also«, beginne ich schließlich und schaue zu Astrid hinüber, die mich erwartungsvoll anstarrt. »Zuerst war da ein Zeppelin. Dann ein violettes Licht.«

»Violett ist die Farbe der Transformation«, klärt uns die Seminarleiterin auf.

Astrid kniet in sich gesackt auf dem samtroten Meditationskissen.

»Und dann«, sage ich und sehe zu ihr, »kamen folgende Sätze: Heile dich selbst. Schau in dein Herz. Alles wird gut.«

Astrid schweigt.

»Sehr schön, perfekt«, sagt die Dozentin. »Etwas Besseres kann sie doch gerade gar nicht brauchen.« Sie schaut zu Astrid, die mit etwas Verzögerung zu ihr blickt und schließlich nickt, aber nur kurz.

Ich falte den Zettel zusammen.

»Man merkt, dass bei dir ganz viel Substanz da ist«, sagt die Seminarleiterin zu mir. »Du musst es vielleicht nur noch etwas präzisieren.«

»Okay.«

»Das bekommst du hin.«

Bevor es weitergeht, muss die Seminarleiterin den Raum umbauen. Uns ist eine kurze Pause vergönnt, während der wir uns in die Teeküche drängeln. Einige setzen Wasser auf. Ich esse verlegen die Bonbonniere leer und stopfe die Hosentaschen mit Maoampapieren voll.

Thomas erzählt mir, dass er es gut findet, dass er nicht der einzige Mann an diesem Wochenende ist. Gibt ja nicht viele Männer, die sich für Spiritualität interessieren. Vor allem hier. Teresa, seine Frau, kommt ursprünglich aus Südamerika, eine viel spirituellere Kultur, auch wegen der Indios, nicht so verbissen, so kalt und rational wie unsere, mystischer. Man würde das bei seiner Frau noch merken. Er jedenfalls.

Ich nicke.

»Das erste Seminar, das du in dieser Richtung besuchst?«, fragt er mich.

»Ja.«

»Interessierst du dich schon länger für solche Sachen?«

»Na ja, nicht wirklich«, sage ich. »Ich bin neugierig, ob sich so etwas wirklich erlernen lässt.«

»Das war ich am Anfang auch.«

Er erzählt. Einmal sei er auf einem Seminar gewesen, in dem sie eine ganz ähnliche Übung gemacht hatten wie wir vorhin. Einer saß vorne an der Tafel und malte eine geometrische Figur, ein anderer saß dahinter und sollte die Figur erraten. »Oder eben hellsehen«, sagt Thomas. »Oder hellfühlen. Wie auch immer. Das Faszinierende war jedenfalls: Der, der das Seminar geleitet hat, der konnte das wirklich. Sehr verblüffend.«

»Das ist wohl Glück«, sage ich. »Oder Begabung.«

»Ich könnte das auf jeden Fall nicht«, sagt Thomas. »Aber es soll auch eine Frage der Übung sein. Man wird besser, wenn man regelmäßig trainiert.«

Dummerweise hatte der Dozent in dem damaligen Seminar kaum konkrete Anweisungen gegeben.

»Wir sollten einfach nur machen, machen, machen. Und niemand sagt einem eine Technik. Das ist hier bei ihr definitiv besser.«

Ich weiß nicht, was Thomas in jenem Kurs damals erlebt hat. Aber ich weiß, dass ich etwas ganz Ähnliches einmal im Fernsehen gesehen habe: Jemand zeichnet eine Figur an eine Tafel, und ein anderer zeichnet sie nach, ohne sie zu sehen. Der Unterschied zum Kurs, vom dem Thomas erzählt: Es war von vornherein klar, dass es sich nicht um Hellsehen handelt, sondern um einen Trick.

Mentalmagier betreiben eine besondere Art der Zauberkunst: Sie ziehen keine Kaninchen aus dem Zylinder, sondern verblüffen ihr Publikum durch scheinbar Unmögliches wie eben Telepathie oder Gedankenlesen. Das Geheimnis ihrer Kunst beruht nicht auf Übersinnlichkeit, sondern darauf, aus winzigen Bewegungen oder dem Zucken im Augenwinkel auf das zu schließen, was ein Mensch denkt. Oder vielleicht aus dem Geräusch eines Stiftes und dem Schatten einer Bewegung auf das, was jemand an die Tafel malt. Interessanterweise wurden viele der Tricks im Umfeld der spiritistischen Bewegung des 19. Jahrhunderts entwickelt – um die Geisterbeschwörung ein klein wenig aufzupeppen.

Ich war nicht dabei in jenem Seminar, das Thomas besucht hat, und sicher wäre ich wie er verblüfft gewesen über so viel mediales Talent. Aber die Kunststücke, die gute Mentalmagier zu vollführen im Stande sind, legen doch eher nahe, dass eine irdische Erklärung die wahrscheinlichere ist.

Als wir zurück in den Seminarraum kommen – »die Teetassen bitte draußen lassen« –, sind Stühle zu Zweierpaaren aneinandergestellt, Rückenlehne an Rückenlehne. Mit geschlossenen Augen sollen wir uns an der Wand sammeln. Dann führt die Seminarleiterin jeden Einzelnen von uns zu seinem Stuhl. Wir sollen eine Botschaft empfangen für die Person, die auf der anderen Seite sitzt. Ohne Umdrehen. Ohne Blinzeln. Allein durch die Energie, die wir in unserem Rücken wahrnehmen.

In mich hinein flüstere ich, mit dem größten Pathos, zu dem ich fähig bin, die Worte: Ich bitte die geistige Welt, die Meister der Lichtebene, um eine Botschaft für die Person, die hinter mir sitzt.

In meinem Rücken spüre ich zwar nur die Stuhllehne und die vage Ahnung, dass da jemand sitzt. Aber es fließt. Es fließt tatsächlich. Oder hat mich das Lob der Dozentin einfach nur nachlässig werden lassen? Bin ich zu großzügig und klatsche einfach auch meine eigenen Gedanken auf das Papier, statt sie wie Fliegen zu verscheuchen?

Ich weiß es nicht. Jedenfalls notiere ich eine ganze Reihe von Sätzen und Bildern, insgesamt vierzehn Spiegelstriche mit Botschaften der geistigen Welt dahinter. Nach einer Viertelstunde dürfen wir uns umdrehen.

Hinter mir sitzt Teresa, die Frau von Thomas, die sich in diesem Kurs für ihre eigene Praxis weiterbilden möchte. Wir lächeln uns an wie zwei Bekannte, die sich zufällig auf derselben Geburtstagsparty treffen. Du hier?

Teresa reißt die Seite aus ihrem Collegeblock und reicht sie mir, liniertes Papier und ansteigende Schriftzüge, die immer oben und unten über die Linien hinausgehen. »Hör auf deine innere Stimme«, wird mir da geraten – einmal mehr. »Du kannst mehr als du denkst.« Und dann, in besonders großen Buchstaben: »Instrument. Er/sie hat aufgehört zu spielen. Soll weiterspielen.«

Jetzt bin ich zum ersten Mal wirklich überrascht. Ich habe seit längerer Zeit den Vorsatz, richtig Klavierspielen zu lernen. Ein Traum von mir, kein Talent. Seit meinem Umzug vor einigen Monaten habe ich aber kaum noch geübt; ein, zwei Wochen vor dem Seminar habe ich dann zaghaft wieder angefangen, ich tue mich immer noch schwer, wieder hineinzufinden. »Für Elise« klappt zweihändig nur sehr holprig. Bei »Yesterday« komme ich halbwegs rund nur bis zum dritten Takt. Und beide gelten als Anfängerstücke.

»Wow«, sage ich, nachdem ich mir Teresas Botschaften durchgelesen habe. »Das stimmt. Also das mit dem Instrument.« Für einen Moment habe ich allen Ernstes das Gefühl, Teresa hätte tiefer in mein Leben geblickt, als ich es für möglich gehalten hatte.

Ich meinerseits kann nicht von mir behaupten, dass mir die geistige Welt allzu tiefe Einblicke verschafft hätte, auch wenn der Empfang dieses Mal eigentlich unerwartet gut war.

Meine Botschaft für Teresa beginnt, hinter dem Spiegelstrich Nummer eins, mit der Farbe Grün, mal wieder, wie schon zu

Anfang des Seminars, bei der ersten Übung. Vielleicht ist das eher ein Faible von mir als eine Botschaft für sie.

Aber Teresa sagt: »Ja, absolut. Grün ist meine Farbe.« Sie habe ihre Praxis zum Beispiel grün gestrichen, ganz bewusst. »Ich arbeite viel mit Heilenergie und verwende darum viel Grün.«

»Dein Schal«, sage ich und weise auf ihren Hals, »ist auch grün.«

Teresa ist überrascht. »Ja, stimmt.« Sie lacht.

Dann folgen hinter den nächsten Spiegelstrichen Bilder, von denen viele mit Wasser zu tun haben. Ein Brunnen. Ein Bach.

»Wasser ist energetisch mein Element«, sagt sie. Ihr Sternzeichen: Fisch.

Schließlich habe ich ihr noch den Stichpunkt notiert: sich vertrauen können.

»Mein großes Thema«, sagt Teresa. »Da kommt viel bei dir. Du hast gelernt, hier oben auszuschalten, oder?« Sie tippt an die Stirn. Und ich bekomme ein schlechtes Gewissen, weil ich vielleicht dieses Mal gerade zu wenig oben ausgeschaltet habe, beim Empfangen die Gedanken habe einfach munter dazwischenfunken lassen. Wie geht das? Da oben ausschalten? Und was da oben überhaupt? Die eigenen Vorstellungen von Hellsichtigkeit? Das Denken? Den Verstand? Und sollte man den wirklich ausschalten?

»Ich gebe mir alle Mühe«, sage ich.

»Du hast Talent, Kind.«

* * *

Eine Sache unterscheidet die Esoterik von der Kirchenreligion, die wir kennen: Ihre Grundlage ist keine Lehre, kein System aus Dogmen und Glaubenssätzen. Die kann es zwar auch geben, aber Kern aller esoterischen Erkenntnis ist die eigene, ganz persönliche Erfahrung. »Die Lehren sind nicht bedeutungslos – doch liegt ihre Glaubwürdigkeit sozusagen in der Evidenz des selbst Erfahrenen«, schreibt der Soziologe Hubert Knoblauch.[68]

Esoterik ist keine Religion zweiter Hand, die Priester und Erleuchtete vorgekaut darreichen. Wir kochen sie uns selbst: Das

Sakrale ist nicht mehr ein Bereich, über den Experten wachen. Ein jeder darf sich darin austoben. Ein jeder kann das Höhere am eigenen Leib erfahren. Das ist das Versprechen der Esoterik. Erleuchtung wird vom Herrschaftsgut zum Gebrauchsartikel.

Ob wir das Hellsehen und Geistheilen für real halten, liegt daran, ob wir es erlebt haben. Oder meinen, es erlebt zu haben. Erlebnisse, die sich in Hellsehseminaren, bei Telefonberatern, auf Esoterik-Messen oder bei Reinkarnationstherapeuten kaufen lassen.

Es sind diese Aha-Momente, auf denen der esoterische Glaube beruht. Die Verblüffung, weil eine wildfremde Person plötzlich meinen Wunsch erkennt, endlich Klavier spielen zu können. Das Herzklopfen, weil ich als Mönch eine gefährliche Nacht außerhalb des Klosters bei meiner Geliebten, meiner Halbschwester, verbringe. Die plötzlichen Bilder in meinem Kopf, die mir nicht mehr wie meine Fantasie, sondern wie eine Eingebung erscheinen. Ein Blitz der Erleuchtung. Ein Kribbeln auf der Haut, weil gerade ein Engel vorbeigezogen ist.

Der Soziologe Thomas Luckmann beschreibt, wie der Glaube an etwas Höheres aus jenen Erfahrungen erwächst, die das Alltagserleben übersteigen.[69] Traum und Trance, Rausch und Ekstase, Visionen und Erweckungserlebnisse, die Fantasiereise in eine Mönchsexistenz: Jede Erfahrung, die nicht alltäglich ist, kann die Grundlage für einen Glauben, für eine Religion bilden. Sie kann. Sie muss nicht. Das ist der Clou in Luckmanns Argumentation: Ob eine mehr oder weniger außergewöhnliche Erfahrung als Beleg für etwas Religiöses gesehen wird, bestimmen kulturelle Normen und Werte, der Kontext und die Umstände. Den Andrenalinausstoß, den ein Bungee-Sprung auslöst, würde wahrscheinlich niemand als göttliche Offenbarung deuten. Aber warum nicht? Auf den Pfingstinseln galt der Lianensprung, das Vorbild fürs Bungee-Jumping, noch als ein religiöses Ritual.[70] Man kann die Fantasiebilder bei einer Meditation als Kopfkino betrachten. Oder eben als Eingebung der geistigen Welt.

Religion ist heute zur Privatangelegenheit geworden; die Suche nach dem Höheren ist dem Einzelnen anheimgestellt. Und damit hat sich das Spektrum der Erfahrungen, die irgendwie religiös gedeutet werden können, enorm erweitert. Das Problem dabei ist aber nicht unbedingt, dass Erfahrungen beliebig sind. Das sind Dogmen letztlich auch. Das Problem ist, dass ein Glaube, der allein auf persönlichen Erlebnissen beruht, viel unerschütterlicher ist. »Die in der Esoterik angebotenen und teilweise auch gesammelten Erfahrungen entziehen sich häufig kritischer Überprüfung. Es kommt zu einer Überhöhung subjektiver Erlebnisse und zu einem ausgeprägten Irrationalismus«, schreibt Matthias Pöhlmann, Esoterik-Experte der Evangelischen Zentralstelle für Weltanschauungsfragen.[71] »In manchen Fällen lässt sich ein ›Erfahrungsfundamentalismus‹ beobachten, insbesondere dann, wenn sich sensible und sensitiv veranlagte Menschen auf unmittelbare göttliche Eingebungen oder intuitive Erfahrungen berufen, die höchste religiöse Autorität beanspruchen und sich dadurch der Kritik entziehen.«

Und der Religionssoziologe Hubert Knoblauch schreibt: »Die Arten des Handelns und des Wissens, die man esoterisch, okkult und ähnlich nennt, zeichnen sich durch ihre Betonung außergewöhnlicher subjektiver Erfahrungen aus – Erfahrungen, deren Inhalt sich der rationalen Mitteilbarkeit und der intersubjektiven Überprüfbarkeit entzieht.«[72] Was vorne jemand auf der Kanzel predigt, lässt sich eher infrage stellen als die Hellseherei, die man selbst unmittelbar erlebt zu haben meint.

In der Suche nach der ganz persönlichen Offenbarungserfahrung zeigt sich sogar eine verblüffende Parallele zwischen Esoterik und evangelikalem Christentum. »In beiden wird das Ziel verfolgt, eine persönliche Transformation zu erleben und eine persönliche Transzendenzerfahrung zu machen«, schreibt Knoblauch.[73] »Beide suchen die Religion im Innern des Subjektes und seinen Erfahrungen.« Dabei können sich hartgesottene Esoteriker und überzeugte Evangelikale eigentlich auf den Tod nicht ausstehen – aber vielleicht auch gerade, weil sie sich so ähnlich sind.

Ein Beispiel dafür ist die seltsame Wandlung eines Eckhart Haase, der einst lange Zeit Lichtarbeiter war, dann zum Christentum fand und sich heute einen Namen als erbitterter Esoterik-Bekämpfer macht.

Zur Lichtarbeit berufen hatte ihn ein Channelmedium, so erzählt es Haase: Du bist auserkorener Lichtarbeiter, sagte das Medium ihm, du arbeitest nun mit Engeln, mit Geistwesen, Außerirdischen. Sie trafen sich zum Meditieren, fassten einander an den Händen, stellten sich eine große Lichtsäule in ihrer Mitte vor, aus der sie mit der Kraft ihrer Gedanken heilende Energien in die Menschheit hinausschickten.[74] »Die Lichtarbeit übt für viele deswegen eine Faszination aus, weil sie dem Menschen anbietet, selbst etwas tun zu können, und zwar global«, schreibt Aussteiger Haase. »Dieses vermeintliche Machtwerkzeug zieht viele, zumeist jüngere Menschen magisch an.«[75]

Haase allerdings wurde nicht gelassener oder glücklicher, sondern zunehmend depressiv, wie er sagt. Eines Nachts irrte er aus lauter Verzweiflung und Schlaflosigkeit ziellos durch die Berliner Straßen, kurz davor, sein Leben zu beenden. Auf einer Parkbank legte er sich nieder, und plötzlich, mit einem Mal, spürte er Gottes Gegenwart, dem er in diesem Moment tatsächlich und lebendig begegnet sein will. Er kniete sich nieder, sprach laut mit Jesus, fand neue Kraft und Bekehrung – eine Erfahrung, die gar nicht so sehr viel anders klingt als das, was Esoteriker erzählen.

Heute bekehrt der wiedergeborene Haase Esoteriker zum evangelikalen Christentum. Auf seiner Internetseite finden sich lauter Aussteigerberichte von Lichtarbeitern, die plötzlich Gott begegnet seien. Oder vielleicht einfach nur dem anderen, vermeintlich wahreren Gott. »Bedenken Sie dabei, dass es darum geht, wo sie die Ewigkeit verbringen möchten. An einem unwirtlichen Ort voller Pein oder im Paradies«, schreibt Haase, mit der Angstkeule des Fundamentalismus in der Hand. »Ich finde, die Wahl ist nicht schwer. Ich möchte das ewige Leben bei meinem Erlöser verbringen.«[76]

Der Wechsel von der einen Erlebnisreligiosität in die andere verläuft leichter, als ihre demonstrative Feindschaft vermuten lässt. Man muss nur den Gottesdienst einer Pfingstgemeinde mit einem Workshop auf dem Esoterik-Markt vergleichen.

Die Gottesdienste der Pfingstler sind lebhaft, es wird geklatscht, laut gesungen, man streckt Arme und Hände zum

Gebet in die Höhe, es wird viel geweint, manche überkommt eine Ohnmacht. Es ist ein ekstatisches Halleluja statt unterwürfiges Amen. Zum Schluss des Gottesdienstes werden Hände zum Heilen und Segnen und Bekehren aufgelegt. Weltweit sind die evangelikalen Kirchen, allen voran die Pfingstbewegung, der am schnellsten wachsende Zweig des Christentums, vor allem in der ehedem katholischen Bastion Lateinamerika. Nur in Europa können sie nicht so recht Fuß fassen. Aber ein Grund zur Entwarnung vor dem »Erfahrungsfundamentalismus« ist das nicht: Wir haben dafür die Heilkreise im Wohnzimmer und Wochenendkurse zum Hellsehen, in denen wir spirituell über uns hinauswachsen sollen.

***

Am Sonntag, zum Abschluss unseres Basisseminars, folgt das, was die Dozentin als »die Meisterprüfung« bezeichnet. Wir sollen nicht mehr bloß irgendwelche Botschaften für eine andere Person empfangen, ohne vorher zu wissen, für welche. Jetzt soll es darum gehen, bei der geistigen Welt für eine spezifische Person eine spezifische Antwort auf eine spezifische Frage dieser Person zu bestellen. Eine doppelte Einschränkung der Beliebigkeit und im Grunde das, was wir auch machen müssten, wenn wir eines Tages als mediale Lebensberater arbeiten wollten. Eine Aufgabe mit einem enormen Risiko der Botschaftsverfälschung, warnt uns die Kursleiterin. Je eingegrenzter Adressaten- und Themenkreis, desto größer ist die Versuchung, mit den eigenen Überlegungen beim Empfangen nachzuhelfen. Je genauer die Anweisung ausfällt, desto schwieriger ist es, Antworten zu finden, die immer richtig sind.

Deswegen müssen wir uns intensiv auf diese Übung vorbereiten und sorgsam an den Fragen feilen. Wenn wir für uns selbst arbeiten, sagt die Dozentin, könnten vage formulierte Fragen ja vielleicht noch funktionieren, weil wir die Energie instinktiv in die gemeinte Richtung lenken. Wobei natürlich auch das nicht ratsam ist. »Wenn die Fragen nicht präzise sind«, sagt sie, »kann es schnell passieren, dass ihr Blödsinn rausbekommt.«

In Stillarbeit entwerfen wir unsere Fragen, anschließend tragen wir sie vor. Corinnas Klärungsbedarf fällt bombastisch aus, sie liest vor, worauf sie sich eine Auskunft erhofft: »Was hindert mich am Vorankommen auf den verschiedenen Ebenen meines Daseins, in meiner spirituellen Entwicklung, in beruflicher Hinsicht sowie in einer persönlichen Beziehung zu einem Mann, und wie kann ich mein Potenzial in diesen Bereichen annehmen und für meine Umwelt entfalten?«

»Unzumutbar«, sagt die Dozentin.

»Aber wenn es eine gemeinsame Ursache gibt für all diese Punkte?«, fragt Corinna.

»Wir müssen fokussieren«, sagt die Dozentin. Sie überlegt kurz und dampft die Frage zusammen, auf den psychologischen Kern. Corinna notiert: »Was hilft mir, meine Kraft und Stärke anzunehmen?«

Für Ursula destillieren wir den Satz: »Wie kann ich mein Herz öffnen?«

Teresa schickt die Frage danach ins Rennen, was sie tun kann, um sich selbst stärker zu vertrauen. Das können wir so stehen lassen.

Astrid erhofft sich von den Meistern der Lichtebene eine Antwort auf diese Frage: »Was hilft mir, meine Wünsche umzusetzen?«

Das ist zwar kurz und bündig, aber zufrieden ist die Dozentin nicht. »Welche Wünsche?«, fragt sie.

Kraft, Stärke und Selbstvertrauen sind zwar auch nicht unbedingt Begriffe mit fest abgesteckten Bedeutungsgrenzen. Trotzdem scheint mir, dass die Seminarleiterin von Astrids Wünschen ein besonderes Maß an Präzision verlangt. »Was wünschst du dir? Endlich paragleiten? Konkretisieren, Astrid. Konkretisieren!«

»Na ja«, sagt Astrid. »Beruflich zum Beispiel. Wie finde ich den Beruf, der mich glücklich macht. Oder wie ich meine Hemmungen loslassen kann.«

»Das sind schon zwei Wünsche. Welchen nimmst du?«

Astrid schwankt hin und her. »Der Beruf«, sagt sie dann, »nagt schon ganz schön an mir.«

Die Dozentin mustert sie einen Moment. »Wenn ich dir einen Tipp geben darf«, sagt sie. »Nimm lieber die Hemmungen. Wenn du die Hemmungen bearbeitest, ergibt sich das Berufliche von ganz alleine.«

Auch ich habe lange überlegt, welche Frage ich einbringen möchte. Leicht fiel es mir nicht, eine gute zu finden. Es gibt natürlich viel, was mich bewegt, vieles, bei dem ich selbst nicht weiter weiß und ein Wink von oben durchaus willkommen sein könnte. Das ist ja nicht ungewöhnlich. Allerdings will ich, dass meine Frage nicht zu intim ausfällt, hier in einer Gruppe, mit der ich mich nach zwei Tagen zwar überraschend verwachsen fühle, aber die ich immer noch kaum kenne. Und sie soll nicht zu intim sein gegenüber wildfremden Meistern der Lichtebene, deren Vertrauenswürdigkeit ich auch nach zwei Tagen Seminararbeit nicht so recht einzuschätzen weiß. Andererseits sollte sie auch nicht so banal ausfallen, dass das Empfangen von medialen Botschaften an meiner Unaufrichtigkeit scheitert. Es soll eine Testfrage sein, die sich nicht dadurch disqualifiziert, dass die Meister der Lichtebene sie sofort als Testfrage durchschauen. Die geistige Welt darf nicht merken, dass ich sie auf die Probe stellen will. Meine Frage soll persönlich sein, aber nicht so persönlich, dass sie einen wunden Punkt offenbart, an dem man mich zu fassen bekommen könnte. Nicht so intim, dass es nur die richtige Antwort braucht, um mich einzufangen, eine Antwort, die aus welchen Gründen auch immer zu stimmen scheint, so ähnlich wie Teresas Rat, ich möge wieder Klavier spielen, nur schlimmer, treffender. Ich habe etwas Angst davor, dass mir das passieren könnte, was Andrea Kappelmann passiert ist, der Frau, die nie an Engel, Elfen, Energiekörper glaubte und plötzlich einem Geistwesen namens Seth verfiel, wegen eines Satzes von ihm, vielleicht auch zweier Sätze wegen, vermeintlich von ihm. Ich vertraue zwar auf meinen gefestigten Skeptizismus. Aber bin skeptisch, wie stark er im Zweifelsfall ist.

Ich notiere: Wie erfahre ich, wo ich zuhause bin?

Nach den Umzügen der letzten Zeit habe ich nicht nur das Klavierspielen verlernt. Irgendwie ist mir auch ein Gefühl von Verwurzelung abhanden gekommen, das ich noch nicht ganz wiedererlangt habe. Es bereitet mir keine schlaflosen Nächte. Aber den Ort, an dem ich mein Leben oder wenigstens die nächsten zehn Jahre verbringen wollte, kenne ich eben auch nicht. Wenn die geistige Welt mir einen Tipp geben möchte, schön. Wenn sie mir keinen gibt oder den falschen, auch nicht weiter dramatisch. Es ist persönlich, aber nicht zu persönlich. Mir erscheint die Frage passend, wegen ihrer Mehrfachbedeutung und der Banalität, wenn man sie wörtlich nimmt.

Die Kursleiterin hört sich meine Frage an und wiegt den Kopf.

»Worum geht es dir wirklich bei dieser Frage?«, sagt sie schließlich. Mir wird heiß und kalt. Hat sie meine Überlegungen mitverfolgt? Findet sie doch noch einen wunden Punkt, den ich den Meistern der Lichtebene zu entblößen habe? Ich befürchte, mit meiner Frage das Gegenteil von dem zu bezwecken, was sie beabsichtigte.

»Na ja«, sage ich und schlucke. »Es geht darum, wo ich zuhause bin.« Hat meine Stimme da gerade wirklich etwas heiser geklungen oder bilde ich mir das ein?

Ein Psycho-Verhör wollte ich vermeiden. Es ist wie in der Gruppe von Andrea Kappelmann: Jeder kann der Nächste sein, der auf dem heißen Stuhl sitzt. Weil auch die Kriterien für Richtig und Falsch unscharf sind. Eben war ich noch ein hoffnungsvolles Talent. Jetzt plötzlich bin ich Astrid.

»Inwiefern zuhause?«, fragt die Dozentin. »Räumlich oder emotional?«

»Beides irgendwie«, sage ich.

»Beides ist zu viel.«

»Na ja, vielleicht vor allem emotional.«

Ein Zugeständnis. Ein weiteres will ich nicht machen müssen. Glücklicherweise verlangt die Dozentin auch keines, nur noch irdische Akribie.

»Welcher Ort? Die Stadt? Der Bezirk? Die Wohnung? Konkretisieren!«

»Die Stadt«, sage ich, erleichtert darüber, dass wir die Geografie thematisieren und nicht weiter mein Innenleben.

»Wie kann ich herausfinden, in welcher Stadt ich mich zuhause fühle?«

»Das ist eine Frage, die funktioniert«, sagt die Dozentin.

Den ersten Entwurf streiche ich durch.

Nachdem jeder von uns eine für die mediale Arbeit brauchbare Fragestellung entwickelt hat, eine übrigens, auf die meistens auch die Antworten von ganz am Anfang passen könnten, die immer nur auf den inneren Weg, das Herz, die Intuition verwiesen haben, nachdem wir also diese Frage aufgeschrieben haben, dürfen wir reihum wählen, wem wir sie anvertrauen möchten. Wir stehen auf.

Julia reicht ihren Zettel an Corinna und setzt sich. Corinna wählt Teresa und setzt sich. Ursula wählt Julia und setzt sich. Ich wähle Ursula und setze mich. Und Teresa, der ich in der Übung mit Grün die richtige Farbe weisgesagt habe, wählt mich.

Nur Astrid ist stehen geblieben, so wie ich früher beim Mannschaftswählen im Sportunterricht. Astrid nestelt an dem Zettel, auf dem ihre Frage danach steht, wie sie ihre Hemmungen überwinden kann.

»Dann darfst du jetzt mit jemandem tauschen«, sagt die Dozentin.

»Nee«, sagt Astrid. »Das möchte ich nicht.«

Also arbeitet sie mit ihrer eigenen Frage. Empfangshaltung, gerader Rücken, Hände geöffnet, Augen geschlossen. Eine Viertelstunde Zeit und Ruhe.

Ich habe anschließend das bange Gefühl, dass ich den Vertrauensvorschuss, den Teresa mir gewährte, nicht verdient habe. Ich falte den Zettel auseinander, auf dem meine Notizen stehen. Auf ihre Frage danach, wie sie ihr Selbstbewusstsein stärken kann, fielen mir wieder nur wirre Wort- und Bildsplitter ein. Ein Aufruf zur Selbstreinigung, Katzen, ein Lagerfeuer, noch mehr Katzen, Katzen am Strand, ein Kreuzfahrtschiff.

Ich blicke entschuldigend zu Teresa herüber, aus deren Gesicht ich aber dummerweise keinen Kommentar zu meiner Botschaft herauszulesen vermag.

»Das klingt jetzt viel chaotischer, als es eigentlich ist«, sagt die Dozentin. »Energetisch hast du alles richtig gemacht. Du musst nur noch in die Tiefe gehen und das stärker in Form bringen. Mach weiter, du hast da großes Potenzial.«

Für Ursula fällt das Urteil weniger schmeichelhaft aus. Sie hat sich auf die Suche nach meinem verlorenen Heimatgefühl begeben. Sie liest vor, was sie gefunden hat: zuerst ein Glockenläuten, schließlich, erst etwas vernuschelt, dann klarer, der Name der Stadt Leipzig.

In Leipzig war ich ein einziges Mal in meinem Leben, zum Umsteigen. Ich weiß nichts über diese Stadt, außer dass der Bahnhof dort ein Kopfbahnhof ist.

»Und dann kam eine Stadt, die ich überhaupt nicht kenne«, sagt Ursula und schaut mich dabei sehr gespannt an, so, als erhoffe sie sich von mir Aufschluss über die Botschaft. Der Ort, den sie nennt, klingt ähnlich, fast genauso wie der Geburtsort meiner Großeltern, in dem ich nie gelebt habe und in den ich nie im Leben ziehen würde, weil es dort nur eine Handvoll Häuser gibt, eine Schule, einen Supermarkt mit Bäckertheke, einen Pfarrer, kein Kino, kein Theater, kein Nachtleben.

Ich bin kurz irritiert. Ich schlucke, will Ursulas seltsame Botschaft aufklären, aber die Kursleiterin kommt mir zuvor.

»Jetzt mal Cut an dieser Stelle«, sagt sie streng. »Das ist überhaupt nicht die Antwort auf seine Frage. Du wolltest Lebensretterin spielen und ihm ein paar Städte nennen. Aber das muss er selbst. Wir dürfen die geistige Welt nicht um fertige Lösungen bitten, sondern nur um Hinweise, wie wir aus uns selbst zu richtigen Entscheidungen kommen.«

Ursulas faltige Mundwinkel zittern, als stünde sie kurz davor, nach innen zu weinen. Sie faltet den Zettel zusammen.

»Es tut mir leid«, sagt sie, zu mir gewandt.

»Nicht schlimm«, sage ich. Wäre ich eben schneller mit meiner Antwort gewesen, wäre Ursula vielleicht nicht die Versagerin, als die sie jetzt dasteht, sondern die unglaublich talentierte Seherin, die sie gerne wäre.

»Sind denn das keine Botschaften gewesen?«, fragt Astrid.

»Doch«, sagt die Kursleiterin. »Aber nicht auf die Frage. Die waren gefärbt von ihrem Wunsch, ihm Gutes zu tun und ihm die Entscheidung abzunehmen.«

»Es tut mir unendlich leid«, sagt Ursula. »Ich kann einfach nicht medial für andere arbeiten. Ich bin gescheitert.« Und für mich ist es jetzt definitiv zu spät, ihr das Gegenteil nahezulegen.

Astrid zögert, als sie an der Reihe ist und die Botschaft, die sie für sich selbst empfangen hat, vorlesen soll. »Ich habe gar nichts so richtig zu fassen bekommen«, sagt sie.

»Was hast du aufgeschrieben?«, fragt die Dozentin.

»Da war nichts«, sagt Astrid.

»Ich habe gesehen, dass du etwas aufgeschrieben hast. Lies bitte vor.«

Astrid ziert sich, dreht dann das Blatt um und liest Wort für Wort vor: »Der Kirschbaum aus dem Garten, in dem ich als Kind immer war. Starke Trauer. Verlustgefühl. Sehnsucht nach dem Einssein mit der Natur.« Sie klappt den Block zu.

»Das war eine Botschaft, die du da empfangen hast«, sagt die Dozentin. »Erkenne einfach einmal an, dass das eine Botschaft war. Und das ist etwas Wunderbares.«

Astrid lächelt, aber etwas gequält, immer noch.

»Hast du eine Ahnung«, fragt die Dozentin, »warum du gerade diese Botschaften empfangen hast?«

Astrid versucht sich an einer Erklärung. »Vielleicht weil ich nicht in der Natur sein kann«, sagt sie. »Darunter leide ich jeden Tag.«

»Ich glaube, da ist noch mehr«, sagt die Dozentin.

»Vielleicht«, sagt Astrid.

* * *

Wir gehen ein Arbeitsblatt durch, das uns einen Vorgeschmack auf den »erweiterten Einsatz« der Technik vermitteln soll, deren Grundzüge wir an diesem Wochenende gelernt haben. Demnach kann sie uns, soweit wir genug Übung haben, unter anderem beim »Abklären von Allergien« helfen, wir können die mediale Arbeit anwenden zur Feststellung der »richtigen Dosierung von Medikamenten«, um »Kontakt zu Verstorbenen« herzustellen oder zur Kommunikation mit unseren Haustieren. Zudem können wir unsere Fähigkeiten nutzen, um Kunstwerke zu empfangen und aufzumalen oder »heilende Gesänge« zu entwickeln.

»Nur so als Beispiel für das, was alles möglich ist«, sagt die Dozentin. »Gibt es Fragen dazu?«

Der »erweiterte Einsatz« verwirrt mich eher, als dass er mich ermutigt. Ich bin immer noch nicht ganz überzeugt, dass ich die Technik beherrsche. Ich hebe den Finger. Mein Anliegen ist ein grundsätzliches.

»Ich finde es schwer zu unterscheiden, was wirklich eine Botschaft ist und was nur ein Produkt meiner Fantasie«, sage ich. »Wie will man das auseinanderhalten?«

Die Seminarleiterin nickt verständnisvoll.

Immanuel Kant weiß ich mit diesem Einwand auf meiner Seite. Der Aufklärer aus Königsberg hatte sich seinerzeit für die Grenzen unserer Erkenntnis interessiert, die reine Vernunft kritisierte er ebenso wie den unhinterfragten Empfang der Sinne. Manche seiner Überlegungen gelten heute zwar als überholt. Seine Betrachtungen zur Hellseherei scheinen mir aber nach wie vor gültig zu sein.

1766 veröffentlichte er eine kleine Schrift mit dem Titel »Träume eines Geistersehers«. Mit dem Geisterseher war das Starmedium der damaligen Zeit gemeint, der schwedische Theologe Emanuel Swedenborg. Seine Erfahrungen schrieb Swedenborg in einem Werk nieder, das den Titel »Arcana caelestia« trägt, himmlische Geheimnisse, für Kant nichts weiter als »acht Quartbände voll Unsinn«[77]. Kant macht keinen Hehl daraus, dass er Swedenborg wohl eher als einen Fall für die Psychiatrie betrachtet denn als Kandidat fürs philosophische Seminar. »Die anschauende Kenntnis der anderen Welt«, schreibt Kant, könne »allhier nur erlangt werden, indem man von demjenigen Verstande einbüßt, welchen man vor der gegenwärtigen nötig hat.« Mit anderen Worten: »Guter Herr, auf den Himmel mögt ihr euch wohl verstehen, hier auf Erden seid ihr ein Narr.«[78]

Swedenborg war sich indes sicher: Es passiere selten, schreibt er, aber es passiere, dass die Geister und Engel in einen Menschen schlüpfen und durch ihn die Welt betrachten und kommentieren. Dass sich ein Geist aus jener Welt mit einem aus dieser vermischt. Swedenborg zählte sich selbst zu diesen Erleuchteten. »Durch meine Augen durften sie die in der Welt befindlichen Dinge sehen, und zwar so deutlich wie ich selbst, und dann auch die Menschen mit mir reden hören«, schreibt Swedenborg in seinen »Arcana caelestia« und berichtet davon, wie er den Kontakt zwischen Diesseits und Jenseits vermittelt. »Es traf sich einige Male, daß einige ihre Freunde, die sie bei Leibes Leben gehabt hatten, durch mich so gegenwärtig sahen wie früher, worüber sie sehr erstaunt waren; sie sahen auch ihre Gatten und Kinder, und wollten, daß ich ihnen sage, sie seien da, und sehen sie, und daß ich denselben von ihrem Zustand im anderen Leben Kunde geben möchte.«[79]

Kant berichtet davon, dass Swedenborg, der mit seinen Visionen europaweit Bekanntheit erlangte, an Fürstenhöfe gerufen wurde und sogar Menschen mit klarem Verstand in blankes Erstaunen versetzte – was wiederum Kant, der doch die Aufklärung als Ausgang des Menschen aus der selbstverschuldeten Unmündigkeit vertrat, mindestens beunruhigen musste. »Verstand und Torheit haben so unkenntlich bezeichnete Grenzen, daß man schwerlich in dem einen Gebiete lange fortgeht, ohne bisweilen einen kleinen Streif in das andere zu tun«, stellt er fest.[80]

Swedenborgs Geisterseherei hat Kant denn auch ernster genommen, als seine beißende Kritik und die polemischen Formulierungen vermuten lassen. Können wir also wirklich etwas über die geistige Welt erfahren? Können wir gar persönliche Mitteilungen von ihnen zugesteckt bekommen, so wie Swedenborg im 18. Jahrhundert es meinte und wie wir es in einem Seminarraum des 21. Jahrhunderts immer noch hoffen?

Kants Antwort fällt zunächst abstrakt aus. Würde sich die geistige Welt uns mitteilen, überlegt Kant, dann müssten wir ihre Botschaften notwendigerweise in den Bildern und Begriffen unseres diesseitigen Daseins empfangen. Unser Denken und unsere Imagination sind das einzig infrage kommende Trägermaterial für Jenseitiges. Aber wie sollen wir echte Visionen dann von falschen Einbildungen unterscheiden, wenn sie alle aus demselben Stoff sind, fragt, wie schon Cicero, auch Kant. Selbst wenn man an der Vorstellung festhalten möchte, dass sich die geistige Welt uns in irgendeiner Form mitteilt: »Man wird aber auch zugeben, daß die Eigenschaft auf solche Weise die Eindrücke der Geisterwelt in diesem Leben zum klaren Anschauen auszuentwickeln, schwerlich wozu nützen könne«, schreibt Kant, »weil dabei die geistige Empfindung notwendig so genau in das Hirngespinst der Einbildung verwebt wird, daß es unmöglich sein muß, in derselben wahre von groben Blendwerken, die es umgeben, zu unterscheiden.«[81]

Es ist wahrlich ein Dilemma. Das Wahrsagen mit Hilfsmitteln ist statistisch nicht besser als jede Raterei, weil der technische Fortschritt den Naturgesetzen unterliegt und auch ein mit dem Computer errechnetes Horoskop dadurch kein besseres wird. Und die hohe Kunst dessen, was Cicero als die natürliche Wahrsagerei bezeichnet, scheitert daran, dass wir uns dabei auf das verlassen müssen, was äußerst anfällig für Fehler ist: unsere Fantasie, unser Gefühl. Natürlich hat die Fantasie ihre Vorzüge, wir verdanken ihr Literatur, Musik, Kunst, aber für manche Bereiche des Wissens taugt sie eher nicht. Wie sollen wir aus dem Blubbern und Rauschen in unserem Kopf transzendenten Wertstoff von bloßem Abfall der Gehirntätigkeit unterscheiden? Wie sollen wir wissen, was was ist?

»Woher weiß ich«, frage ich unsere Seminarleiterin, »was eine Eingebung ist und was bloß ein Hirngespinst?«

»Du machst das schon richtig«, antwortet sie, lächelt und hofft wahrscheinlich, dass ich mich mit dem ganzen Honig im Bart zurücklehne.

»Das ist wirklich eine Frage der Übung«, sagt sie. »Ich empfehle euch für den Anfang, erst einmal alles aufzunehmen. Wenn ihr später ein etwas sichereres Gespür für die Energiequalitäten der Botschaften habt, könnt ihr vielleicht das ein oder andere Fantasiebild wieder streichen.« Gewaltenteilung im Kopf wäre eine zu profane Idee: Die Intuition verrät angeblich selbst, wann ihr zu trauen ist.

Auch Ursula, die ältere Dame aus Lübeck mit dem adretten Schmuck, meldet sich, ebenfalls verunsichert. Sie hat den Verdacht, dass sie beim medialen Arbeiten bequemerweise auf sich selbst hört und nicht auf das stille Einflüstern der geistigen Welt.

»Ich versuche nicht zu denken«, sagt sie, »sondern es einfach kommen zu lassen, aber ...«

»Völlig richtig«, sagt die Dozentin.

»Aber ich habe trotzdem das Gefühl, dass das, was ich empfange, in Wirklichkeit meinem eigenen inneren Wissen entspringt.«

Die Seminarleiterin nickt, als wollte sie die ganze Zeit dasselbe sagen. »Das ist normal«, sagt sie. »Je mehr Lebenserfahrung wir haben, desto stärker decken sich die Botschaften der geistigen Welt mit unserem gelebten Selbst. Sie müssen sich sogar decken, wenn wir die Sender richtig eingestellt haben.«

Ursulas Mundwinkel zucken, als wollte sich noch ein weiteres Aber aufbäumen.

»Du brauchst keine Angst zu haben«, sagt die Dozentin, weich, fürsorglich. »Es ist einfach identisch mit deinem inneren Selbst.«

Astrid sagt, dass sie das Denken so überhaupt gar nicht aus dem Kopf bekäme, dass sie glaube, dass es immer nur das Denken ist, das ihre Botschaften erzeuge, und dass sie die dann natürlich sofort wieder verwerfe. Wie bekommt man das Denken aus dem Kopf, möchte sie wissen.

»Bei dir geht es vor allem darum, dass du dir selbst vertraust«, sagt die Dozentin. »Sag einfach dem Männchen in dir, das immer zweifelt: Jetzt ist mal Ruhe, Mama will medial arbeiten.« Die Dozentin lacht kräftig und bricht augenblicklich ab, als Astrid Einwände erhebt.

»Aber ein paar ganz technische Sachen gibt es da doch schon, die man beachten muss«, sagt Astrid.

»Aber, aber«, sagt die Dozentin. »Du wirst das schon richtig machen, wenn du dir vertraust.«

»Gibt es da denn Möglichkeiten, den Lichtkanal weiter zu öffnen?«

Es gebe da ja Übungen, sagt Astrid, verschiedene Übungen, die in Büchern immer wieder genannt würden. Auch so um das Kronenchakra zu weiten. Ob da eine Übung besonders zu empfehlen sei.

Die Dozentin kneift die Augen zusammen. »Astrid«, sagt sie,

»ich lehne es strikt ab, so etwas zu erzwingen. Es hat seinen Sinn, wenn wir unseren Kanal nicht so weit öffnen können.«

Für einen Moment erfüllt Schweigen den Raum.

»Wenn du möchtest«, sagt die Dozentin zu Astrid, »dann nehme ich dich einmal in den Arm. Möchtest du?«

Wir alle richten unsere Blicke auf Astrid. Astrid schaut zur Dozentin. Dann schaut sie in der Gruppe unschlüssig umher, von einem zum anderen, dann wieder zur Dozentin.

Die Kursleiterin steht auf. Dann erst steht auch Astrid auf.

Selbstanmaßung

Wie ich mit Christbaumschmuck energetische Behandlungen durchführe und einen Job als Lebensberater bei einer Astroline finde

Mein Vorstellungsgespräch ist für 17 Uhr am Donnerstagnachmittag angesetzt. Ich will ein Angestellter der geistigen Welt werden, ein Mitarbeiter im Geschäft mit dem Übersinnlichen. So wie der Fernseh-Hellseher Daniel Kreibich. So wie die Frau, die mir aus der Bibel die Gaben des Heiligen Geistes vorgelesen hat. Ich habe mich als Berater bei einem Astroportal beworben.

Nicht bei Questico, dem Marktführer, denn der verlangt, dass man mindestens sechs Monate Berufserfahrung vorweisen kann. »Als Nachweise«, schreibt Questico auf seiner Homepage, »akzeptieren wir Gewerbescheine mit Gesprächsnachweisen, Arbeitsverträge mit anderen Unternehmen, Abrechnungen von anderen Anbietern und Ähnliches. Ohne berufliche Erfahrung können Sie leider nicht als Experte freigeschaltet werden.«[82] Questico sieht diese Stellenanforderung als Ausdruck der Seriosität seines Angebots, und man kann darüber streiten, ob eine langjährige, möglichst in Vollzeit ausgeübte Berufstätigkeit als Medium auf Professionalität oder nicht doch eher auf besonders lange eingeübte Skrupellosigkeit hindeutet.

Berufserfahrung zu sammeln dürfte grundsätzlich kein Problem sein. Denn die Mitbewerber, die das Geschäftsmodell imitieren sind ständig auf der Suche nach neuen Beratern. Die Konkurrenz heißt Vistano, Kerida oder Maleficio, und viele Erleuchtete, die mit der Übersinnlichkeit Geld verdienen möchten, sehen die kleinen Portale als Sprungbrett, um es eines Tages auch in die Beraterliste von Questico zu schaffen. Dass Berater ihre Dienste bei mehreren Portalen gleichzeitig anbieten, gilt in der Szene als üblich. Anders ist es auch schwierig, sich mit seinem spirituellen Kleingewerbe, das man in der Regel von zuhause am Telefon betreibt, über Wasser zu halten.

Das Portal, bei dem ich mich beworben habe, verlangt von mir Qualifikationsnachweise. Ich habe kaum welche, genau genommen keine. In einer Bewerbungsmaske auf der Homepage soll man genau angeben, wo man bereits Erfahrungen sammeln konnte und über welche Ausbildung man verfügt. Die entsprechenden Kopien, steht dort, solle man außerdem umgehend per Fax oder Post einreichen.

Ich hatte vor meiner Bewerbung einmal mit einer Bloggerin gesprochen, die früher selbst eine esoterische Praxis hatte und jetzt gegen die Esoterik anschreibt, und ihr von meinem Vorhaben erzählt. Sie hat mir eine Reihe von Zertifikaten geschickt, die mir bestätigen, dass ich Fortbildungen in ihrer ehemaligen Praxis besucht habe. »Erfolgreiche Teilnahme an der Weiterbildung in der Reinkarnationsmethode ›Clearing the inner child‹«, steht auf einem der fingierten Zeugnisse, auf edlem, dicken Dokumentpapier gedruckt, mit dem Logo des ehemaligen Fortbildungszentrums der Bloggerin darauf, einige Jahre vordatiert. Ein weiteres Zertifikat habe ich von ihr für eine »Grundausbildung im Umgang mit Biotensor und Pendel« bekommen.

Wenn irgendjemand Verdacht schöpfe und an meiner Qualifikation zweifle und sich bei ihr erkundige, würde sie mich und meine Fähigkeiten natürlich in den höchsten Tönen loben, sagte mir die Bloggerin. Ich müsste für alle Fälle abgesichert sein.

Ich gebe all diese Zeugnisse und Kurse in meiner Online-Bewerbung an, schicke aber, auch wenn das die Homepage eigentlich verlangt, erst einmal keine Kopien an das Astroportal.

Es wird auch nicht danach gefragt. Ich erhalte lediglich eine Mail, in der man mir herzlich für die Bewerbung dankt und einen Termin für das Aufnahmegespräch vorschlägt. Meine Ausbildungsnachweise will niemand sehen.

Mein Problem ist: Bei Jobs, für die ich mich bisher beworben habe, war mir vor dem Vorstellungsgespräch immerhin so einigermaßen klar, was ich für die Stelle mitbringe und was nicht. Hier weiß ich das nicht. Ich schaue mir zur Vorbereitung auf Youtube noch einmal an, wie Daniel Kreibich in Wilma hineingeht, um sie von ihrem schlimmen Beziehungskarma zu befreien.

Ich schaue mir an, wie Stephan Schulz bei seinen Anruferinnen Arthrose, Herzprobleme und Unterleibsschmerzen diagnostiziert. Ich sehe mir an, wie eine Astro-TV-Beraterin ihre Kundin mit »Schätzchen« anspricht und gleichzeitig dafür maßregelt, dass diese nicht sauber zwischen Telepathie und Hellsichtigkeit unterscheiden könne. Und ich googele, was eigentlich genau ein Biotensor ist. Immerhin habe ich angeblich ein Seminar belegt, um den korrekten Umgang damit zu lernen. Der Fachverband deutscher Heilpraktiker klärt mich auf, ohne dass ich wirklich klüger würde. »Der Biotensor ist ein polarisiertes Testgerät«, lese ich dort. »Die Biopolarisation wird augenblicklich beim Hautkontakt mit dem Handgriff durch die Humankybernetik ausgelöst.«[83]

Der Anruf kommt fast pünktlich. Um 17.04 Uhr klingelt das Telefon, es ist keine Nummer angezeigt. Mein Herz pocht, und ich nehme mir ganz fest vor, die Dame, deren persönlicher Eindruck von mir über meine Zukunft als spiritueller Berater entscheiden wird, mit der größtmöglichen Gravität zu begrüßen. Nicht einfach mit dem alltagsüblichen Hallo wie sonst.

»Ich grüße Sie, Frau Müller«, sage ich.

Das Erste, was sie von mir wissen möchte, ist nicht etwa, warum ich mich mit meinen Qualifikationen ausgerechnet bei ihnen als Berater bewerbe. »Haben Sie unsere Allgemeinen Geschäftsbedingungen gelesen?«, fragt sie.

»Ja, natürlich«, sage ich, natürlich ohne die Geschäftsbedingungen gelesen zu haben.

»Fein«, sagt sie. »Dann bräuchte ich einmal Ihre Adresse.«

Ich nenne ihr meine Adresse.

»Ihre Kontonummer?«

Ich nenne ihr meine Kontonummer.

»Ihr Honorar wird immer zum 15. des Monats ausgezahlt«, sagt sie, »abzüglich unserer Portalgebühr von 14,95 Euro.« Die Portalgebühr muss ich bei der Bewerbung überlesen haben. Wie viele Gespräche muss man führen, um die wieder hereinzubekommen?

Der Formalismus der Frau am anderen Ende der Leitung überrascht und erleichtert mich gleichermaßen. Ich bin froh, dass sie mich nicht auffordert, in ihr Karma zu gehen wie Daniel Kreibich bei seinen Kundinnen. Ich bin froh, dass ich keinen Lichtkanal aufbauen muss, um innere Botschaften hineinfließen zu lassen, so wie ich es im Hellsehseminar gelernt habe. Ich wüsste auch gar nicht, ob ich das unter der Anspannung hinbekäme.

Erst als sie meine Kontonummer in den Computer getippt hat und mit der Liste, an der sie sich offenbar entlanghangelt, fertig ist, bittet sie mich um eine abschließende Demonstration meiner Fähigkeiten.

»Können Sie mir jetzt noch einmal kurz die Karten legen?«

Sie erwischt mich auf dem falschen Fuß. Ich bin noch ganz auf Anmeldebürokratie eingestellt.

»Äh ...«

»Oder wie machen Sie das?«, sagt sie. »Beraten Sie ohne Hilfsmittel?«

»Ja«, sage ich. »Ohne Hilfsmittel. Ich channele. Ich kann mich in Verbindung mit der geistigen Welt bringen und von dort direkt Botschaften empfangen.« So wie ich es auch in der Bewerbung geschrieben habe.

»Auch gut«, sagt sie. »Was sehen Sie zu meinem Herzensmann?«

»Warten Sie, ich versuche, etwas zu sehen ...«, stammele ich. In mich hineinhorchen kann ich auf die Schnelle nicht, dafür bin ich zu nervös. Ich arrangiere Aussagen, die ich bei Astro TV gelernt habe. »Sie sind ein Mensch, der auf der Suche nach etwas ist«, sage ich. »Es gab viele Enttäuschungen, die Sie haben vorsichtig werden lassen. Aber wenn Sie sich vertrauen, dann werden Sie Ihren Herzensmann finden.«

»Meinen Herzensmann habe ich schon gefunden«, sagt sie. Mir schießt durch den Kopf: Das war's. Meine Berater-Karriere ist beendet, bevor sie begonnen hat. Mir wird heiß in der Brust.

»Dann, also«, versuche ich mich zu retten, »möchten Sie vielleicht noch wissen, wie es mit ihm weitergeht?«

»Bitte.«

»Ich sehe da eine Veränderung auf Ihre Beziehung zukommen. Für Anfang nächsten Jahres. Keine Trennung.«

»Etwas Positives also?«

»Ja«, sage ich. »Wenn Sie auf Ihr inneres Wissen vertrauen, wird es sich positiv entwickeln.«

»Okay«, sagt sie und bricht ab. Ich erwarte eine Standpauke, aber sie sagt: »Ihre Beratung war sehr freundlich. Sie haben einige Sachen richtig erkannt. Ihr Name bei uns ist also Osiris Jesaia?«

* * *

Es ist Freitagabend. Ich melde mich mit meinem Beraterzugang auf dem Portal an und richte meine Profilseite ein. Ich beschreibe mich als »liebevolles Medium« und behaupte, Kontakt zu diversen Geistwesen herstellen zu können, darunter Erzengel Michael und Jesus Christus. »Meine hohe Treffsicherheit wird mir immer wieder bestätigt«, schreibe ich in meinem Begrüßungstext. Das behaupten auch alle anderen Berater von sich. Außerdem spreche ich ein Audioprofil ein, so dass die Kunden schon einmal meine Stimme hören können, bevor sie mich anrufen. Ich klicke auf »Tonprofil aufnehmen«, sofort klingelt mein Telefon. Eine Computerstimme sagt mir, dass ich nach dem Signalton dreißig Sekunden Zeit habe und mir die Aufnahme anschließend anhören, sie speichern oder verwerfen könne.

»Du kannst mir deine Fragen anvertrauen, und ich leite sie weiter in die geistige Welt. Sie wird dir gerne antworten«, sage ich, möglichst sanft und getragen. Ich brauche drei Anläufe, dann bin ich mit meiner Werbeansage zufrieden und speichere sie mit der Raute-Taste.

In einem langen Katalog möglicher Dienste kann ich Häkchen setzen, je nachdem, was ich anbieten möchte. Ich entscheide mich für »Jenseitskontakte«, »Wunscherfüllung« und »Hellsehen ohne Hilfsmittel«. Es gibt sogar die Rubriken »Suchtberatung« und »Trauerbewältigung«, in denen ich meine Angebote offerieren kann. Einfach so, ohne jede therapeutische Qualifikation.

Meine Kunden, so ich denn welche gewinnen sollte, kann ich in drei vorgefasste Gruppen unterteilen: »gute Kunden«, »mittlere Kunden«, »schlechte Kunden«, denen ich dann Gratisminuten zuweisen kann, als Belohnung für ihre Treue oder als Anreiz, mich doch endlich etwas häufiger zu konsultieren.

Als Preis für meine Beratung lege ich 83 Cent pro Minute fest, der niedrigste Tarif, den ich wählen kann. 53 Cent davon würden an das Portal gehen. Dann warte ich. Ich zappe durchs Fernsehprogramm und schiele alle zwei Sekunden auf den Bildschirm meines Laptops, der auf dem Couchtisch steht. Nach eineinhalb Stunden hat sich immer noch nichts getan, ich gehe in die Küche und schiebe eine Tiefkühlpizza in den Backofen. Um 23.10 Uhr, zwei Stunden nach meinem Login, klingelt das Telefon. Auf dem Laptop-Bildschirm ploppt ein Fenster auf, in dem mir der Name der Anruferin angekündigt wird. Meine erste Kundin.

Ich melde mich mit den Worten: »Osiris hier, was kann ich für dich tun?«

Eine junge Frau mit einem Dialekt, den ich im Großraum Berlin verorten würde, ist am Apparat und schildert mir ihr Anliegen. »Ich rufe an wegen meiner komplizierten finanziellen Situation«, sagt sie. Zehn Euro blieben ihr noch für die nächste Woche, sagt sie, sie wisse nicht weiter. »Die Miete für den letzten Monat habe ich auch noch nicht gezahlt.«

Ich schlucke. Und erzähle ihr dann etwas darüber, dass sie Vertrauen in sich und ihr Potenzial haben solle. Ich fühle mich überfordert. Niemand hat mich auf solche Fälle vorbereitet. Was sagt man einer Kundin, die akute Geldsorgen hat? Gibt es eine Anweisung, eine Empfehlung? Irgendeine Handreichung von irgendwem?

Sie erzählt mir von ihren Verdienstversuchen, die allesamt nicht funktionieren. Ich scheue mich, genauer nachzufragen, weil ich fürchte, dass ich damit meine mediale Befähigung infrage stellen könnte. Ich bin hier nicht in einem Ausbildungskurs, sondern in der rauen Wirklichkeit der Berufswelt. Ich denke: Die Details und die Zusammenhänge, die sie nicht ausdrücklich erwähnt, erwähnt sie deswegen nicht, weil sie davon ausgeht, dass ich sie längst kenne. An ihrem Glauben in meine Allwissenheit darf ich nicht zweifeln. Ich würde ihr gerne helfen, aber wie soll ich ihr so helfen können?

»Du musst deinem inneren Licht folgen«, sage ich.

»Versuche ich ja«, sagt sie. »Ich bin die ganze letzte Woche herumgerannt und habe Flyer verteilt, aber dann ist doch keiner gekommen.«

»Vielleicht ist das das Problem«, sage ich. »Der Druck. Der Stress. Dann überträgt sich die negative Energie direkt auf die Flyer. Versuche, positiver zu sein.«

Der Einfall mit der Energieübertragung gefällt mir. Er kommt mir originell vor, so auf die Schnelle. Aber lieber würde ich ihr die Nummer einer Schuldnerberatung geben oder sie ans Sozialamt verweisen. Nur wie sollen die ihr weiterhelfen, wenn es schon jemand mit übersinnlichen Fähigkeiten nicht kann?

Ich frage sie, ob sie sich nicht irgendwo Geld leihen kann.

»Mein Sohn hat ein bisschen was verdient«, sagt sie. »Aber das haben sie ihm nicht überwiesen.«

»Habe Vertrauen«, sage ich.

»Na gut.« Sie atmet tief durch.

Am Ende hat sie der Anruf 7,83 Euro gekostet. Fünf Euro davon gehen an das Portal, 2,83 Euro an mich. Für die kommende Woche bleiben der Anruferin statt der zehn Euro nur noch 2,17 Euro. Ich schäme mich.

Auf dem Internetportal gibt es einen internen Bereich, einen Chat, in dem sich die Berater austauschen können. Dort schildere ich meine Bedenken. »Was würdet ihr tun? Ihr abraten hier anzurufen?«, tippe ich in das Chatfenster.

»Jeder ist für sich selbst verantwortlich. Überprüfe dein Gefühl dabei«, meint eine Kollegin.

Eine andere zwinkert mir zu, Semikolon, Bindestrich, Klammer zu. Ich solle das Geld einfach als »Energieausgleich« betrachten, sagt sie. »Ihr war es das wohl wert, in ihrer Verzweiflung dich anzurufen.«

Die Fertigpizza im Backofen ist derweil schwarz geworden.

Es ist nicht ungewöhnlich, dass die Hilfesuchenden im finanziellen und psychischen Ruin enden. Sektenberatungsstellen sind alarmiert, sie verfolgen den Markt esoterischer Telefonberatung mit Sorge.

»Vor allem einsame und verzweifelte Menschen rufen bei Hotlines dieser Art an«, meint Uta Bange von der Beratungsstelle Sekten-Info NRW in Essen. »Im günstigen Fall wird ihnen von den Beratern eine neue Liebe prognostiziert, Erfolg am Arbeitsplatz oder Gesundheit in der Zukunft. Wenn es nicht so gut läuft, erfährt der verzweifelte Anrufer, dass er in der Zukunft an Aids erkranken wird, wie es einer unserer Klienten geschildert hat.«[84] In der Beratungsstelle würden sich Menschen melden, die oft mehrere tausend Euro auf diese Weise verloren haben. Dass gleich meine erste Anruferin mich so stark an die Nöte erinnert, mit denen Sektenexperten in ihrer Beratung zu tun haben, hätte ich nicht erwartet.

Sekten-Info NRW berichtet von einem Mann, der am Ende 10 000 Euro für die vermeintliche Hilfe am Telefon ausgegeben hat. Seine Ehe war in die Brüche gegangen, der Mann geriet in eine Krise: kaum Freundschaften, keine Hobbys, ein Leben nur für die Arbeit, und nun auch ohne Frau. Er wählte die Nummer einer Astroline und geriet an eine einfühlsame Kartenlegerin, die ihm Mut zusprach. Als er sie länger nicht mehr anrief, meldete sie sich bei ihm, gaukelte ihm vor, privat an ihm interessiert zu sein. Als sie sich verabreden wollten, brach der Kontakt ab.[85]

Eine Frau, 38 Jahre alt, die ihre Beziehung kriseln sah, suchte Rat bei Questico. Ihre Telefonrechnungen zeichnen das Bild einer sich rasant entwickelnden Abhängigkeit. Im März, dem Monat ihres ersten Anrufs, waren es 88,31 Euro, die der Esoterik-Konzern von ihrem Konto abbuchte. Im April zahlte sie bereits 122,89 Euro für die Lebensberatung. Im Mai waren es 3224,65 Euro, im Juni 5341,63 Euro, im Juli belief sich die Summe bereits auf 5376,94 Euro. Innerhalb eines Jahres hatte die Frau ihr Erspartes, rund 21 000 Euro, aufgebraucht, außerdem einen Kredit über 13 000 Euro aufgenommen. Die Eltern ließen den Telefonanschluss schließlich sperren – und schrieben Questico einen empörten Brief. Über 60 Berater habe ihre Tochter kontaktiert, teilweise über eine Stunde mit ihnen gesprochen, dutzende Male täglich angerufen. Nur zwei der 60 hätten ihr geraten, professionelle psychologische Hilfe in Anspruch zu nehmen.[86]

* * *

An einem der nächsten Tage meldet sich eine Kundin namens Sandra bei mir. Sie entpuppt sich als ein Härtefall für jeden Wahrsager. Denn sie will es konkret wissen, und sie lässt dabei nicht locker. Ihr Anliegen betrifft die Liebe.

Sie erzählt, dass sie bei ihrem letzten Partner eine Eingebung gehabt habe, von denen oben, die ihr sagten: Sandra, er ist es.

Aber er war es eben nicht, wie das Leben so spielt. Nun ist Sandra wieder verliebt und verunsichert, ob sie ihren Eingebungen noch trauen kann. Verunsichert ist eine Untertreibung. Sie ist wütend, empört über die Lügen aus der geistigen Welt. Noch einmal möchte sie sich nicht in die Irre führen lassen. Deswegen will sie sich doppelt absichern. Deswegen hat sie mich angerufen. Sie spricht, ohne Luft zu holen.

»Du channelst ja Erzengel Michael«, sagt sie, und ich muss einen Augenblick überlegen, bis mir einfällt, dass ich ihn tatsächlich in meinem Profiltext genannt habe. »Vielleicht kannst du die oben mal fragen, ob er jetzt wirklich mein Herzensmann ist oder nicht.«

»Ich probiere es«, sage ich, mache eine Kunstpause und überlege mir einen Kalenderspruch. »Ich würde sagen, dass du ganz auf dein Gefühl vertrauen solltest …«

Sandra fällt mir ins Wort. »Osiris, ich will nicht wissen, was du sagst, sondern was die oben sagen!«

Einen Moment verschlägt mir ihre Bestimmtheit die Sprache.

»Na ja, das ist das, was ich so reinbekomme«, sage ich schließlich.

»Ich will eine klare Ansage hören: Klappt das jetzt mit ihm oder klappt das nicht?«

»Die oben sagen mir: Höre auf dein Gefühl.«

»Geht das nicht konkreter?«

»Die können uns doch keine noch konkreteren Angaben machen. Wir müssen selbst handeln.«

»Natürlich können sie das. Machen sie bei mir ja auch.«

»Ja, aber das hatte sich ja als falsch herausgestellt. Warum sollten sie das wissen?«

»Weil sie nicht in der Linearität leben. Also, was sagen sie?«

Was meint sie mit Linearität? Vorsichtig versuche ich ihr entgegenzukommen.

»Es gibt eventuell eine Chance für euch innerhalb der nächsten drei Monate«, sage ich.

»Eventuell ist keine Aussage, die von oben kommt«, sagt Sandra, und ehe ich etwas erwidern kann, tutet es mir aus der Leitung entgegen. Sie hat aufgelegt.

Nach dieser Beratung brauche ich selbst Rat. Ich erkundige mich im Chat bei den Kollegen, wie sie mit solchen Härtefällen umgehen würden.

»Ich glaube, wir würden alle herzlich lachen, wenn wir uns unsere Geschichten einmal erzählen«, meint eine Beraterin, die wie ich neu dabei ist, als sie die Geschichte hört.

»Ich kann mir denken, dass sie sauer war«, schreibt mir meine Kollegin Nora Isis. Sie verdiene schon seit zehn Jahren ihren Lebensunterhalt auf diversen Astroportalen, hier, aber auch bei Questico, wie sie sagt. Sie kenne das Geschäft. Ich frage sie, ob auch ihre Kunden so ungeduldig sind, ob sie ebenfalls mit so hohen Erwartungen zu ihr kommen.

»Ja«, sagt sie. »Sind alle so. Manchmal komme ich mir vor, als wäre ich eine Bank. Oder eine Partnervermittlung. Oder die Arbeitsagentur. Sie schreiben keine einzige Bewerbung, aber fragen mich, wann sie endlich wieder einen Job finden.«

»Und wenn du ihnen sagst, sie sollen Bewerbungen schreiben und sich an die Arbeitsagentur wenden?«

»Dann bekommst du eine schlechte Bewertung«, sagt sie. Und schlechte Kundenbewertungen sind schlecht fürs Geschäft.

Die beste Qualitätssicherung, so drückte es Sylvius Bardt, einer der Gründer von Questico, aus, seien die Kunden selbst. Sie sind aber auch ihr eigenes Verhängnis in einem System, in dem die Anreize auf diese Art gesetzt sind.

Ich bekomme eine Vorahnung von dem schmalen Grat, auf dem sich ein Hellsichtiger bewegt.

An Sandra schreibe ich eine E-Mail, weil ich das Gefühl habe, ihr noch eine Erklärung schuldig zu sein, nachdem sie aufgelegt hatte. Ich schreibe ihr, weil ich verstehen will, wie sie denkt, was sie so sicher macht, dass es Botschaften und Vorherbestimmungen gäbe, nach denen sie ihr Leben ausrichten kann, und ob das eine Vorstellung ist, die sie wirklich als angenehm empfindet. Und zugegebenermaßen habe ich auch die Hoffnung, ihr ins Gewissen reden, sie vom Gegenteil überzeugen zu können, vielleicht ihren unumstößlichen Glauben in ein festes, abrufbares Wissen über unsere Zukunft und unser Leben wenigstens ein kleines bisschen zu erschüttern.

Von Friedrich Schiller gibt es eine schöne Ballade über Kassandra, die Tochter des trojanischen Königs Priamos, die zur berühmtesten und tragischsten Seherin der griechischen Mythologie werden sollte.[87] Als sie jung und bildhübsch war, soll Apoll sich in sie verliebt haben, der Gott, der neben dem Frühling, dem Licht, dem Gesang und einigem anderen auch die Kunst der Weissagung verwaltete. Er spendierte Kassandra die Gabe, in die Zukunft sehen zu können. Doch die Königstochter ließ sich von solchen Göttergeschenken nicht beeindrucken. Kassandra verschmähte Apoll – der zur Strafe seinem Geschenk gleich einen Fluch hinterherschickte. Sie solle künftig alles vorhersagen und nichts ändern können, weil niemand ihr glauben werde.

In der Ballade von Schiller tanzen die Trojaner, es fließt Wein, die Luft in den Straßen ist schwer und beschwipst. Es wird gelacht, gesungen. Nur Kassandra ist abseits, sie hat sich zurückgezogen, läuft verzweifelt und allein durch die Haine und Wälder und verdammt ihre wunderbare Gabe der Seherei: Heute noch feiern sie, morgen liegt Troja in Schutt und Asche – und sie, die Einzige, die es weiß und kommen sieht, wird es nicht aufhalten können. »Warum gabst du mir zu sehen was ich doch nicht wenden kann?«, klagt sie in Schillers Gedicht. »Nur der Irrtum ist das Leben, und das Wissen ist der Tod.« Sie schimpft bitter auf Apoll, verdammt ihn, verzweifelt – vergebens. Was täte sie dafür, wäre die Zukunft ihr wieder verschlossen, könnte sie wieder frei sein. Jemand wie Kassandra käme nie auf die Idee, ein Wochenendseminar zur Vertiefung der eigenen Medialität zu buchen. Sie würde wohl auch nie bei einer Astroline anrufen, sie würde nachdrücklich davon abraten. Sie kennt das

Dilemma der Wahrsagerei, sie sagt: »Zukunft hast du mir gegeben, doch du nahmst den Augenblick.«

Vielleicht ist Wahrsagerei nicht nur einfach unnütz, weil sie uns, wenn sie denn wahr wäre, Dinge voraussagt, die wir nicht ändern können, wie Cicero meint. Vielleicht ist sie sogar schädlich, weil sie uns Dinge als unabänderlich voraussagt, die abänderlich wären und umgekehrt.

Ich schreibe Sandra, dass ich noch lange über unser Gespräch nachgedacht habe, dass es mir leidtue, ihr nicht habe helfen zu können, obwohl sie 7,41 Euro für die Beratung gezahlt hat und dafür natürlich zu Recht etwas erwartet hatte. Aber ich hätte, eventuell, schreibe ich, eine Erklärung. Eine Erklärung dafür, warum die Botschaften zu ihrem Herzensmann sie getäuscht hatten, und warum eventuell auch ich ihr nicht die Bestätigung geben konnte, die sie sich verspricht: »Was aus einer Beziehung wird«, schreibe ich ihr, »liegt an vielen Dingen: an den Umständen, an dir, an ihm, an dem, was ihr aus der Situation macht und wie sich die Dinge entwickeln, auch Dinge, die wir nicht beeinflussen können. Wie soll das im Vorfeld feststehen? Wie soll die geistige Welt dir vorhersagen können, ob es klappt oder nicht? Vielleicht hattest du genau deswegen das Gefühl, von der geistigen Welt betrogen worden zu sein, weil du eine Antwort von ihr erwartet hast, die sie dir nicht geben kann. Unser Leben hält viel ›Eventuell‹ bereit. Wie soll da eine Botschaft von oben ganz ohne ›Eventuell‹ auskommen?«

Natürlich hätte ich ihr, schreibe ich, mit dem Brustton der Überzeugung etwas anderes erzählen, ihr eine Geschichte wie aus dem Märchenbuch prophezeien können, Prinz trifft Prinzessin, aber nur auf die Gefahr hin, dass die Enttäuschung dann noch größer wird, wenn das versprochene Happy End ausbleibt. »Wir können unser Leben mit all seinen Unwägbarkeiten nicht nach den Vorgaben von oben ausrichten«, schreibe ich.

Ich überlege einen Moment und klicke auf »Senden«. Meine Kundin erhält die Nachricht. Ich warte auf eine Antwort, erhalte am nächsten Tag keine, auch am übernächsten Tag nicht, auch nicht in der Woche darauf: kein Signal von Sandra.

Erst nach knapp zwei Wochen bekomme ich eine Rückmeldung. »Danke für deine Worte, aber ich kenne Gott und die geistige Welt anders«, schreibt sie. »Du und auch andere Berater sagen immer wieder, oben existiere keine Zeit. Und das stimmt.« Dann erklärt sie mir, was sie damit meinte, als sie damals am Telefon sagte, die geistige Welt lebe nicht in der Linearität: »Die Vergangenheit, die Gegenwart und die Zukunft sind in der geistigen Welt jeweils gleichzeitig präsent. Daher wissen sie, wie eine Situation ausgeht. Sie wissen, ob ich und mein Herzensmann zusammenfinden und eine Beziehung eingehen. Und dann können sie es halt auch sagen. Und nicht lügen!«

***

In der Bibel gibt es bereits ein Beispiel dafür, wie aus gewöhnlichen Menschen Erleuchtete werden. Es ist eine Geschichte aus einer Zeit, als die Kirche noch keine festgefügte Institution war, als der Kanon dessen, was zu glauben ist, noch nicht geschnürt war und das Christentum als neue Religion noch eine Spielwiese für allerlei Prophetie, eine blühende Szene selbsternannter Heilsbringer war wie es heute der Esoterik-Markt ist.

Das Neue Testament berichtet von einem Brausen am Himmel, einem Sturm, als ob die ganze Welt bebte. Die Wolken öffneten sich, und herab segelten Zungen aus Feuer, die sich auf die Köpfe der Jünger Jesu niederließen. Mit einem Mal beherrschten die Jünger angeblich alle Sprachen dieser Erde – und konnten damit praktischerweise allerorten missionieren.

Die Pfingstgeschichte ist eine Schlüsselszene, die beschreibt, wie aus normalen Gefolgsleuten religiöse Virtuosen werden. Wie Menschen, die eben noch waren wie du und ich, sich in Übermenschen verwandeln. Die Bibel kennt allerlei Gaben, die der Heilige Geist an Auserwählte vergeben kann, die Lebensberaterin bei Questico hatte sie mir am Telefon vorgelesen, damit ich daraus auswählen konnte. Der Heilige Geist kann dem Menschen die Fähigkeit schenken, Wunder zu vollbringen, zu heilen, prophetisch zu reden. Die Pfingstgeschichte in der Bibel zeigt, dass es nur ein besonders außergewöhnliches Erlebnis braucht, um sich wie die Jünger einzubilden, man sei im Besitz solcher

Fähigkeiten: einen Sturm draußen, ein bisschen Fantasie, etwas Gruppendynamik. Heute ist das in den Esoterik-Seminaren zu haben. Das griechische Wort für die Geschenke des Himmels, von denen die Bibel berichtet, lautet Charisma.

Charisma definiert der Soziologe Max Weber als eine oft magisch bedingte Fähigkeit einer Person, »um derentwillen sie als mit übernatürlichen oder übermenschlichen oder mindestens spezifisch außeralltäglichen, nicht jedem anderen zugänglichen Kräften oder Eigenschaften« begabt angesehen wird.[88] Ursprünglich war sie Religionsstiftern oder Propheten vorbehalten, oder eben den Jüngern im Frühchristentum.

Weber hat sich intensiv damit beschäftigt, wie eine Gruppe oder eine Gesellschaft funktioniert, die auf solcherlei angemaßter oder zugeschriebener Erleuchtung beruht. Seine Überlegungen zur »charismatischen Herrschaft« beschreiben gut, was heute in der Esoterik geschieht.

Die Macht des Charismatikers basiert nicht auf Recht und Gesetz, nicht auf Tradition oder Überlieferung, sondern allein auf dem Glauben an seine übernatürlichen Fähigkeiten. Sie ergibt sich unmittelbar aus der Transzendenzerfahrung, aus dem persönlichen Erlebnis des Auserwählten. »Es gibt kein Reglement, keine abstrakten Rechtssätze, keine an ihnen orientierte rationale Rechtsfindung«, schreibt Weber. »Sondern formal sind aktuelle Rechtsschöpfungen von Fall zu Fall, ursprünglich nur Gottesurteile und Offenbarungen maßgebend.« Alles, was gilt, wird geschaut, gefühlt, gechannelt. Es bleibt unhinterfragbar, vorrational, erfahrungsfundamental. Charismatische Herrschaft ist Willkürherrschaft.

So willkürlich wie die Frage, wer an einem Wochenendseminar Musterschüler und wer Problemfall ist. Willkürlich wie ein Rechtsspruch des hohen Geistwesens Seth. Willkürlich wie meine hellsichtigen Beratungen bei der Astroline.

Aber da sich die Autorität des Charismatikers auf Ausnahmezustände des Alltagserlebens stützt, ist sie brüchig, schwankend. Das Kunststück besteht darin, schreibt Weber, aus Charisma Alltag zu machen. Eine Möglichkeit ist, das Charisma zu kodifizieren, es einer Institution zu übertragen und Sachverwalter einzubestellen. So ist es mit dem Christentum passiert, nachdem die polyglotten Jünger zu Ende missioniert hatten. Eine andere Möglichkeit liegt darin, das Charisma an technische Reproduzierbarkeit zu knüpfen: das Los, das Orakel, das Tarot-Deck, den Heilkreis mittwochabends im Wohnzimmer, der das Außeralltägliche rituell erneuert und den Gruppenführer immer neu mit neuer Erwähltheit aufpumpt, und die Mitglieder ebenso.

Heute, wo die persönliche Erfahrung der Kern des Glaubens ist, wo das Übersinnliche und Transzendente ganz unmittelbar in das Leben eines jeden Einzelnen tritt, ist auch das Charisma von einer Kostbarkeit wieder zu einem Gut geworden, an das potenziell jeder herankommen kann. Was nicht verwundern dürfte: Wenn der persönlich erfahrene Kontakt mit dem Transzendenten zum Zentrum des Glaubens wird, liegt es nahe, dass man irgendwann auch direkt von oben die Botschaft bekommt, erwählt zu sein. Das religiöse Charisma, schreibt der Soziologe Hubert Knoblauch, ist heute demokratisiert.[89] Das erklärt wohl auch, warum in der Esoterik der Wechsel von der Kunden- auf die Anbieterseite so schnell gelingt. Das erklärt die Inflation der Gurus, Meister und Heilsbringer, zu denen ich mich jetzt ebenfalls zu zählen versuche. Jeder darf Prophet sein.

Aber ist es ein Fortschritt, religiöses Charisma für jedermann verfügbar zu machen? Eine Willkürherrschaft wird ja nicht dadurch demokratisch, dass man sie in tausend kleine Stücke schlägt.

* * *

Eine Freundin, mit der ich den großen Auftritt am Abend vorher probe, kann sich kaum halten vor Lachen.

»Bitte«, flehe ich, »etwas mehr Konzentration.«

»Okay«, verspricht sie, beißt die Lippen aufeinander und schluckt ein Kichern herunter.

Aber es bricht sofort wieder aus ihr heraus, als ich mit einem Rückenkratzer links und rechts in der Luft neben ihrem Kopf kratze, als ob es da etwas zu kratzen gäbe. Ich bemühe mich um einen ernsten Gesichtsausdruck, versuche, das Kämmen im Luftraum neben ihren Wangen angestrengt wirken zu lassen, als wären dort tatsächlich lauter verknotete Haare, die man nicht sieht.

»Nicht lachen«, sage ich. Wie ein OP-Besteckteil lege ich den Rückenkratzer an die Seite, der einer Laubharke im Miniaturformat gleicht, mit kleinen Zinken vorne und einem langen Stiel, der sich ausziehen lässt wie eine Radioantenne. Ich mustere die Freundin mit gespielter Strenge. Dann nehme ich den Salzstreuer, vollkommen leer bis auf ein blaues Deko-Steinchen. Ich bestreue die Stellen in der Luft um ihren Körper, die ich vorher sorgsam ausgekratzt habe. Das Steinchen im Salzstreuer klackert. Und aus meiner Statistin bricht das Lachen heraus.

Spirituelle Beratung am Telefon ist mir nicht genug. Ich will ein wahrer Guru werden, mit unmittelbarem Kundenkontakt. Kann ich das? Die Reaktion der Freundin macht mir nicht gerade Mut.

Unzählige Esoterik-Messen gibt es quer durch die Republik. Man trifft dort auf Menschen, die einem die Hände halten und dadurch herausfinden, dass man in einem früheren Leben Mönch war. Man findet dort schwäbische Handelsvertreter, die eine von ihnen persönlich entdeckte und markenrechtlich geschützte kosmische Urenergie bewerben. Man trifft dort Vertreter, die ihren »Arbeitskreis Matriarchatsforschung« vorstellen. Es sind Jahrmärkte der Absurditäten.

Zu einer solchen Messe habe ich mich angemeldet. In einem Video des Veranstalters heißt es, die Aussteller seien allesamt »Spezialisten auf ihrem Gebiet«, die sich jahrelang mit ihren Themen auseinandergesetzt hätten. In meinem Anmeldebogen schreibe ich auf die Frage danach, was ich ausstelle: »Aura-Restrukturierung und Aura-Revitalisierung«. Als ich ihn faxe, habe ich noch keine Vorstellung davon, was das sein soll. Aber die Befürchtungen, ich müsste mich intensiven Rückfragen zu meinem Angebot stellen, bestätigen sich nicht. Wieder einmal.

Was genau ich ausstelle, überlege ich mir am Tag vor der Messe, beim Gang durch die Fußgängerzone, beim Stöbern in

Deko- und Bastelgeschäften. In einem Laden finde ich eine silberne Christbaumkugel in Form eines stilisierten Zapfens, an der einen Seite rund, an der anderen spitz zulaufend. »Deko-Artikel 3,95 Euro«, steht auf dem Kassenbon. Ich benenne den Christbaumschmuck um in »Transzendenzzapfen«. Was er kann? Mal sehen.

In einer Filiale von Nanu Nana, einer Geschenkartikel-Kette, entdecke ich den Rückenkratzer mit ausziehbarem »Teleskoparm«, ebenfalls für 3,95 Euro. Ich erkläre ihn zum »Karma-Kamm«.

Langsam beginnt meine Geschichte, Form anzunehmen. In der Haushaltswarenabteilung bei Karstadt kaufe ich den billigsten Salzstreuer. Ich überlege mir, dass das leere Behältnis in Wirklichkeit nicht leer ist, sondern einen feinstofflichen Kraftpuder beinhaltet, der die Struktur des Astralleibes nach der Behandlung mit dem Karma-Kamm wieder aufbaut und kräftigt. Ein Pflegeprodukt für den Energiekörper. Andere brauchen Jahre, um ihr Heil- und Therapieverfahren zu entwickeln. Ich kaufe es mir innerhalb von zwei Stunden zusammen. Außerdem besorge ich noch eine Kerze, die aber nichts weiter als Dekoration sein soll.

»Oh mein Gott«, sagt die Freundin, mit der ich das Verfahren kurz vor dem Auftritt ausprobiere. »Das nimmt dir doch kein Mensch ab.«

Einen Moment überlege ich, ob es wirklich eine gute Idee war, mich für diese Messe anzumelden, und ob ich es nicht doch besser sein lasse. Ich habe bezahlt, ich habe einen Stand gebucht, vier Quadratmeter à 55 Euro. Aber was, wenn jemand in dem Transzendenzzapfen plötzlich das wiedererkennt, was er jedes Jahr zuhause an den Weihnachtsbaum hängt? Was, wenn meine Kunden genauso über die Behandlung mit Karma-Kamm und Kraftpuder lachen wie die Freundin? Wie viel Lächerlichkeit riskiere ich?

Trotzdem wage ich mich am Samstagmorgen in die Mehrzweckhalle, ein hellrotes Backsteingebäude in einer süddeutschen Kleinstadt. Ich bin der letzte Aussteller, der kommt. Am Eingang begrüßt mich die Organisatorin und setzt einen Haken hinter meinem Namen. »Ihr Stand ist da vorne«, sagt sie. »Ist ja auch nur noch einer übrig.« Auch jetzt keine Nachfrage, was meine Aura-Restrukturierung denn eigentlich sein soll. Ob ich entladen müsse, fragt sie mich. Ob ich zum Aufbauen näher heranfahren wolle? Die anderen Aussteller würden den Parkplatz der Sparkasse nebenan nutzen. »Nein, nicht nötig«, sage ich. Alles, was ich brauche, habe ich in meinem Rucksack.

Mein Stand ist der unscheinbarste von allen. Ein Tisch, ein Stuhl dahinter, nichts weiter. Links neben mir rückt ein alter Ägypter im Kaftan die Verkaufsständer mit den Tee- und Schwarzkümmeltütchen zurecht. Rechts von mir klappt eine Frau im dicken Strickpulli spanische Wände auseinander, aus denen sie eine kleine Beratungskabine formt. Auf dem Schild darüber steht: »Schamanismus«.

Ich ziehe den Reißverschluss meines Rucksacks auf, stelle die Kerze aus gelbem Wachs auf den Tisch. Ich breite ein bordeauxrotes Tuch aus, einen Schal genau genommen, den mir die Freundin am Vorabend mitgegeben hatte, damit ich etwas mehr zur Dekoration habe als nur die armselige Kerze. Ich versuche, eine Mulde in dem Tuch zu formen, damit ich den Transzendenzzapfen darin aufstellen kann. Er will partout nicht auf seiner runden Seite stehen bleiben, weil dort auch der kleine Ring angebracht ist, durch den man normalerweise ein Band zieht, um den Silberzapfen am Ast eines Tannenbaums aufhängen zu können.

Ich stelle den Salzstreuer auf den Tisch und lege den Rückenkratzer dazu, Kraftpuder und Karma-Kamm, überlege einen Augenblick und schiebe beide hinter die Kerze und die Faltenwürfe des Tuchs, wo man sie nicht so schnell sieht. Ein paar türkisblaue Plastiksteinchen aus dem Bastelladen verstreue ich auf dem Tisch, fertig. Ich frage mich, was ich mit der ganzen Zeit anstellen soll, die mir noch bis zur Messeeröffnung bleibt. Zehn Minuten. Angesichts der Ernsthaftigkeit, mit der die anderen Aussteller bis zur letzten Sekunde ihre Stände aufpolieren, komme ich mir vor wie ein Verräter an ihren Idealen.

»Hallo Herr Nachbar«, sagt der Ägypter im Kaftan und sieht von seinem prall gefüllten Verkaufsstand voller Tee zu mir herüber. Ich grüße zurück. Er scheint sich nicht weiter über meinen seltsam kargen Stand zu wundern.

»Und was stellst du aus?«, fragt die Frau, die den Stand rechts neben mir hat, nachdem sie die spanische Wand zwischen uns in Position gerückt hat.

»Einen Transzendenzzapfen«, sage ich.

Sie zieht eine Augenbraue hoch. »Einen was?«

»Dieser Zapfen sammelt die kosmische Energie, so dass sie gebündelt durch den Körper fließen kann.«

Sie schaut herab auf den aus seinem Ursprungskontext befreiten Christbaumschmuck, der in der Mitte des Tisches majestätisch im roten Tuch ruht.

»Möchtest du ihn einmal halten?«

»Schon gut. Ich wollte es nur verstehen.«

Sie schaut mich an in einer Art, sodass ich mich am liebsten verstecken möchte. Sie wird mich als Scharlatan entlarven. Bestimmt. Aber es passiert nicht. Wahrscheinlich bin ich sogar nirgendwo sicherer als unter den Ausstellern. Es ist schwer, die Atmosphäre zu beschreiben, die unter ihnen herrscht. Sie ist gezeichnet von einer gewissen Reserviertheit, von schützender Gleichgültigkeit. Man würde einander nicht offen infrage stellen, weil man damit immer auch sich infrage stellt. Ein Esoteriker hackt dem anderen kein Auge aus.

In Zweierpärchen schlendern Frauen mittleren Alters über das Parkett der Halle. Die ersten Handleser und Wahrsager beginnen mit der Arbeit, der Ägypter erklärt zwei Frauen in knappen, holprigen Worten die Wirkung von Schwarzkümmel, die schamanische Beraterin nebenan hat ebenfalls die erste Kundin in die Kabine hinter der spanischen Wand gelockt. Nur ich sitze auf meinem Stuhl und betrachte, wie sich mein Gesicht gebrochen im Transzendenzzapfen spiegelt. Vorbei ziehen allenfalls scheue Blicke, von mir zum Transzendenzzapfen und zu mir zurück. Die Zeit fließt zäh und schleppend.

Eine Mutter mit einer Tochter im Teenageralter flaniert an dem Ägypter vorbei und kommt schließlich an meinen Stand, der Blick fällt auf den Transzendenzzapfen, sie wird langsamer und bleibt stehen.

»Was ist das?«, fragt die Frau.

»Ein Transzendenzzapfen«, sage ich. Ich erkläre ihr das Prinzip: Die kosmische Energie fließt durch die Spitze hinein und wird im Bauch des Zapfens gesammelt.

Sie schaut skeptisch, ihre Tochter noch skeptischer.

»Im Inneren«, fahre ich fort, unbeirrt, »ist der Transzendenzzapfen mit Bergkristall ausgekleidet. Und Sie wissen, was das heißt?«

»Ganz viel Energie«, sagt die Frau und bläst die Wangen auf.

»Ganz viel Energie«, bestätige ich. »Möchten Sie ihn einmal in die Hand nehmen?«

Die Frau zögert. »Probieren Sie es einmal«, sage ich. »Beide Handflächen zusammenlegen, genau so.«

Ich hebe den Zapfen vorsichtig aus dem Tuch und lasse ihn in den Händen der Messebesucherin nieder. Sie schaut auf den Zapfen und wiegt den Kopf. Die Tochter verfolgt das Geschehen stumm, mit einem Schritt Abstand und großen Augen.

»Wie fühlt sich das an?«, frage ich. Die Antwort interessiert mich ernsthaft. Fühlt sich Christbaumschmuck in der Hand anders an, wenn man ihn nicht für Christbaumschmuck hält? Spürt man einen Unterschied? Und wie stark spürt man ihn?

»Es kribbelt alles«, sagt die Frau.

»Sehen Sie«, sage ich, ganz seelenruhig, trotz meiner Verblüffung. »Die Energie fließt.«

Ich bitte die Interessentin, tief einzuatmen, ganz tief, tiefer, noch tiefer.

»Tiefer kann ich nicht«, sagt sie.

»Na gut.«

Ich lasse uns einen Moment der Energien harren, die da kommen mögen. Ich spüre nichts. Sie schon.

»Es arbeitet alles«, sagt sie.

Sie spürt dem nach und will mir den Transzendenzzapfen zurückreichen.

»Ich kann Ihnen noch eine Aura-Restrukturierung anbieten«, sage ich.

»Was kostet das?«

»Nichts«, sage ich.

Sie blickt fragend zu ihrer Tochter, die reißt die Augen auf und zuckt stumm mit den Schultern.

»Also gut.«

Ich bitte die Frau, auf dem Stuhl hinter meinem Ausstellertisch Platz zu nehmen. Sie reicht ihrer Tochter die Handtasche herüber und setzt sich. Mir steht meine erste große Probe bevor, und ich habe Angst, dass die Frau, so wie die Freundin am Abend vorher, anfängt zu lachen oder, wenn nicht sie, ihre Tochter oder der Ägypter nebenan oder die schamanische Beraterin. Ich blicke verstohlen nach rechts und links, aber meine beiden Standnachbarn sind zu beschäftigt, um auf mich zu achten.

Ich stehe vor der Kundin. »Ist es in Ordnung, wenn ich einmal in Ihre Aura hineinsehe?«, frage ich.

»Bitte.«

Ich beuge mich ein Stück nach vorn, schaue konzentriert durch sie hindurch, lasse meine Blicke dann weiträumig um ihren Körper herumwandern, die Aura entlang und kneife hier und da die Augen zusammen, um besser sehen zu können. Dann betaste ich mit meinen Fingerspitzen die Luft links und rechts neben der Frau, über und vor ihr. Sie blinzelt, aber hält still, ihre Augäpfel rollen nicht unruhig und kontrollhungrig, sie lacht nicht, nicht einmal im Ansatz.

Ich trete einen Schritt zurück und fasse an mein Kinn. »Kann es sein, dass Sie viel Stress hatten in letzter Zeit?«, sage ich.

»Oh ja«, sagt sie. »Ich habe einen Pflegefall zu Hause.«

»Das sieht man deutlich hier links in Ihrer Aura«, sage ich und weise mit zwei Fingern in die Richtung. Ich greife zu dem feinstofflichen Operationsbesteck, versteckt hinter der Kerze und dem Faltenwurf des Tuches, aber von dieser Seite des Tisches sofort sichtbar. »Mit dem Karma-Kamm kann ich Ihre Aura von negativen Energien befreien.«

Ich ziehe den Stiel des Rückenkratzers aus und kratze an der besagten Stelle ihrer Aura. Ich frage mich, was der Ägypter, die Schamanin und die Tochter erst, die direkt vor uns auf der anderen Seite des Tisches steht und die Handtasche ihrer Mutter hält, wohl denken mögen; aber um weiterhin konzentriert und seriös zu wirken, verkneife ich mir den Blick zu ihnen.

Ich schüttle den Rückenkratzer anschließend in der Luft aus, damit der Energiedreck von den Zinken abfällt, und lege das Behandlungswerkzeug zurück auf den Tisch.

»Wie fühlt es sich jetzt an?«, frage ich, während ich zum Salzstreuer greife.

»Es ist irgendwie leichter«, sagt die Frau.

»Ja, oder?«, bestätige ich und erläutere ihr, dass ich mit einem feinstofflichen Kraftpuder nun die Stelle ihrer Aura wieder auffüllen werde, aus der ich eben den Stress herausgekratzt habe. »Das ist wie beim Zahnarzt«, sage ich. »Erst bohrt man, dann kommt die Füllung.«

»Das kann ich mir vorstellen«, sagt sie.

Das Steinchen klackert, das war der Augenblick, in dem die Freundin von mir am Vorabend in Lachen ausbrach, aber die Frau bleibt ruhig. Das Steinchen im Salzstreuer klackert links neben dem Kopf der Kundin, dann noch einmal kurz an der rechten Seite und über ihrem Haupt. Ich spüre einen fassungslosen Blick der Tochter. Ich stelle den Salzstreuer zurück auf den Tisch und verteile den feinstofflichen Kraftpuder mit den Händen, massiere ihn in die Aura ein, streiche die Stelle glatt.

»Das war's schon«, sage ich.

»Danke«, sagt sie, steht auf und lässt sich von ihrer Tochter die Handtasche reichen. »Das war eine Erfahrung wert.«

Ich bleibe bei meinem Schema, als wenig später eine Frau mit zu großem rosafarbenen Fleecepullover und Altersflecken im Gesicht auf dem Stuhl sitzt.

»Sie haben sich über etwas geärgert«, sage ich, nachdem ich ihre Aura abgetastet habe, aber viel weiter komme ich mit meiner Behandlung bei ihr nicht.

»Oh ja, das stimmt«, sagt sie, »ich habe mich über vieles in meinem Leben geärgert.« Und dann erzählt sie, über was alles: über das Mobbing in ihrem Beruf, das sie zur Frührentnerin hat werden lassen, über den Mann, mit dem sie einst zusammenlebte, der nur fernsah und sie verachtete, über ihre Geschwister, die nichts mehr mit ihr zu tun haben wollen, seit sie jede Woche zu dieser Meditationsgruppe geht, vielleicht auch schon vorher. Eine Geschichte, die ein wenig an die von Andrea Kappelmann erinnert, die sich in einer Gruppe um ihre Lebensberaterin verlor.

»Ich bin wirklich vereinsamt«, sagt die Frau.

Ich schlucke. Ich lege den Karma-Kamm zur Seite, mit dem ich in ihrer Aura gekratzt habe, ganz sachte nur, vorsichtig, unauffällig, sie hat ohnehin nicht darauf reagiert. Weder gelacht noch gelobt.

Darf ich an jemandem, der so unglücklich ist, meine falsche Therapie ausprobieren? Ich könnte. Sie scheint nicht einmal zu registrieren, was ich dort tue, meine Erklärungen, meine Methoden scheint sie nicht wahrzunehmen. Ich könnte unbeeindruckt mein Programm durchziehen.

Ich tue nichts, ich sage nichts. Ich fühle mich nur überfordert von ihren Sorgen und hoffe, dass sie bald aufsteht und weitergeht, was mir wie ein herzloser Wunsch vorkommt. Aber sie sitzt regungslos und zusammengekauert da, so als bräuchte es erst zwei starke Mithelfer, einer links, einer rechts, um sie wieder aus dem Stuhl zu heben. Sie wirkt entrückt.

Ich gehe in die Hocke, um ihr besser zuhören zu können. »Was ist das für eine Gruppe, in die Sie gehen?«, frage ich.

Sie erzählt mir, dass der Meditationskreis ursprünglich auf eine Heilerin aus Marburg zurückgehe, eine bemerkenswerte Frau, und dass sich inzwischen überall in Deutschland Gruppen gebildet hätten, die auf der Philosophie der Heilerin aufbauen. Jeden Montagabend meditieren sie, alle in ihren Städten, alle gleichzeitig, und man spüre dann die Verbindung. Es scheint ein wenig so zu sein wie der Heilkreis, den ich besucht habe. Ein esoterisches Franchise-Unternehmen. Ich könne ja einmal in die Gruppe kommen, meint meine Messekundin. Sie nennt mir Namen, die ich mir notiere, aus Höflichkeit, aus Anteilnahme vielleicht.

Ich frage mich, wer hier inzwischen wen missioniert. Sie mich, weil ich Mitleid bekommen habe?

»Ich habe viel gelesen«, sagt sie, ohne mich anzusehen. »Ich mache auch meditativen Tanz. Das ist mein Weg.«

»Schön«, sage ich, »dass sie etwas für sich gefunden haben.«

Dann entdeckt sie das Döschen mit den blauen Steinen aus

Plastik, von denen ich einige auf dem Tisch verteilt habe und auch einen in den leeren Salzstreuer gesteckt habe, damit er beim Schütteln klimpert. Das Döschen steht neben dem Tischbein. »Dekorationssteine«, steht groß auf dem Etikett.

»Was ist das?«, fragt sie.

»Ach, nichts«, sage ich und nehme es ihr schnell aus der Hand.

* * *

Der indischstämmige Dokumentarfilmer Vikram Gandhi hat einmal ein ähnliches Experiment gemacht wie ich. Der Amerikaner ließ sich die Haare wachsen, außerdem einen langen, rauschenden Bart, hüllte sich in ein wallendes rotes Gewand, nahm einen Wanderstab mit einem erfundenen Symbol und imitierte den Akzent seiner Großmutter. Er sah aus wie die fernöstlichen Meister, die er, aufgewachsen in einer strengen Hindu-Familie, noch aus Kindertagen in Erinnerung hatte.

»Als ich erwachsen war und mir Religion gleichgültig wurde, wandte sich Amerika genau den Traditionen zu, denen ich entkommen wollte«, erzählt er in seinem Film.[90] Fernöstlich inspirierte Spiritualität entpuppte sich als der letzte Schrei der Sinnsucher. »Yoga wurde zur Lösung für alle Probleme der westlichen Welt.«

Der Filmemacher fragte sich, ob die Menschen für eine erfundene Religion das Gleiche empfinden könnten wie für eine richtige. Und verwandelte sich selbst in einen Guru. Sein Name: Kumaré. Ein Wort ohne Bedeutung, das nur aus Klang besteht.

Er geht, mit zwei Helferinnen, nach Phoenix, Arizona, eine Stadt, in der ihn garantiert niemand erkennen würde. Er mietet ein Haus mit Pool an, das sein Ashram sein sollte, die religiöse Herberge für ihn und seine Jünger. Seine Helferinnen organisieren ihm Auftritte als Gastdozent in örtlichen Yoga-Studios, und schon bald sammelt sich tatsächlich eine Anhängerschaft um ihn.

Sie habe sofort eine Verbindung zu ihm gespürt, berichtet eine Teilnehmerin des Kurses.

»Als er sich auf die Chakren konzentrierte, spürte ich sein Feuer«, sagt eine andere Frau.

»Er ist mehr als ein Lehrer«, erzählt Toby, eine Anwältin, in die Kameras. »Ich möchte so viel Zeit wie möglich mit ihm verbringen.«

»Er ist ein einzigartiger Mann«, sagt Greg.

Die Werbeslogans von Nike und der US-Armee übersetzt Gandhi ins Sanskrit und macht daraus Mantras, rituelle Gesänge. Er bringt seinen Anhängern fiktive Yoga-Übungen bei.

Und vor allem erklärt er den Schwindel zum eigentlichen Kern seiner Heilslehre. Er sagt seinen Jüngern mehr oder weniger unverblümt, dass alles nur eine Illusion ist. Die Anbetung eines Weisen aus dem Osten, die Erleuchtung durch ihn – alles eine Illusion. In einer Szene im Film sieht man ihn auf einem Podest sitzen, im Lotussitz, vor ihm eine Schar Schüler auf Yoga-Matten. »Das ist alles nur Show«, sagt Kumaré in gebrochenem Englisch. »Ein Mann in einer Verkleidung.«

Doch niemand zweifelt. »Die Leute dachten wohl einfach nur, das wäre sehr philosophisch«, sagt Vikram Gandhi über seine Zeit als falscher Prophet.[91]

Einmal trifft sich Kumaré mit einem »akustischen Therapeuten«, der ihn zu sich eingeladen hatte, um mehr zu erfahren. »In der Bibel steht: Im Anfang war das Wort. Und das Wort ist Vibration, ist Klang. Gott ist Klang«, erklärt der Therapeut dem hohen Gast aus Fernost. »Das ist es, was ich den Menschen beibringe.«

»Meine Lehre besagt: Das ist alles nicht echt. Ich bin eine Fälschung«, erklärt Kumaré ihm. »Sie wollen, dass Kumaré ihr Guru ist, und ich sage: Kommt zu mir, aber ich bin es nicht.« Er klopft dem Therapeuten auf die Schulter. »Du weißt, was ich meine, oder?«

»Ja, natürlich.« Der Therapeut lacht, komplizenhaft, und doch hat man wieder nicht den Eindruck, dass es der große Schwindel ist, über den er sich amüsiert.

Warum hat Vikram Gandhi Erfolg als verkleideter Guru?

Warum habe ich Erfolg?

Es ist nicht ungewöhnlich, dass Menschen etwas spüren bei

einer Behandlung, die nur ausgedacht ist. Aus der Medizin ist bekannt, dass Patienten sogar eine Linderung ihrer Beschwerden zu verspüren scheinen, wenn sie ein wirkstofffreies Medikament erhalten. Als einer der Ersten hat der Anästhesist Henry Beecher diesen sogenannten Placebo-Effekt beschrieben. Beecher arbeitete während des Zweiten Weltkriegs als Arzt und behandelte verwundete Soldaten. Als eines Tages das Schmerzmittel Morphin knapp wurde, gab er den Patienten eine einfache Kochsalzlösung. Und erstaunlicherweise berichteten die Soldaten trotzdem von einer Besserung ihrer Symptome.[92]

Die wichtigste Erklärung für den Placebo-Effekt ist die Erwartungshaltung. Ich erwarte, dass ein Arzt mir hilft – und allein deswegen verspüre ich eine Linderung. Die Erwartung, dass es passiert, kann offenbar sogar dann etwas bewirken, wenn uns ihre Unsinnigkeit vollends bewusst ist. Patienten sprechen teilweise selbst dann auf ein Placebo an, wenn man ihnen vorher ausdrücklich sagt, dass es sich um ein Scheinpräparat handelt.[93]

Auf einer Esoterik-Messe ist es dasselbe. Ich erwarte, dass ein seltsames Instrument Energieströme in mir freisetzt, dass es irgendwie magische Kräfte hat – und allein deswegen beginnt meine Hand zu kribbeln, wenn ich es berühre. Nur ungerechtfertigterweise reklamieren die Anbieter diesen Effekt für sich und ihre Methode.

***

»Und wie nennen Sie sich?« Eine Messebesucherin, Mitte 50 vielleicht, kurzes schwarzes Haar und Brille, mustert den Transzendenzzapfen, mustert mich, mustert wieder den Transzendenzzapfen.

»Ich bin energetischer Coach«, sage ich. »Möchten Sie es einmal kostenlos ausprobieren?«

Die Dame beäugt mich über den Rand ihrer Brille hinweg. »Was machen Sie genau?«, fragt sie.

»Ich ziehe negatives Karma aus Ihrer Aura ab«, erkläre ich und weise auf den Stuhl. »Möchten Sie sich einmal setzen?«

»Das kostet wirklich nichts?«, fragt sie.

»Nein, nichts«, sage ich. »Ganz unverbindlich.«

Sie kommt auf meine Seite des Tisches, nimmt Platz, stellt ihre Lederhandtasche neben den Stuhl, nimmt sie noch einmal und sucht nach dem Etui, um ihre Brille hineinzustecken, stellt die Tasche ab und sieht mich schließlich fragend an.

»Haben Sie eine eigene Praxis?«, erkundigt sie sich.

»Noch nicht«, sage ich. »Bin gerade dabei, eine einzurichten.« Ich greife zu dem Karma-Kamm. Ihre Fragen kommen schneller, als ich zur Behandlung ansetzen kann. Und schneller, als ich mir eine Biografie überlegen kann.

»Kombinieren Sie das mit etwas?«

»Mediale Beratung«, sage ich. »Meistens telefonisch.« Ich verlängere den Teleskoparm des Karma-Kamms.

»Und wer nimmt das in Anspruch?«

»Ganz unterschiedlich.«

»Eher junge Menschen oder eher ältere Menschen?«

»Wirklich ganz unterschiedlich«, sage ich. Ich drücke ihr den Transzendenzzapfen in die Hand und weise sie an, ihn auf der Höhe der Körpermitte zu halten.

»Am Solarplexus?«, sagt sie.

»Ja ja«, sage ich. »Und jetzt einmal tief durchatmen und entspannen.« Sie schließt die Augen und wird ruhig. Endlich.

Ich taste die Luft um sie herum ab. »Sie haben sich über etwas geärgert in den letzten Wochen.«

Sie blinzelt und nickt mir zu. »Ich ärgere mich über vieles«, sagt sie.

»Ja«, sage ich. »Da hat sich richtig negatives Karma in Ihrer Aura angesammelt.«

»Können Sie die Aura richtig sehen?«

»Ja, kann ich«, sage ich. »Ein bisschen jedenfalls. Noch einmal bitte die Augen schließen.«

Ich führe die Behandlung durch. Kämme das Karma aus, schiebe den Teleskoparm zusammen und klackere mit dem Salzstreuer.

Sie reißt die Augen auf, schielt zur Seite, immer dem Ton hinterher. Ich erkläre kurz, um sie zu besänftigen, was es damit auf sich hat. »Wie beim Zahnarzt«, sage ich.

Die Dame blickt eine Weile geradeaus in die Leere. Dann schaut sie zu mir.

»Ich hatte heute Morgen«, sagt sie, »hier die ganze Zeit einen Druck.« Sie legt die Hand auf die Stelle unter dem Schlüsselbein, etwa auf der Höhe, wo ich das Karma ausgekämmt habe. »Aber im Moment ist es weg.«

»Klar«, sage ich. »Ihre Aura ist jetzt wieder gekräftigt und geglättet.«

Ich hatte ihre Fragen vielleicht zu Unrecht als Misstrauen mir gegenüber verstanden. Wahrscheinlich waren sie Ausdruck echten, aufrichtigen Interesses.

»Und was kann ich machen, wenn ich zuhause bin?«, fragt sie.

»Sie könnten einen Transzendenzzapfen nehmen und damit meditieren«, sage ich. »Der hat eine hochschwingende Wirkung. Wenn Sie das regelmäßig machen, ist das für die Aura sehr revitalisierend.«

»Was kostet der?«

Ich denke mir schnell einen Preis aus. »50 Euro«, sage ich.

Sie sieht den Christbaumschmuck an.

Nur leider, erkläre ich, habe ich bloß diesen einen dabei. »Sie können sich ja vorstellen, dass hier alles energetisch kollabieren würde, wenn ich einen ganzen Karton voll mitgenommen hätte.«

»Das denke ich mir«, sagt sie.

Sie steht auf, greift nach der Handtasche, wühlt darin und fischt ein handflächengroßes, in rotes Leder gebundenes Notizbuch und einen Kugelschreiber heraus. Sie blättert sich zu einer freien Seite vor, legt das Büchlein auf die Tischkante und beugt sich zum Notieren herunter. »Und wo behandeln Sie?«, fragt sie mich.

Ich werde verlegen. Ich erkläre noch einmal, dass ich derzeit keine eigene Praxis habe, dass ich auf der Suche nach geeigneten Behandlungsräumen sei.

»Haben Sie ein Kärtchen?«, fragt sie.

»Nein, noch nicht.«

»Kann ich Sie denn irgendwie erreichen?«, fragt sie, drückt zwei, drei mal mit dem Daumen auf die Taste des Kugelschreibers und zieht mit ihm eine Wellenlinie über die obere Seitenkante, um zu testen, ob er schreibt.

Ich diktiere ihr eine Telefonnummer, meine Telefonnummer, aber mit einem Zahlendreher in der Mitte. Ich gebe ihr auch noch eine E-Mail-Adresse, eine, die ich mir für meine Recherche zugelegt habe.

Sie klappt das Notizbüchlein zu und verstaut es in der Handtasche. »Mir geht es wirklich besser«, sagt sie.

»Das freut mich«, sage ich.

Ehe ich mich versehe, steht bereits die nächste Kundin an meinem Stand, eine junge Frau, Mitte 30, mit schneeweißer Daunenjacke, angelockt wohl durch die großen, sorgsam tastenden Bewegungen, die ich in der Luft gemacht habe. Ich habe sie nicht kommen sehen, sie ist plötzlich aus dem Nichts aufgetaucht.

»Kann ich es auch einmal ausprobieren?«, fragt sie mich, fast wie ein Kind auf einem Jahrmarkt, das begierig über die Kante der Wurfbude auf die Dosenpyramide starrt. »Oder ist noch jemand vor mir dran?«

Sie schließt sofort die Augen, als sie auf meinem Behandlungsstuhl sitzt. Details meiner Tätigkeit? Ob ich eher jüngere oder ältere Menschen behandle? Ob ich das mit etwas kombiniere? Sie fragt nichts, will nichts wissen, keine Erklärung, keine Erläuterung, beginnt dafür gleich von sich zu erzählen.

»Ich habe vor einem Jahr einmal ein Aura-Foto machen lassen«, sagt sie.

»Ah ja«, sage ich. »Sehr hell wahrscheinlich, oder?«

»Ja, aber es war da auch etwas Dunkelrot in der Aura.«

»Ich glaube, es ist röter geworden«, sage ich. »Gab es etwas Belastendes in den letzten Wochen?«

»Immer mal wieder«, sagt sie. »Siehst du etwas Konkretes?«

»Ich muss mal schauen.« Ich halte einen Moment inne, um mir etwas zu überlegen. »Berufliches vielleicht?«

»Ganz genau«, sagt sie. »Ich war vorhin schon bei der Engelkartenlegerin. Ich stehe vor der Frage, wie ich mich entscheiden soll. Aber ich weiß nicht, wie.«

Sie wirkt auf mich nicht labil, nicht wie jemand in einer

Krise – ganz anders als die ältere Frau in dem rosa Fleecepullover, die mir von ihrer Einsamkeit erzählte –, eher etwas quirlig, etwas überdreht, und dennoch scheint auch sie auf dieser Messe eine Antwort auf irgendetwas zu suchen. Sie erzählt, dass sie als Grundschullehrerin gearbeitet habe, bis vor fünf Jahren ihre Tochter auf die Welt kam. Sie brauche eine Aufgabe, das wisse sie, ihr Mann, ein Banker, ein Pragmatiker, drängt sie, aber wofür soll sie sich entscheiden, wohin soll sie gehen? »Ich bin irgendwie so auf der Suche nach meinem Weg«, sagt sie.

Ich nicke zustimmend, obwohl sie das mit geschlossenen Augen gar nicht sehen kann.

»Und du erkennst das jetzt direkt in der Aura?«, fragt sie mich.

»Ja«, sage ich und erkläre ihr, dass sich die Entscheidungsunsicherheit als negatives Energiefeld darin deutlich manifestieren würde.

»Ich werde einmal versuchen, das ein wenig abzuziehen.« Ich nehme den Karma-Kamm zur Hand.

»Boa, das fühlt sich voll gut an«, sagt sie.

»Schon eine Veränderung?«, frage ich.

»Die Energie kann wieder viel besser fließen.«

»Ist leichter geworden, oder?«

»Absolut.«

Sie seufzt tief. »Wie machst du das?«

Ich bin überrascht, wie schnell sie auf meine Behandlung anspringt, und weise, bevor sie weiterschwärmen kann, dezent darauf hin, dass ich noch nicht fertig bin. »Schön, ich genieße einfach«, sagt sie und lässt den Salzstreuer um den Kopf klimpern und klackern, ohne die Augen zu öffnen, ohne auch nur mit den Wimpern zu zucken.

»Ich habe das Gefühl, dass ich dadurch jetzt die Bodenhaftung zurückbekomme«, sagt sie.

»Genau«, sage ich. »Das ist erdende Energie.«

»Toll«, sagt sie. »Große Klasse.«

Sie öffnet die Augen, und mir fällt ein, dass ich, weil sie so schnell schon auf dem Stuhl saß, ganz vergessen hatte, ihr den

Transzendenzzapfen zu geben. Ich hole es nach. »Bitte einmal auf Höhe der Körpermitte halten«, sage ich, »und tief einatmen.«

Sie folgt meiner Anweisung. Ich schaue ernst und mache eine weit ausholende Bewegung. Meine beiden Arme strecke ich in die Höhe und lasse sie über der Spitze des Transzendenzzapfens niederfallen und zu den Seiten in einem scharfen Bogen auseinandergehen, so als würde ich mit beiden Händen einen festen Strahl kosmischer Energie aus dem Universum herunterziehen und in den Zapfen strömen lassen. Ich wiederhole die Geste ein, zwei Mal. Dann warte ich ab, was passiert.

»Wow«, sagt sie. »Das ist ja der Hammer.«

»Wirklich?«, höre ich mich fragen. Und zwei Sekunden später schießt mir durch den Kopf, dass erstaunte Erkundigungen zur Wirksamkeit der eigenen Behandlungsmethode vielleicht nicht unbedingt geeignet sind, einen Eindruck der Vertrauenswürdigkeit zu erwecken. Als Guru kann man sich Selbstzweifel nicht lange leisten.

»Wie fühlt sich das an?«, frage ich, als ich mich wieder gesammelt habe.

»Wie eine Welle der Energie, die durch mich hindurchfließt«, sagt sie. »Und es verstärkt sich durch das Ding, das ich da in der Hand halte. Was auch immer das ist.«

»Ein Transzendenzzapfen«, sage ich.

»Ach ja, richtig«, sagt sie. »Aber in meinen Waden kommt das nicht an. Die sind ganz kalt.«

Ich wiederhole die Bewegung, strecke die Hände in die Höhe, um noch einen Schwang Energie aus dem Universum herunterpurzeln zu lassen, in den Transzendenzzapfen hinein. Dann mache ich in der Luft eine Geste vom Transzendenzzapfen in ihren Händen herunter zu den Waden. Ich wiederhole es ein paar Mal.

»Und?«, sage ich.

»Ja, jetzt kommt langsam was«, sagt sie. »Ist das schön.«

Sie zieht das Wort lang, schließt die Augen und spürt eine Weile nach.

»Wie machst du das?«, sagt sie dann. »Hast du das irgendwo gelernt?«

Ich improvisiere ein weiteres Mosaikstück meiner Biografie. Ich erzähle von einem Meister in Italien namens Antonio Pinelli, der dort abgeschieden in den Bergen lebe und der mich in die Arbeit mit Karma-Kamm und Transzendenzzapfen eingewiesen habe.

»Wenn ich einmal Geld verdiene«, sagt die Frau, »dann will ich das auch lernen.«

Immerhin verdiene ich unerwartet Geld. Die Frau kramt in ihrer Tasche, öffnet das Portemonnaie und reicht mir einen Zehneuroschein.

»Du kannst das doch nicht kostenlos machen«, ermahnt sie mich. Ich werde verlegen und lehne ab.

»Ich bin zufrieden, wenn ich helfen konnte«, sage ich.

»Weiß ich doch«, sagt sie. »Ist ja auch nur eine Kleinigkeit.«

Sie drückt mir den Schein fest in die Hand. Ich will niemandem das Geld aus der Tasche ziehen, aber sie lässt mir keine Wahl. Man drängt mich zur Ausbeutung. Ich bin sprachlos.

Und sie bleibt nicht die einzige Kundin, die mich unaufgefordert bezahlt.

Das Abtasten der Aura, die großen Gesten, mit denen ich die Energie aus dem Universum ziehe, und das silbern glitzernde, komisch geformte Etwas haben die Aufmerksamkeit der übrigen Messebesucher erregt, die es nun ebenfalls ausprobieren möchten, am eigenen Leib. Es stehen schon die nächsten Kunden an meinem Stand.

Ich entschuldige mich, bitte um Geduld, sage, ich müsse mich erst etwas sammeln, ehe ich weiter energetisch arbeiten könne. Die Rolle als Guru kostet mich Kraft, mehr Kraft, als ich erwartet hätte. Es ist wie ein schlecht sitzendes Karnevalskostüm, das ich immer wieder in Form zupfen muss, weil es überall zwackt. In fünfzehn Minuten, vertröste ich die Interessenten, gehe es weiter.

Den Ägypter, der weiterhin seelenruhig und von meinen theatralischen Behandlungsgesten unbeeindruckt hinter seinem Stand steht, bitte ich, meinen Tisch im Auge zu behalten. Ich gehe zur Toilette, an dem Stand des Aura-Fotografen vorbei, vorbei an dem Büchertisch am Eingang, die Treppe hinunter. Ich lege den Türriegel der Toilettenkabine um und schnaufe tief durch. Es ist schwer, Energien zu mobilisieren, an die man selbst nicht glaubt. Der Erfolg wird mir zu viel, er fühlt sich falsch an, vielleicht sogar unannehmbarer noch als die Lächerlichkeit oder die Enttarnung, die ich eigentlich befürchtet hatte.

Ich wasche mir die Hände, reiße ein, zwei raue Recyclingpapiertücher aus der Box neben dem Waschbecken und sehe in den Spiegel. Bin das ich? Ist das ein Guru?

Die Kerze flackert verlassen, der Ansturm vor meinem unscheinbaren Tisch hat sich fürs Erste gelegt.

»Scheint ja inzwischen richtig gut zu laufen bei dir«, sagt die Schamanin vom Stand nebenan. »Wie hast du das gemacht?«

Ich zucke die Schultern.

Eine Bekannte, der ich später von meinem Messeauftritt erzähle, meint, mein Erfolg könnte vielleicht an der Tatsache liegen, dass ich das, was ich tue, nicht wirklich ernst nehme, dass ich darum weniger verbissen wäre, ungezwungener, weil ich nicht darauf angewiesen bin, mit dem, was ich präsentiere, Geld zu verdienen. Kann sein. Ich glaube eher nicht. Wahrscheinlich wäre ich sogar noch erfolgreicher, wenn ich wirklich an das glauben würde, was ich tue. Ich bin beileibe kein guter Schauspieler. Umso mehr erstaunt mich, dass man mir meine Rolle tatsächlich abnimmt.

Eine Frau mit lichtgrauem Haar, schulterlang, und stechend blauem Blick schaut sich sorgsam alles an. Den Transzendenzzapfen, majestätisch im roten Tuch, Karma-Kamm und Kraftpuder, versteckt hinter der Kerze und dem Faltenwurf.

Sie fragt mich detailliert aus. »Ist Ihnen aufgefallen, dass sie öfter mehr sehen als andere?«, fragt sie, und ich nicke und erzähle die Biografie, die ich mir in den vergangenen Stunden ausgedacht habe, meine Abkehr vom Materialismus, meine Hinwendung zur Spiritualität, meine Lehrreise zu einem Meister namens Antonio Pinelli, der abgeschieden in einem kleinen Dorf in den Bergen lebt, in den Dolomiten übrigens, und mir beigebracht habe, wie Karma-Kamm und Transzendenzzapfen zu bedienen seien. Sie lässt den Blick über die Gegenstände auf meinem Tisch wandern, als wolle sie jede Silbe meiner Geschichte an ihnen nachvollziehen. Dann schaut sie mich an. Sie lächelt, verzichtet auf die formale Anrede. »Ich finde dich am faszinierendsten hier«, sagt sie.

»Mich?«

»Weil du so schlicht bist.«

Ich habe kurz das Gefühl, rot zu werden im Gesicht. Dann besinne ich mich auf mein eigentliches Anliegen. »Wenn du möchtest«, sage ich, »probiere es einfach mal aus. Kostet nichts.«

»Ich schaue mich weiter um, aber später bestimmt.«

Später, nach einer knappen Stunde, als ich sie schon fast wieder vergessen habe, steht sie erneut vor mir. »Ich würde gern auf dein Angebot zurückkommen«, sagt sie.

Sie gibt ihrer Freundin, die sie begleitet, die Handtasche, setzt sich, und ich beginne meine Behandlung. Taste ihre Aura nach negativen Energiefeldern ab, ziehe den Griff des Karma-Kamms auseinander, streue feinstofflichen Kraftpuder auf die Stelle.

»Fühlt es sich schon anders an?«, frage ich.

»Ja, leichter«, sagt sie.

»Leichter, richtig«, sage ich.

Sie zwinkert ihrer Freundin zu. »Genial«, raunt sie.

»Einen Moment noch«, sage ich und lasse zum Abschluss mit großen Gesten einen Schwung kosmischer Energie in den Transzendenzzapfen fließen und von dort weiter durch ihren Körper. Ich wiederhole es einige Male, dann trete ich einen Schritt zurück und warte ab.

»Ich danke dir«, sagt sie schließlich.

Sie lässt sich ihre Handtasche geben, sie wollen gehen, sie und ihre Freundin, die sie zur Messe begleitet, aber plötzlich macht sie kehrt.

»Irgendwie habe ich das Gefühl«, sagt sie, »dass ich dir noch etwas geben möchte.« Sie nimmt eine Visitenkarte aus ihrer Tasche, handbemalt mit Aquarellfarben, »Heilung«, steht darauf, »Energiearbeit«. Eine Kollegin also.

Sie fragt mich nach meiner Karte, und ich muss wieder passen. »Habe ich noch nicht«, sage ich.

Ich könne ihr natürlich meine E-Mail-Adresse geben, sage ich, suche nach einem Zettel, lasse mir einen Stift von ihr geben und hoffe, dass sie sich nie meldet.

»Ich heiße übrigens Silvia«, sagt sie, während sie den Zettel mit meiner Mail-Adresse einsteckt. »Ich hoffe, wir hören voneinander.«

»Ja«, sage ich.

Dann gibt sie mir zehn Euro, ihr letztes Geld, wie sie beteuert, es tue ihr leid, aber mehr habe sie nicht dabei. Ich mache eine abwehrende Geste, ich lehne ab, aber sie lässt mich nicht.

»Energieausgleich«, sagt sie.

Meine Messeeinnahmen gebe ich beim Astrologen zwei Stände weiter aus, Kurzanalyse, nur zwanzig Euro, ein bäriger Herr mit Bart und langem, weißen Haar und einem Notebook, der mir, geboren im Zeichen des Wassermanns, Aszendent Löwe, bescheinigt, dass ich eigentlich ein Mensch sei, der zum Herrschen bestimmt ist, sich aber noch nicht so recht traue.

Täuschung

Warum es nur auf die richtigen Methoden ankommt,
um als Guru Erfolg zu haben, und warum man sich sogar
selbst hinters Licht führen kann

Der amerikanische Psychologe Bertram Forer machte 1948 mit seinen Studenten ein aufschlussreiches Experiment.[94] Zu Beginn der Vorlesung teilte er einen Fragebogen aus. Es handle sich um einen Persönlichkeitstest, erklärte er. Er versprach jedem, der den Bogen ausgefüllt abgab, eine individuelle Auswertung des Testergebnisses.

In der nächsten Sitzung erhielten die Studenten ihre Auswertungen, verbunden mit der Bitte, auf einer Skala von null bis fünf anzugeben, wie gut das Testergebnis ihre Persönlichkeit beschreibe. Null bedeutete dabei, dass das Ergebnis ihnen überhaupt nicht entsprach, fünf, dass es ihre Charaktereigenschaften voll und ganz traf. Der durchschnittliche Zustimmungswert lag bei 4,26 – was erstaunlich hoch ist. Wissenschaftliche Persönlichkeitstests erreichen mitunter deutlich geringere Werte.

Dabei hatte Forer allen Probanden in Wirklichkeit denselben Text vorgelegt. Die vermeintlich individuelle Diagnose bestand aus lauter sehr allgemeinen und teils widersprüchlichen Aussagen. »Sie brauchen die Zuneigung und Bewunderung anderer, dabei neigen Sie zu Selbstkritik«, konnten die Studenten über sich lesen. Oder: »Äußerlich diszipliniert und kontrolliert, fühlen Sie sich innerlich ängstlich und unsicher.« Forer hatte den Text aus Zeitungshoroskopen zusammengepuzzelt.

Mit seinem Versuch zeigte Forer, dass die Qualität psychologischer Tests sich nicht einfach danach beurteilen lässt, wie gut sich die Getesteten selbst in dem Ergebnis wiedererkennen. Vor allem zeigte er aber, dass es Persönlichkeitsbeschreibungen gibt, die so vage sind, dass ihnen jeder zustimmt – und dass man diese Tatsache ausnutzen kann, um Menschen glauben zu machen, man wüsste alles über sie.

Forers Experiment ist ein Klassiker der Sozialpsychologie, und viele Forscher haben das Phänomen, das er beschrieb und das, benannt nach einem amerikanischen Zirkuskünstler des 19. Jahrhunderts, als Barnum-Effekt in der Literatur bekannt ist, in all seinen Varianten weiter untersucht.

Die Zustimmungsraten sind umso höher, je mehr vorteilhafte Aussagen der Text enthält und je stärker der Text als individuell maßgeschneiderte Persönlichkeitsbeschreibung präsentiert und aufgefasst wird. Und unsichere Personen scheinen eher geneigt zu sein, sich in solchen Texten wiederzufinden.[95]

Der amerikanische Psychologe Ray Hyman hat beschrieben, wie man auf diesem Wissen aufbaut, um als Wahrsager zu brillieren. Hyman verdiente sich als junger Student Geld als Zauberer und Magier dazu und ist heute ein ausgesprochener Skeptiker, ein Aufklärer. Cold Reading, kaltes Lesen und Deuten, nennt sich die Technik, die Hyman beschreibt. Wie sie funktioniert, erläutert er in dreizehn goldenen Regeln.[96]

Man nimmt Aussagen wie aus Forers Experiment, denen jeder zustimmen kann, und verfeinert sie nach und nach mit Informationen, die der Kunde selbst gibt. Das, was er unbewusst über sich verrät, präsentiert man ihm als Teil der Prophezeiung. Was kann man aus der Kleidung des Kunden schließen, aus der Art, wie er spricht, aus seinen Reaktionen, aus seinen Fragen, seinen Antworten? Die wichtigste Regel ist Hyman zufolge aber, dem Ratsuchenden immer genau das zu erzählen, was er hören möchte. Wir akzeptieren eine Weissagung umso eher, je stärker sie unseren Wünschen entgegenkommt. Ein Wahrsager sollte schmeicheln, bis es wehtut.

Alles Weitere, was Hyman in seinen Reglen aufführt, dient entweder der Show oder der Absicherung. Ein Wahrsager, empfiehlt er, sollte stets seinen Wissensrückstand als einen Wissensvorsprung inszenieren, über den er nur noch nicht spricht, durch jede Silbe suggerieren, ihm sei mehr bewusst, als er gerade kundtut. Das verschafft Autorität. Und um unangreifbar zu bleiben, macht ein guter Wahrsager den Beratungserfolg von der Kooperationsbereitschaft des Klienten abhängig. Nicht der Wahrsager muss sich beweisen, sondern der Kunde.

***

Ich logge mich auf dem Astroportal ein und finde in meinem Postfach eine Mail, die mir eine Ratsuchende namens Manuela geschickt hat. Sie hatte schon einige Male um einen Anruf gebeten, aber ich war ein paar Tage offline. Deswegen schickt sie mir ihre Fragen per Mail. Sie hat sie durchnummeriert. Die erste Frage lautet: »Wie geht es beruflich weiter?« Die zweite Frage: »Wie geht es in meiner Ehe weiter?« Ich scrolle herunter, ein langer Katalog, acht Fragen sind es insgesamt, die letzte lautet: »Ich habe eine Frau kennengelernt, die mit Heilenergie arbeitet. Wird sie mir das auch beibringen?«

Ich habe mir den Text aus Forers Experiment ausgedruckt, auf den Schreibtisch gelegt und beginne mit einer Antwort.

»Liebe Manuela«, schreibe ich, »habe herzlichen Dank für deine Mail. Lass mich zunächst mit ein paar Worten über deine Persönlichkeit beginnen.« Dann füge ich den Text ein, den Forer dereinst schon mit Erfolg an seinen Studenten ausprobiert hatte. Ich wandle ihn etwas ab, streue hier und da noch etwas Zucker darüber und wiederhole gelegentlich die Anrede, damit er persönlicher wird. Nach dem Stand der Forschung steigert das nochmals die Wirksamkeit.

Ich schreibe: »Liebe Manuela, ich sehe dich als einen außergewöhnlich spirituellen Menschen. Du brauchst die Zuneigung und Bewunderung anderer, aber neigst oft zur Selbstkritik. Du hast große Fähigkeiten, die brachliegen. Nutze sie. Äußerlich diszipliniert und kontrolliert, fühlst du dich innerlich oft ängstlich und unsicher. Manchmal verhältst du dich extrovertiert, leutselig und aufgeschlossen, manchmal auch introvertiert, skeptisch und zurückhaltend. Liebe Manuela, das ist es, was die geistige Welt mir über dich sagt.«

Anschließend schreibe ich kurz etwas zu jeder ihrer acht Fragen, nach dem Schema, dem Forers Experiment folgt, vage und vieldeutig, aber mit größter Emphase. »Du bist ein Mensch, der anderen helfen will und es kaum erwarten kann, sein Potenzial zugunsten der Mitmenschen einzusetzen«, antworte ich auf ihre Frage, ob sie bald auch damit rechnen könne in der Kunst der

Geistheilung unterwiesen zu werden. Es entspricht dem, was Hyman empfiehlt. Ich sage meiner Kundin das, was sie hören will. Und trotzdem bleibt die Aussage unklar. Ja? Nein? Je nachdem? Sie geht nicht über den Stand der Dinge hinaus, auch wenn sie so klingt. Ich baue eine Hintertür in meine Antwort ein. Ich schreibe: »Diese Chancen zur Entfaltung deines heilenden Potenzials eröffnen sich dir nur, wenn du nicht zu ungeduldig bist.« Ich schätze, dass sie nichts sehnlicher erwartet, als eine Heilerin zu werden, ein Mensch mit übersinnlicher Gabe. Sollte sich meine Prophezeiung nicht erfüllen, habe ich ihr zumindest mit hoher Wahrscheinlichkeit richtig vorhergesagt, warum sie nicht eintrifft. Im Zweifel liegt es an ihr.

Es funktioniert.

Wenige Stunden später sehe ich, dass Manuela mir die Höchstbewertung gegeben hat: fünf von fünf Sternen und fünf von fünf Herzchen. »Wie hast du das hinbekommen? So ins Detail zu gehen, vielen, vielen Dank, das war wirklich gute Arbeit«, schreibt sie.

Von da an bekomme ich immer neue Beratungsanfragen auf mein Handy. Ich habe eine Benachrichtigung eingerichtet, so dass ich eine SMS erhalte, wenn mich jemand sprechen will oder mir über das Portal eine E-Mail mit seinem Anliegen schickt. Ständig und überall erreichen mich neue Kundenanfragen. Nachts, morgens, mittags, abends. Im Schlaf, beim Frühstück, im Büro, im Bus, auf Partys. Ich scheine den Durchbruch als medialer Lebensberater geschafft zu haben, zu meiner eigenen Verwunderung, immer noch. Ray Hyman hat das in seiner nüchternen Art richtig vorhergesagt. Man müsse nur seinem Rat folgen, um zu Ruhm und Ehre zu gelangen, schrieb er. Es braucht keinen Wochenendkurs im Hellsehen, um als übersinnlich talentiert zu gelten.

Eine Kundin namens Silke schickt mir aus irgendeinem Grund ihren vollständigen Namen, Vor- und Zuname, ihr Geburtsdatum und Vor- und Zunamen ihres Herzensmannes, mit dem sie auf eine gemeinsame Zukunft hofft.

Statt der Kristallkugel konsultiere ich Google – und finde einiges über sie heraus. Ich kopiere den Text aus dem Forer-Experiment und spicke ihn mit einigen Sätzen, die speziell auf Silke passen. Ich versuche, den vagen, andeutenden Tonfall beizubehalten, damit mein ergoogeltes Wissen nicht zu sehr heraussticht und sie Verdacht schöpft. Im Internet finde ich heraus, dass Silke als Sängerin arbeitet. Daher behaupte ich in meiner Antwort, sie als eine »außergewöhnlich musische Person« zu sehen. Aus dem Hobby Bauchtanz leite ich das Kompliment einer »erotisch-spirituellen Aura« ab. Über ihren Sohn kann ich leider nur wenig in Erfahrung bringen. Ich finde sein Facebook-Profil, aber er hat die Privatsphäre-Einstellungen so gewählt, dass ich kaum etwas erkennen kann. Der Seite lässt sich nur entnehmen, dass er mit vielen Informatikstudenten befreundet ist – also beschreibe ich ihn als »technikbegeistert«.

Am Abend schreibt mir Silke eine überschwängliche Bewertung auf mein Profil und erschreckt mich mit ihrer Dankbarkeit. »ALLES, aber auch wirklich ALLES hat bis aufs kleinste Detail gestimmt! WOOOOOWWWW!«, schreibt sie. »So perfekt hat mich noch nie jemand beschrieben, genau so bin ich! Genauso ist mein Leben.«

Ich wäre gern der Heilsbringer, den Silke in mir sieht. Ich würde gern an meine übersinnlichen Fähigkeiten glauben. Ihr Lob zieht weitere Anfragen nach sich.

»Ich würde gerne wissen, wie es bei mir in der Liebe und beruflich weitergeht«, fragt Susanne.

»Wie sind seine Gefühle mir gegenüber? Haben wir eine gemeinsame Zukunft?«, fragt Steffi.

»Wann werde ich meinen Herzensmann Thomas das nächste Mal sehen? Wie geht es mit uns weiter? Was ist für mich die momentane Lernaufgabe?«, fragt Anne.

»Mein Sohn Benjamin bereitet mir Kummer! Wird das besser in der Zukunft?«, fragt Cordula.

»Ich hätte gerne gewusst, ob ich bald Arbeit finden werde und wann wieder mehr Geld reinkommt. Im Moment klappt einfach gar nix«, fragt Heike.

»Was ist mit meinem Auto? Ich will jetzt am 28. in den Urlaub fahren. Klappt das?«, fragt Antje.

Ich nehme den Text aus Forers Experiment als Vorlage und

versuche, für jeden etwas Individuelles zu schreiben, etwas Uneindeutiges, das aber so klingt, als wäre es allein für die jeweilige Kundin bestimmt. Ich will einer jeden die perfekte Beratung zukommen lassen, perfekt nach den Regeln, die Hyman aufgestellt hat.

Ist das unredlich? Ich könnte die Augen schließen, mich auf die Anfrage konzentrieren und in mich hineinhorchen, welche Worte und Bilder sich auftun. Wahrscheinlich käme ich intuitiv zu ähnlichen Ergebnissen. Dass ich den wissenschaftlich erprobten Regeln folge, garantiert immerhin die Qualität und Treffsicherheit.

Man bekäme eine akute Überzuckerung von meinen Antworten, wenn man sie essen könnte. Ich unterzeichne jedes Mal mit: »Viel Licht und viel Liebe für dich auf deinem Weg, dein Osiris.«

Und retour bekomme ich Dankesworte wie noch nie zuvor in meinem Leben. Mit keinem Geburtstagsgeschenk habe ich solche Stürme der Begeisterung auslösen können, mit keinem Artikel, den ich veröffentlicht habe, mit keiner Liebeserklärung. »Ich bin zutiefst berührt über das, was du mir geschrieben hast«, antwortet mir Anna nach einer Beratung in einer langen Mail. »Mir fehlen in diesem Moment einfach nur die Worte für das, was du gesehen hast. Ich habe eine Gänsehaut, warum auch immer.«

Ich muss zugeben: Es ist mir unheimlich, aber es beginnt mir auch zu schmeicheln. Anscheinend habe ich meinen Kunden wirklich geholfen. Habe ich das? Oder meinen sie nur, ich hätte ihnen geholfen? Die sehr hypothetische Vorstellung, dass ich ein Medium sein könnte, ein Hellseher, jemand mit außergewöhnlichen Fähigkeiten, wird greifbar, real. Ob es wirklich nur das Experiment von Forer ist, das ich mit leichten Abwandlungen repliziere? Oder ob ich nicht vielleicht doch etwas beimische, was darüber hinausgeht? Etwas Übersinnliches? Etwas Charismatisches? Einen kleinen Funken wirklicher Hellsichtigkeit? Ich wische den Gedanken sofort weg, aber kurz ist er da. Kurz will ich mich auf ihn einlassen. Wüsste ich es nicht besser, wer weiß, vielleicht würde ich der Versuchung erliegen.

Ein erfolgreicher Wahrsager sagt dem Kunden immer genau

das, was er hören möchte. Einem erfolgreichen Wahrsager sagt der Kunde immer genau das, was er hören möchte.

Entweder sind Hellseher skrupellos. Oder treue Opfer ihrer eigenen Täuschungen.

***

Wolfgang Raschky glaubt felsenfest an sich und sein Pendel. Es kreist linksherum, es kreist rechtsherum, immer eindeutig, und Wolfgang Raschky ist augenblicklich im Bilde. Es hat ihn nicht betrogen in der Vergangenheit. Oder doch? Der unmissverständliche Ausschlag des Pendels, das an einer Kette zwischen Daumen und Zeigefinger baumelt, eine Täuschung, nur ein Schauspiel in seinen Händen? Wolfgang Raschky mag das nicht glauben, auch jetzt nicht, nach der großen Erschütterung.

Raschky ist 70 Jahre alt, ein gutmütiger Herr mit sanfter Stimme, niemand, dem man auch nur den Hauch einer bösen Absicht unterstellen möchte. In Bruck an der Mur, einem Städtchen in der Steiermark mit 12 000 Einwohnern, betreibt er eine Gärtnerei, Schwerpunkt Gemüsepflanzen. Vor 30 Jahren stellte Raschky auf biologischen Gartenbau um, er eignete sich das Wissen dafür selbst an, ein Autodidakt, der wohl deswegen auch ein kleines Faible fürs Esoterische entwickelte. »Man ist dann natürlich allem Alternativen gegenüber aufgeschlossen«, sagt Raschky.

Der Gärtnermeister suchte nach dem idealen Platz für Blumen, für Stauden, für Bäume, nach Orten, wo sie ihrer Natur gemäß Wurzeln schlagen können. Orten, die einer Pflanze guttun. Und die Antwort fand er in einem Buch, das ihm eines Tages in die Hände fiel. Es handelte von einer ominösen Kraft namens »Erdstrahlung« und ihrer Wirkung auf das Leben von Pflanzen, Tieren, Menschen.

Erdstrahlung, so wird behauptet, entsteht durch unterirdische Wasseradern und ihren Rieb am Gestein, durch das sie mit gewaltiger Kraft rauschen und strömen. Feinfühlige Zeitgenossen, sogenannte Radiästheten, könnten diese Strahlung mithilfe einer Wünschelrute oder eines Pendels sichtbar machen.

Die Idee, man könne mit einem beweglichen Gegenstand in der Hand Dinge ausfindig machen, ist seit jeher Teil des Volksglaubens. Nur was man zu erspüren meinte und warum, das änderte sich. Im 19. Jahrhundert etwa wurden hauptberufliche Rutengänger vorrangig im Bergbau eingesetzt. Und noch etwas änderte sich mit der Zeit: Seit der Romantik geht man nicht mehr davon aus, dass es die äußere Kraft selbst ist, die an der Rute oder dem Pendel zerrt. Es soll vielmehr die innere Empfänglichkeit des Menschen für diese Kräfte sein, die den Ausschlag gibt. Die Rutengänger wurden zu Menschen mit charismatischer Gabe, mit einem fast magischen Gespür fürs Unsichtbare. Und je subjektiver die Praxis des Mutens und Wünschelns damit wurde, desto wissenschaftlicher wurde das Vokabular: Es gab nun allerorten Strahlung.[97]

Die Theorie der Erdstrahlen geht unter anderem maßgeblich auf Gustav Freiherr von Pohl zurück, der Ende der 20er Jahre des vorigen Jahrhunderts das niederbayerische Örtchen Vilsbiburg, 565 Häuser, rund 3000 Einwohner, sowie die Außenbereiche des Dorfs mit der Wünschelrute ablief. In einer Karte, Maßstab 1:1000, trug er den Verlauf der von ihm ausfindig gemachten Wasseradern ein. Neben der Lage ermittelte der Adelige auch die Breite und Tiefe der Adern sowie deren Intensität, für die er sich eine zwölfstufige Strahlungsskala ausdachte. Der Bezirksarzt nannte anschließend sämtliche 48 Krebsfälle seit dem Jahr 1918, der Bürgermeister ergänzte die Liste um sechs weitere Todesfälle, die sich vor dem Jahr 1918 ereignet hatten. Und siehe da: Die Verstorbenen lebten meistens über besonders stark strahlenden Wasseradern.[98] Pohl veröffentlichte ein Buch über »Erdstrahlen als Krankheits- und Krebserreger«, er entwickelte gar Entstörungsgeräte, mit denen nicht nur Häuser, sondern bald ganze Städte von der schädlichen Strahlung befreit werden sollten. Eine neue Lehre war geboren.[99]

Auch heute noch, fast 100 Jahre nach Pohls Erkundungen in Niederbayern, scheint die Strahlung aus dem Erdreich umso höher zu sein, je weiter man nach Süden geht. An der Fachhochschule Weihenstephan-Triesdorf in Bayern beispielsweise demonstrierte ein Wünschler Studierenden der Landschaftsarchitektur sein Können.[100] Und in Österreich, der Heimat von Wolfgang Raschky, bestellte gar die staatliche Autobahngesellschaft einen Pendler ein und beauftragte ihn damit, Unfallstrecken von gefährlichen Kraftfeldern zu entstören.[101]

Manche Radiästheten, so auch der Gärtnermeister Wolfgang Raschky, unterscheiden die Strahlung aus dem Erdinnern in linksdrehend und rechtsdrehend, und beide Formen bedeuten für Menschen, Tiere, Pflanzen jeweils etwas anderes. Es gibt Strahlenflüchter und Strahlensucher.

Rechtsdrehende Strahlung, bei der das Pendel im Uhrzeigersinn kreist, erklärt Raschky, tue dem Menschen gut, linksdrehende Strahlung sei gefährlich. Bei einer Katze sei es umgekehrt. Sie spricht auf links an und meidet rechts. Wo es sich eine Katze gemütlich macht, sollte der Mensch kein Bett aufstellen. Für Pflanzen gilt ein ähnliches Regelwerk.

Ahorn: strahlensuchend, linksdrehend.

Begonie: strahlenflüchtend, rechtsdrehend.

Lavendel: strahlensuchend, linksdrehend.

Sonnenblume: strahlenflüchtend, rechtsdrehend.

Orchidee: strahlensuchend, linksdrehend.

Wacholder: strahlenflüchtend, rechtsdrehend.

Einmal, erzählt Raschky, habe ein Kunde ihn gefragt, warum der Gummibaum auf der Fensterbank nicht wachsen und gedeihen wolle. Raschky nahm das Pendel, hielt die Schnüre zwischen Daumen und Zeigefinger und ging in sich. Es kreiste, erst langsam im kleinen, dann schneller im großen Bogen. Eindeutig, sagte Raschky dann. Der Platz habe die falsche Strahlung für einen Gummibaum. Eine Orchidee stünde hier besser. »Und so war es auch.«

Geowissenschaftler lehnen die Radiästhesie als Pseudowissenschaft ab. Kein Gerät war bisher in der Lage, die geheimnisvolle Strahlung aus dem Erdinnern zu messen, die Raschky und andere Pendler und Rutengeher festzustellen meinen. Und das Grundwasser, von dem sie ausgehen soll, fließt in Mitteleuropa nicht in plätschernden Bächen und reißenden Strömen durchs Erdinnere, sondern kommt großflächig vor, wie ein See. Deswegen ist es auch kein Wunder, dass man bei einer von einem

Wünschelrutengänger angegebenen Stelle beim Graben früher oder später so gut wie immer auf Wasser stößt.[102]

Für Raschky spielt das keine Rolle. Die Bücher, die er liest, hätten schließlich auch Wissenschaftler geschrieben. »Erdstrahlen und deren Einfluss auf die Gesundheit des Menschen« von Dr. Worsch etwa, ein »sehr versierter Mann«. Oder das Buch über Biophotonen von Prof. Dr. Fritz-Albert Popp.

Vor allem aber seien seine Kunden begeistert. Der Umsatz steige, seit er neben Hacke und Spaten auch das Pendel gebrauche. Und das, obwohl vor einigen Jahren in der Nähe ein riesiges Gartencenter eröffnete und ihm Konkurrenz macht.

Nur einer seiner Kunden, ein Arzt, ein Vernunftmensch durch und durch, der wolle von all dem nichts wissen. Herr Raschky, über so etwas dürfen Sie mit mir nicht sprechen, sage der immer, wenn Raschky von den Erdstrahlen und dem Pendeln zu erzählen anfängt. Und trotzdem kauft er alles und nimmt dafür seit Jahren schon einen Fahrtweg von stolzen 30 Kilometern hin.

Eines Tages erfährt Raschky von einem wissenschaftlichen Test, bei dem Pendler wie er ihre Fähigkeiten unter Beweis stellen können.

»Der Herrgott hat mich gepackt«, sagt Raschky. Für seine alternativen Methoden der Gärtnerei sei er lange belächelt worden, sagt Raschky. Seine Hoffnung ist, dass sich das nach dem Test ändern würde. Sofort greift er zum Telefon und ruft den Herrn Doktor an, der für den Test verantwortlich zeichnet.

Heute sagt Raschky: Er sei damals zu forsch gewesen, habe sich unvorbereitet in die ganze Sache hineingestürzt. »Ich muss die Geschichte noch aufarbeiten.«

* * *

Im Jahr 1987 war Martin Mahner, promovierter Biologe und Wissenschaftstheoretiker, einer der Gründer der Gesellschaft zur wissenschaftlichen Untersuchung von Parawissenschaften. Ihr Ziel: Esoterik mit wissenschaftlichen Methoden überprüfen, übersinnliche Phänomene entlarven – oder sie vielleicht gar bestätigen, was für die Forschung ja die noch viel größere Sensation wäre, aber eben noch nicht gelungen ist. Im Internet wütet die Esoterik-Szene des Landes gegen den Skeptikerverein, beschimpft ihn als »fundamentalistisch-atheistische Sekte« oder, was besonders absurd anmutet, als eine »moderne Inquisition«. Unter lauter Ehrenamtlichen ist Martin Mahner der einzige hauptamtliche Mitarbeiter der Skeptikergesellschaft; er leitet deren Zentrum für Wissenschaft und kritisches Denken in Rossdorf bei Darmstadt.

Eine der wichtigsten Aufgaben jedes Jahr ist der Psi-Test an der Uni Würzburg, den Mahner organisiert: Wer Übersinnliches meint vollbringen zu können, kann sich hier dem wissenschaftlichen Versuch unterziehen. Sollte herauskommen, dass der Kandidat seine Fähigkeiten auch unter kontrollierten Bedingungen nachweisen kann, winken 10 000 Euro Preisgeld. Mehr als 30 Kandidaten haben bisher an dem Test teilgenommen. Das Geld hat noch keiner von ihnen mit nach Hause genommen.

Es ist ein wenig wie bei »Wetten, dass ...?«, nur dass die Wetten bislang immer verloren wurden. Einmal trat ein Herr an, der mithilfe seiner Wünschelrute einen im Boden vergrabenen Goldbarren orten wollte. Topp, die Wette gilt.

Innerhalb eines bestimmten Gebietes in Würzburg wurde das Gold vergraben. Dann lotete der Kandidat mit dem Pendel auf einer Landkarte den Standort aus, anschließend ging er mit der Rute hinaus zur »Nahfeldmessung«. Nach zwei Stunden Suche gab er auf. Der Barren lag in Wirklichkeit 20 Kilometer weit entfernt.[103]

Ein anderer Kandidat behauptete, mit der bloßen Hand im Abstand von einigen Zentimetern spüren zu können, ob ein Stromkabel unter Spannung steht oder nicht. Die Auswertung mehrerer Testdurchgänge zeigte: Er hätte genauso gut raten können.

Ein weiterer Teilnehmer wollte den Skeptikern beweisen, dass er allein mit der Kraft seiner Gedanken Gegenstände bewegen könne. Telekinese heißt dieses Phänomen. Ein kompliziert auf einer Nadelspitze balancierendes Blatt Papier sollte sich rühren, sobald der Kandidat gedankliche Energie überträgt. Zuhause funktionierte das offenbar ausgezeichnet, aber in einem eigens dafür hergerichteten und jeden Luftstoß zurückhaltenden Spezialgefäß blieb das Blatt regungslos. Kein Hauch, nicht das geringste Zucken, egal, wie sehr sich der Kandidat auch mental anstrengte.[104]

Der Test zeigt, wie sehr Menschen ihren eigenen Illusionen aufsitzen können, ohne auch nur das Geringste zu ahnen. Obwohl bisher jeder Kandidat scheiterte, melden sich mehr und mehr Menschen, die teilnehmen wollen. Und niemand von ihnen käme auf die Idee, ein Schwindler zu sein.

»Die Kandidaten, die hierher kommen, sind absolut überzeugt von ihren Fähigkeiten«, sagt Martin Mahner. Nichts ist ein größerer Ansporn als das Unmögliche. »Aber bisher hatten wir die Naturgesetze noch jedes Mal auf unserer Seite.«

Inzwischen geben sich Mahner und die Skeptiker kühl, aber freundlich, wenn die Kandidaten nach Würzburg kommen. Es gibt Kaffee und Kuchen für die Teilnehmer. Nur eine Garantie auf eine wissenschaftliche Zertifizierung übersinnlicher Kräfte, die gibt es nicht, keinen Hellseher-Schein, kein Pendler-Diplom.

Mit welchem Selbstbewusstsein die Leute da zu ihnen ins Labor kommen, imponiert Martin Mahner inzwischen kaum noch. Am Anfang, in den ersten Jahren, in denen sie den Test veranstalteten, war das noch anders. »Man lässt sich leicht blenden von der Sicherheit der Leute.«

Damals hatte sich auch jener Wasserenergetisierer zum Test gemeldet, der Mahner wenn nicht ins Wanken, so doch kurz ins Grübeln brachte. Der Teilnehmer behauptete, Leitungswasser durch seine Gedanken so stark mit einer höheren Schwingung aufladen zu können, dass er es anschließend am Geschmack wiedererkenne. Die Skeptiker füllten Leitungswasser in Flaschen ab. Die eine Hälfte durfte der Kandidat energetisieren, die andere blieb, wie sie war. Anschließend wurde das Wasser in 50 Becher gegossen, in 25 kam nach dem Zufallsprinzip das energetisierte Wasser, in die anderen 25 das unbehandelte. Weder der Kandidat noch der Versuchsleiter, der die Antworten protokollieren sollte, waren beim Befüllen der Becher im Raum. Und diejenigen, die die Becher ausgelost und das Wasser hineingegossen hatten, waren beim anschließenden Test abwesend. Verblindung nennt sich dieses Prinzip, weil sowohl Kandidat als auch Versuchsleiter unwissend, also blind sind: Dadurch soll sichergestellt sein, dass niemand dem Kandidaten Signale geben kann, die ihn auf die richtige Fährte locken könnten, und seien es auch nur unbewusste Signale, ein unvorsichtiges Nicken, ein skeptischer Blick. Der einzige Anhaltspunkt ist das Wasser selbst, die Energie, die es enthält – oder eben nicht.

Enthält das Wasser keine Energie oder keine, die sich herausschmecken ließe, würde man also nur raten, würde man bei 50 Gläsern etwa 25 Mal auf das richtige tippen und 25 Mal daneben. Der Kandidat hat 34 Gläser richtig zugeordnet.

Das liegt zwar immer noch näher an 25 als an 50, aber trotzdem waren es so viel mehr als die Hälfte, dass Mahner verblüfft war. Wahre Magie? Oder zumindest Zweidrittelmagie?

Die Skeptiker dachten nach. Sie nahmen ein paar Schlucke des energetisierten Wassers und verglichen den Geschmack mit dem des neutralen Wassers. »Selbst wir hatten den subjektiven Eindruck, dass das energetisierte Wasser etwas weicher auf der Zunge war«, sagt Mahner.

Bloß warum? Echte Schwingungen? Eine Täuschung? Hatten auch ihre Geschmacksnerven sich etwa vom Erfolg des Kandidaten blenden lassen? Oder war es etwas ganz anderes?

Nach vielem Überlegen hatten Mahner und seine Mitstreiter einen Verdacht: Ihnen fiel auf, dass sie bei der Vorbereitung zuerst die Flaschen abgefüllt hatten, die sie dem Kandidaten zum Energetisieren geben wollten, und erst dann das neutrale Wasser. Vielleicht gab es also schon einen Unterschied zwischen dem einen und dem anderen Wasser, noch bevor der Energetisierer seine Gedankenkraft walten ließ, vielleicht lag es an der Reihenfolge des Flaschenbefüllens. »Vielleicht stand das angeblich energetisierte Wasser einfach länger in der Leitung und schmeckte deswegen etwas anders als die andere Hälfte«, meint Mahner. Es ist nur eine Überlegung, eine Möglichkeit, ob es das wirklich war, was den Versuch verfälschte, lässt sich kaum sagen. Vielleicht war der Versuch auch gar nicht verfälscht, und der Kandidat hatte einfach nur genug Glück beim Raten.

Um sicherzugehen, baten die Skeptiker den Energetisierer einige Wochen später noch einmal ins Labor, wiederholten den Versuch und achteten dieses Mal darauf, dass der einzige denkbare Unterschied zwischen energetisiertem und nichtenergetisiertem Wasser allein auf das Wirken des Kandidaten zurückzuführen war. Diesmal war das Ergebnis nicht besser als willkürliches Raten.

Das Vorbild für den Psi-Test stammt aus den USA, wo der Skeptiker James Randi einen ähnlichen Preis ausgelobt hat. Randi kennt das Spiel mit dem Übersinnlichen gut, er hat lange seinen Lebensunterhalt als Bühnenmagier verdient. »Nachdem ich mich mit Zauberkunst beschäftigt hatte«, sagte er einmal in einem Interview, »stellte ich fest, dass manche Leute genau dieselben Tricks anwenden, die auch ich benutze, diese dann aber als übernatürliche Fähigkeiten ausgeben.«[105]

1964 lobte er daher einen Preis aus: 1000 Dollar wollte er demjenigen geben, der ihm wissenschaftlich nachweisen könnte, dass seine Fähigkeiten mehr sind als nur ein Trick. Schnell kamen andere Spender hinzu, die Summe erhöhte sich, zuletzt lag das Preisgeld bei einer Million Dollar. Vor dem Test legen beide Seiten – Kandidat und Randi – die Bedingungen fest: Was ist als Erfolg zu werten, was nicht? Erst wenn alle Beteiligten zustimmen, kann der Versuch beginnen.[106]

So ist es auch in Deutschland. Bevor die Kandidaten im Sommer nach Würzburg an die Uni kommen und ihre Fähigkeiten unter Beweis stellen, verhandelt Martin Mahner mit ihnen über den genauen Versuchsaufbau. E-Mails gehen hin und her. Der eine kann ein Objekt mit der Wünschelrute nicht muten, wenn es mit Plastik abgedeckt ist, die Sensitivität des anderen ist gestört, wenn Metall ins Spiel kommt. Und so weiter und so fort. Kein noch so abwegiger Einwand, der nicht ernst genommen wird – schließlich soll der Kandidat keine Gelegenheit haben, sein Scheitern auf die widrigen Umstände zurückzuführen. Vor dem Test dürfen die Teilnehmer die Räume an der Universität Würzburg sogar ablaufen und auf eventuelle Störfelder kontrollieren. Erst wenn sie einverstanden sind, beginnt das eigentliche Experiment.

***

Wolfgang Raschky will seine Fähigkeiten beim Psi-Test beweisen, indem er mithilfe des Pendels Bio-Eier von konventionellen Eiern unterscheidet. Bio, sagt Raschky, sei eindeutig rechtsdrehend, konventionell dagegen linksdrehend. Das liege daran, dass Bio-Produkte mehr Lichtenergie aufnehmen und mit weniger Chemikalien behandelt werden, nachzulesen unter anderem bei Professor Popp und in weiterer, einschlägiger Literatur.

Und Raschky hat die Sache jahrelang im Alltag getestet. Keinen Supermarkt betritt er ohne sein Pendel. Er lässt es über Eierkartons kreisen, über Gemüse, Obst, Fleisch, über alles, was ihm als »bio« angepriesen wird. Denn vieles davon verdiene diese Bezeichnung nicht, sagt Raschky. Auch deswegen tritt er den Test an: als pendelnder Vorkämpfer für die Rechte der Verbraucher.

Mit Martin Mahner von der Gesellschaft zur wissenschaftlichen Untersuchung von Parawissenschaften hat sich Wolfgang Raschky auf folgenden Versuchsaufbau geeinigt: Unter einer von zehn Pappschachteln befindet sich ein Bio-Ei, das er mit dem Pendel orten muss, unter den übrigen neun Schachteln liegt ein konventionelles Ei. Es gibt dreizehn solcher Reihen mit je zehn Eiern, jeweils einmal »bio« und neunmal konventionell. Die Eier für den Versuch bringt Raschky selbst mit – nicht dass jemand beim Eierkauf auf das falsche Etikett hereinfällt und deswegen der ganze Versuch schiefgeht. Würde er ganz auf das Pendel verzichten und nur raten, dürfte Raschky nach den Gesetzen der Wahrscheinlichkeit etwa 1,3 Bio-Eier an der richtigen Stelle orten.

Die Skeptiker achten auf alles. Das Team, das die Versuchsreihen in einem Hörsaal aufbaut und die Eier nach dem Losverfahren verteilt, ist ein anderes als das, das mit Raschky den Test durchgeht. Beide Teams begegnen sich nicht, beide betreten den Hörsaal durch unterschiedliche Eingänge. Wenn das erste Team die Testreihen aufgebaut hat, klopft es laut und verschwindet. Erst dann betritt der Versuchsleiter gemeinsam mit Wolfgang Raschky den Raum.

Raschky lässt das Pendel an einer langen Kette über die Pappschachteln baumeln, erst hängt es senkrecht, dann rotiert es, erst langsam, dann immer schneller, bis es sich fast in die Horizontale legt. Raschky braucht nicht lange. Links, links, rechts. »Müsste hinhauen«, meint Raschky, als ihn ein Fernsehteam im Anschluss nach seinem Gefühl fragt. »Eindeutig.«[107]

Am Ende werden Raschkys Tipps mit den wahren Positionen der Bio-Eier abgeglichen. Sieben, neun. Drei, eins. Sieben, zehn. Vier, sieben. Kein Bio-Ei hat der Österreicher an der Stelle unter der Schachtel geortet, wo es sich tatsächlich befand. Kein einziges.

Raschky sieht entgeistert von einem Skeptikervertreter zum anderen, zu Mahner, zum Versuchsleiter und zurück.

»Ts«, macht er.

»Merkwürdig, oder?«, sagt der Versuchsleiter.

»Ja«, sagt Raschky.

Dass sich das Pendel trotzdem scheinbar wie von selbst bewegt, mal eindeutig in eine, mal eindeutig in die andere Richtung, ist wissenschaftlich gut erklärbar. Der Impuls geht von der Hand selbst aus, ohne dass man es bemerken würde. Sie nimmt die Bewegung des Pendels minimal vorweg. Schon der Gedanke an eine bestimmte Bewegung kann einen solchen unbewussten Muskelimpuls auslösen. Die Aufschrift »Bio« auf einer Eierschachtel im Supermarkt kann einen solchen Impuls auslösen und das Pendel bewegen, vielleicht auch ein Federflaum, der noch an der grauen Eierschale klebt und wie ein Hinweis auf Naturbelassenheit wirkt oder ekelerregend. Oder es ist irgendeine spontane Fantasie, die das Pendel in eine Richtung schwingen lässt, irgendein Bauchgefühl, begründet oder unbegründet. Nur die Dinge selbst, die sind es nach allen bisherigen Erkenntnissen nicht. Es gibt weder linksdrehende noch rechtsdrehende Strahlung. Unter kontrollierten Bedingungen kann man kein Bio-Ei erpendeln.

Die Erklärung der Skeptiker findet Raschky »irgendwo nachvollziehbar«, erzählt er hinterher, sichtlich geknickt, den anwesenden Journalisten.[108] Die Niederlage nimmt er mit Größe. Keine Selbstverständlichkeit.

Auch Martin Mahner tut es fast ein wenig leid, dass er dem Gärtnereibesitzer aus der Steiermark keine besseren Nachrichten mit auf den Heimweg geben kann. Aber Fakten sind Fakten.

Nur bekehren konnten Mahner und die Skeptiker bisher niemanden. Auch wenn die Kandidaten jedem Detail des Versuchs zustimmen, auch wenn sie vorher das Gelände mit der Rute ablaufen und entstören, auch wenn die Ergebnisse noch so eindeutig ausfallen: Hinterher hat bisher noch jeder Teilnehmer eine Entschuldigung für sein Versagen gefunden. »Der subjektive Erfolg, den diese Menschen über Jahre hatten, steht ihrem Misserfolg unter kontrollieren Bedingungen einfach zu drastisch gegenüber«, sagt Martin Mahner. Illusionen kämpfen ums Überleben. Je erprobter, je gefestigter sie sind, desto mehr.

Es ist ähnlich wie bei meinem Job beim Astro-Portal: Je häufiger ich mit meinen vagen Weissagungen ins Schwarze treffe, desto überzeugter werden meine Kundinnen von meinen Fähigkeiten. Je überzeugter meine Kundinnen werden, desto mehr überzeugen sie mich. Und je überzeugter ich werde, desto überzeugender bin ich für die Kundinnen. Eine Täuschungsspirale, die sich immer weiterdreht, bis das Selbstbild und das Image als Guru irgendwann unverrückbar feststehen.

»Es gibt nach unserem Test zwar immer wieder welche, die kurz ins Grübeln kommen, was denn wirklich an ihren Fähigkeiten dran ist«, sagt Martin Mahner. »Aber wer schon drei Bücher zum Thema geschrieben hat und nahezu sein ganzes Leben mit der Wünschelrute durch die Gegend gelaufen ist, dem fallen schnell Ausreden ein, warum es ausgerechnet bei uns nicht geklappt hat.«

Auch Wolfgang Raschky ist nach dem negativen Testergebnis verunsichert. »Ich muss erst noch aufbereiten, wo der Fehler passiert ist«, sagt er, zurück in Österreich.

Da waren zum Beispiel zwei Personen, die während des Tests zeitweise im Raum waren, nicht Herr Dr. Mahner und die Leute von der Gesellschaft zur wissenschaftlichen Untersuchung von Parawissenschaften, die seien immer freundlich gewesen, aber da waren zwei Helfer, die seien ihm gegenüber »sehr negativ gesinnt gewesen«, meint Raschky. »Von ihnen gingen sehr negative Impulse aus, ich war nahe dran, diese Personen zu ersuchen, den Raum zu verlassen.«

Vielleicht war es das?

Vielleicht, überlegt er, sei der ganze Versuchsaufbau ja so konzipiert, dass man den Test gar nicht bestehen konnte. Denn eine Sache sei ja schon merkwürdig: Bisher hat noch niemand das Preisgeld gewonnen. »Da muss also irgendwo eine Hürde drin sein in dem Test«, meint Raschky. Bloß wo? Die einzige Hürde, sagt Martin Mahner, ist, dass es die behaupteten Fähigkeiten nicht gibt.

Raschky hatte sich nach dem Scheitern in Würzburg bei Experten des Radiästhetenverbandes erkundigt, kluge, kundige Leute, auch von ihnen hat noch niemand den Test bestanden. »Ich brauche mich also nicht zu genieren, zumal es noch niemandem gelungen ist.«

Jedenfalls will er den Versuch daheim in Österreich mit Kollegen noch einmal wiederholen. Sobald sie herausgefunden haben, was das Problem ist, verspricht Raschky, würde er sich noch einmal bei mir melden.

* * *

Man erreicht das Ausflugslokal am See, wo wir uns verabredet haben, über holprige und ungeteerte Straßen. »Ich bin gerne in der Gegend«, hatte sie geschrieben. »Könnte ein sehr energetischer Ort sein.«

Wir sitzen im angebauten Wintergarten mit Kachelboden und Blick auf das diesig ruhende Wasser. Sie bestellt einen Stachelbeerkuchen, ohne Sahne.

»Ich habe etwas mitgebracht für dich«, sage ich, ziehe den Reißverschluss meines Rucksacks auf und reiche ihr mein in Packpapier eingewickeltes Geschenk.

»Für mich?«

»Weil du so begeistert davon warst.«

Sie wickelt das dünne, raschelnde Papier auseinander, etwas silbrig Glitzerndes schält sich heraus. Sie wendet es, betrachtet es von allen Seiten.

»Das sieht ja genauso aus wie das, was du auf der Messe dabeihattest«, sagt sie.

»Das ist das von der Messe«, sage ich.

»Wie heißt das noch gleich?«

»Transzendenzzapfen«, sage ich.

»Wow, danke schön.«

Ein paar Tage nach meinem Auftritt auf der Messe hatte Silvia, die Kundin mit dem lichtgrauen Haar, mir tatsächlich eine E-Mail geschickt. »Es ist mir richtig gut gegangen nach deiner Behandlung«, schrieb sie. »Dein Können hat mir imponiert.«

Ich war irritiert. Ich hatte meine unerwarteten Erfolge, die mir der Weihnachtsbaumschmuck auf der Messe bescherte, allenfalls für Situations-Wellness gehalten, etwas, was sich vielleicht in diesem Moment aus welchen Gründen auch immer für den ein oder anderen wohltuend angefühlt hatte, aber längst nicht so spektakulär fantastisch, dass es irgendjemand in Erinnerung behalten würde. Ich hatte am Abend vor der Messe, als meine Freundin aus dem Lachen nicht mehr herauskam, nicht einmal damit gerechnet, dass man mir meinen Auftritt ernsthaft abnimmt. Dass ich bei irgendjemandem einen nachhaltigen Eindruck hinterlasse, erstaunt mich umso mehr. Sollte ich den Kontakt aufnehmen? Ich wollte es eigentlich bei der Messe bewenden lassen.

Ich antwortete zunächst nicht, aber Silvia schrieb mir ein paar Tage später wieder. »Hier ist noch mal die Frau von der Esoterik-Messe«, schrieb sie. »Meine Freundin und ich haben uns noch mal darüber unterhalten, wie begeistert wir von deiner Methode sind. Ich würde mich sehr freuen, wenn ich von dir hören würde.« Sie fragte, ob ich auch ausbilde. »Ich würde auch gerne so etwas können wie du«, schrieb sie.

Hatte ich da geheilt? Habe ich Kräfte, von denen ich nichts weiß? Sollte ich wirklich auf dem besten Weg sein, ein wahrer Guru zu werden? Nicht dass ich ernsthaft davon ausginge. Aber wieder ist da diese Möglichkeit und mein vages Bedürfnis, sie nicht ganz auszuschließen.

Ich antwortete, dass ich mich sehr freue, dass ihr meine Behandlung so gut bekommen sei. Und ja, ich könne ihr natürlich gern mehr über das Konzept erzählen. Ein Konzept, das ich selbst nicht verstehe. Ein Nicht-Konzept.

Freunde, mit denen ich darüber gesprochen habe, haben mir abgeraten, den Kontakt zu halten. Ich habe geantwortet, dass diese Kundin nicht wie eine labile Esoterikerin auf mich gewirkt habe, nicht wie jene Frau im rosa Fleecepulli, die sich auf der Messe in den Stuhl fallen ließ und mir von ihrer großen Einsamkeit erzählte. Nicht wie jene Anruferin bei der Astroline, die in ihrer Not offenbar ihr letztes Geld bei mir vertelefonierte. Silvia wirkte irgendwie klar, nicht wie eine Frau, die mich als ihre letzte Hoffnung sehen könnte.

Ich weiß, dass das eine schale Rechtfertigung ist, weil dieser Eindruck eben so überhaupt nichts heißen muss. Weil auch starke Menschen sich in esoterischen Welten verlieren können, wenn man nur den richtigen Punkt erwischt.

Andererseits wollte ich es genauer wissen: Wie kommt diese Frau dazu, zu denken, ich hätte besondere Fähigkeiten? Und vor allem: Wie würde sie reagieren, wenn ich ihr sagte, dass ich keine habe? Dass alles nur eine Täuschung gewesen sei. Dass der Karma-Kamm ein Rückenkratzer aus einem Scherzartikelladen ist. Dass der Salzstreuer leer, dass kein feinstofflicher Kraftpuder darin war, gar nichts, nur ein Steinchen, damit es beim Schütteln nach etwas klingt. Dass der Transzendenzzapfen in Wahrheit Christbaumschmuck für 3,95 Euro ist.

Silvia sammelt Krümel des Stachelbeerkuchens mit der Gabel auf. Sie habe einmal einen Kurs im Chakra-Healing gemacht, erzählt sie, nur den Basiskurs leider, die komplette Ausbildung hätte 1200 Euro gekostet. Mein Ansatz komme ihr jedenfalls ähnlich vor wie das, was sie in diesem Kurs gelernt habe. »Du hast die Aura erspürt und dann etwas herausgekämmt«, sagt sie. »Aber wie machst du das genau? Was ist die Idee dahinter?«

Es gibt keine Idee dahinter, möchte ich ihr sagen. Aber ich traue mich nicht. Würde es sie erschüttern, wenn ich es ihr sage? Und wie sehr?

Ich taste mich heran. »Hat dich das wirklich so begeistert?«, frage ich.

»Ich bin immer noch begeistert«, sagt sie. »Ehrlich.«

Ich versuche zu lächeln. Ich will keine Komplimente.

»Aber letztlich«, sage ich, »kommt das alles nur aus dir selbst heraus. Es geht darum, dass die Leute aus sich selbst heraus Kraft schöpfen. Ich habe damit gar nicht viel zu tun. Es gibt da eigentlich kein Konzept.«

Silvia nickt. »Und dass du kein Geld genommen hast«, sagt sie, »gehört das auch zum Konzept?«

»Ich wusste nicht einmal, ob das funktioniert. Wie sollte ich dann dafür Geld nehmen?«

Ich lüge nicht, aber ich habe auch nicht das Gefühl, die Wahrheit zu sagen.

Sie finde das gut, sagt sie, diese Haltung, beachtlich, in dieser Szene, in der jeder jeden mit seinem Können übertrumpfen wolle und viele nur auf das Geld schielen.

Und dann erzählt sie mir, wo ich ihr zuerst aufgefallen sei. Nicht an meinem Stand zwischen der Schamanin und dem Ägypter mit seinen Teemischungen. Sondern unten bei den Toiletten, wohin ich vor meinem eigenen Erfolg geflohen bin. »Ich habe gedacht: Er zieht sich zurück, bewundernswert«, sagt sie.

Ich sehe sie erschrocken an: »Woher weißt du, dass ich mich zurückziehen wollte? Vielleicht musste ich wirklich nur zur Toilette.« Ich fühle mich ertappt, so wie im Hellsehseminar, als Teresa mir zum Klavierspielen riet.

Silvia kichert. »Nein, du hast dich zurückgezogen«, sagt sie. »Und das ist gut so, das ist ehrlich. Du musst darauf achten, dass du deine Energien beisammenhältst.«

Es ist paradox: Mein Hadern mit dem falschen Spiel sieht sie als Beleg meiner Authentizität darin.

»Es war anstrengend«, erkläre ich. »Ich hätte nicht damit gerechnet, dass ich so viel Zuspruch bekomme. Ich musste mich zwischendurch einfach sammeln.«

»Das musst du machen«, sagt sie.

Sie erzählt von ihrer Arbeit in einer Praxis für Physiotherapie und dass sie seit einiger Zeit auch Energie durch ihre Hände fließen lasse, fein dosiert, um sich nicht zu verausgaben. Das sei etwas, das ihr die Bäume im Wald beigebracht hätten.

»Die Bäume?«

»Ja, die Bäume«, sagt sie. »Die haben mir gezeigt, wie man Heilung schenkt. Ich habe meine Hände an die Baumstämme gelegt und plötzlich Bilder bekommen.«

Eigentlich, erzählt Silvia, sei sie schon als Kind hellsichtig gewesen, aber damals wurde ihre Fähigkeit nicht ernst genommen und verschwand mit dem Größerwerden wieder.

Als kleines Mädchen habe sie einmal im Haus ihrer Eltern das Schellen der Türklingel gehört, sie lief die Treppe hinunter und rief: Die Oma ist da. Aber niemand stand da, als sie öffnete. Eine halbe Stunde später klingelte die Großmutter dann wirklich.

Ein anderes Mal habe sie draußen auf der Straße vor dem Haus die Hochzeit eines Elfenprinzen und seiner Elfenprinzessin beobachtet, eine riesige Festgesellschaft aus Elfen und Trollen zog über die Straße, und sie war mittendrin. Bis die Nachbarin sie schließlich fragte, mit wem sie da rede. »Mit dem Brautpaar«, habe sie damals wie selbstverständlich geantwortet. »Da ist niemand«, sagte die Nachbarin schroff.

»Und da war es vorbei, von da an habe ich nie wieder etwas gesehen«, sagt Silvia. Die Welt verlor ihre zauberhafte Doppelbödigkeit, und für Silvia muss es ein schmerzhafter Verlust gewesen sein.

Erst vor wenigen Jahren begann es dann wieder, hier direkt in der Nähe vom Lokal, im Wald, wo sie die Hunde ausführte.

Es war ein Herbstmorgen, neblig, etwa so wie heute, und plötzlich hatte sie inmitten der Bäume eine Vision.

»Eine Vision?«, frage ich.

Sie sieht mich erstaunt an. »Hast du nie Visionen?«

»Doch, doch«, sage ich.

Es sei wie ein Klartraum gewesen, erzählt sie: Sie sah eine Szene aus ihrem früheren Leben, sie, in einem unschuldsweißen Gewand, kurz vor der Hinrichtung, aber interessanterweise sei sie nicht von Angst erfüllt gewesen, sondern von dem Gefühl, verzeihen zu können.

»Okay«, sage ich.

Und dann, sagt Silvia, hätte der Wald ihr eines Tages einen

Kraftort gezeigt. Plötzlich stand da ein Reh vor ihr, als ob es auf sie gewartet hätte. Es sah sie mit großen braunen Augen an, sie näherte sich dem Reh, und als sie ganz nah war, ging das Reh ein Stück weiter und wartete darauf, dass sie folgte. Irgendwann stand Silvia inmitten eines Baumkreises.

»Es ist der Ort des Nichts«, sagt sie.

»Ein Ort des Nichts?«

»Ein Ort, aus dem alles entstehen kann.«

Sie habe später einmal eine Geomantin mitgenommen zu diesem Ort, eine Wahrsagerin, die die Energiefelder der Erde deutet. Sie bestätigte den Eindruck und machte außerdem einen Erddrachen ausfindig, der hier seine Energie verströme.

»Es ist hier ganz in der Nähe«, sagt Silvia. »Ich gehe gerne einmal mit dir dahin.«

Ich nicke. Silvia lässt die Hälfte ihres Stachelbeerkuchens stehen, wir zahlen.

Ich bringe es nicht übers Herz, ihr zu sagen, was es mit dem Transzendenzzapfen und meinem Stand auf der Esoterik-Messe wirklich auf sich hatte. Ich kann die Maske nicht fallen lassen. Aber vielleicht kann ich aus meiner Rolle schlüpfen, indem wir tauschen: Sie führt mich an ihren Kraftort, und ich folge. Sie ist die spirituelle Meisterin, und ich bin Schüler. Das Selbsterhöhungsbedürfnis ist Quelle für Führertum und Gefolgschaft gleichermaßen. In der Esoterik ist nichts leichter als der Seitenwechsel. Ich bin ihr Guru, sie ist meiner.

Es ist Jagdsaison. Um uns herum fallen Schüsse und verhallen in der Dämmerung. Als Stadtkind erschrecke ich jedes Mal, wenn in der Nähe ein Jäger mit der Flinte feuert. Ich finde das Geräusch unheimlich, aber Silvia bittet den Geist des Waldes, uns zu beschützen.

»Ich stelle mir vor«, sagt sie, als wir die ausgewiesenen Wege verlassen, »ich würde mit jedem Schritt ein Pentagramm in den Boden drücken. Um mich mit der Erde zu verbinden.«

Sie bittet mich, möglichst nicht in den Klee zu treten. »Darin leben Feen«, sagt sie.

Silvia geht voran, und ich stapfe ihr nach. Sie bleibt stehen und sieht sich nach mir um.

Wir erreichen eine kleine Lichtung, drei Bäume, die im Dreieck zueinander stehen, der Boden voll mit hellgrünem Moos bedeckt, die Schüsse der Jäger inzwischen weit weg.

»Wie fühlst du dich hier, an diesem Ort?«, fragt Silvia.

Ich fühle nichts, nur ihre Erwartung an mich. Ist das schon der Ort?

»Wie fühlen sich deine Füße an, dein Bauch, deine Beine?«

Ich sehe mich um und frage mich, worauf sie hinauswill.

»Hast du ein mulmiges Gefühl, oder fühlst du dich wohl?«

»Ich würde lieber weitergehen«, sage ich schließlich, weil mir nichts einfällt.

Silvia nickt, und ich bin erleichtert darüber, dass ich offenbar das Richtige gesagt habe.

»Das hier war früher einmal eine Hinrichtungsstätte«, sagt sie. »Hat mir die Geomantin gesagt.«

Wir stapfen weiter und erreichen eine Schneise mit hohem Schilf, die den Wald in zwei Hälften schneidet. Wir durchqueren sie, bis der Wald uns an der anderen Seite wieder verschluckt. Ein Bach schneidet uns den Weg ab. Silvia setzt den Fuß auf einen Stamm, der von kleinen Wellen umspielt im Wasser liegt. Sie testet mit dem ersten Schritt, ob der Stamm fest im Wasser liegt, und mit dem zweiten, wie glitschig das Moos ist. Dann ist sie am anderen Ufer, nimmt einen großen Ast vom Boden und reicht ihn mir herüber. Mit zwei großen Schritten überquere ich das Wasser.

Ich komme mir vor wie ein Kind auf der Suche nach Abenteuern. Ich weiß nicht, ob ich die Vorstellung, in einem Wald voller Elfen und Trolle umherzustreifen, seltsam oder nicht doch ein bisschen romantisch finden will.

Den heiligen Ort betreten wir durch einen Nebeneingang, wie Silvia sagt.

»Man muss um Eintritt bitten«, sagt sie. »Man wird nicht unbedingt hineingelassen.«

Ich imitiere ihre Geste: Ich öffne die Hände und schaue in die Höhe, hinauf in die Baumkronen und darüber hinaus.

»Okay?«, fragt sie.

»Okay«, sage ich.

Wir sind auf einer kleinen Anhöhe im Wald, mächtige Bäume bilden eine Kathedrale, ein Kirchenschiff aus Stamm und Astwerk, in dessen Mitte wir nun stehen.

»Ich gebe dir ein wenig Raum«, sagt Silvia schließlich. Ich sehe mich um, gehe zu einem der Bäume ganz vorne, zur Apsis, und berühre den Stamm. Es fühlt sich an wie ein Baumstamm. Ich versuche zu beherzigen, was ich im Hellsehseminar gelernt habe und Bilder kommen zu lassen, aber ich helfe nach. Ich würde spüren, sage ich nach einer Weile, dass hier ganz viele Lichtwesen über den Boden huschen.

Ihren jetzigen Lebensgefährten habe sie damals, als sie noch kein Paar waren, hierher geführt, sagt Silvia. Auch er habe gefühlt, dass Wesen an diesem Ort seien und ihnen zusehen würden. Und in dem Moment seien tatsächlich welche da gewesen, so wie jetzt, nur stärker, nur tänzerischer. Sie habe gesehen, wie sie gekommen sind, die Wesen, er hatte also recht mit dem, was er da sagte. Von da an war für Silvia alles klar.

»Wenn er an diesem Ort nichts gefühlt hätte, wäre er für mich als Mann nicht infrage gekommen«, sagt sie.

Ich muss schlucken. Ich hätte nicht gedacht, dass die Fähigkeit, auf einer Anhöhe im Wald Elfen tanzen zu sehen, für sie ein Auswahlkriterium in einer Beziehung sein könnte. Mir fällt ein Zitat des englischen Schriftstellers Douglas Adams ein: »Genügt es nicht zu sehen, dass ein Garten schön ist, ohne dass man auch noch glauben müsste, dass Feen darin wohnen?«

Silvia seufzt. Sie sei nicht mehr oft hier gewesen in letzter Zeit. »Der Kraftort ist nicht mehr so stark wie früher«, sagt sie. »Er hat sich verändert.«

Inwiefern verändert?

Sie überlegt. »Früher habe ich hier gestanden und hatte das Gefühl, ich hätte keine Füße mehr. Als würde ich mich ganz auflösen und mit dem Ort eins werden.«

Die Energie habe sich satt und honigfarben und leuchtend angefühlt. Jetzt sei sie zarter, fragiler, wie Honig, der von einem kleinen Spritzer Milch getrübt sei. Die alte Magie sei eines Tages entwichen, sie wisse nicht so genau warum. »Ich war zuerst so in Panik innerlich, dass ich geweint habe«, sagt Silvia.

Sie hat dann die Geomantin angerufen, in der Hoffnung, sie könne helfen. »Sag mir, was los ist«, flehte Silvia sie an.

»Die Erde ändert sich«, habe die Expertin geantwortet. »Auch dein Kontakt zur Erde ändert sich.«

Dann fragt Silvia mich, ob ich davon wüsste, dass es in Deutschland immer noch einen geheimen Druidenorden gebe. Ein Kreis Eingeweihter, abgeschieden von der Öffentlichkeit und dem modernen Leben, der auch ausbilden würde.

Ich schüttele den Kopf. »Nie gehört.«

»Schade«, sagt sie. »Ich habe ja gehofft, dass du ein Druide bist und mir das beibringen könntest.«

Ich bin überrascht.

»Ein Druide? Ich?«

»War nur so eine Vermutung.«

»Nein, leider nicht«, sage ich.

* * *

Es begann damit, dass sie einen Rat suchte für die Beziehung zu ihrem Sohn, auf eine etwas unkonventionelle Art vielleicht, beim Geistwesen. Es endete in einer Gruppe, in der sich jeder der ständigen Gedankenkontrolle durch die anderen ausgesetzt sah. Und in der sie mit einem Mal zu einem Missbrauchsopfer wurde, dass sie nie war.

Der vage Verdacht, der in einer Gruppensitzung aufkommt, als ihrer Schwester schwarz vor Augen wird, entwickelt sich bald zu einer feststehenden Erinnerung, an die Andrea Kappelmann bedingungslos glaubt.

»Es wurde überhaupt nicht hinterfragt, ob dieser Eindruck, den ich hatte, denn stimmt«, erzählt Andrea Kappelmann. Das dunkle Gefühl wird hingenommen als Tatsache, als Hinweis auf etwas Reales. Niemand interpretiert. Niemand zweifelt. Niemand ordnet ein.

Der Umgang mit dem, was Andrea Kappelmann an jenem Tag in der Gruppensitzung wahrnimmt, erinnert mich an das, was die Dozentin im Hellsehseminar gesagt hatte: Wir bewerten die Botschaften nicht, die uns das Universum, die geistige Welt oder vielleicht auch nur unsere Intuition übermittelt. Wir beurteilen nicht, wie passend oder realistisch sie sind. Wir lassen den Verstand außen vor, damit die Erkenntnis ungetrübt bleibt. Unsere einzige Verantwortung ist es, sie sauber und rein zu empfangen. Und wenn die Botschaft Missbrauch heißt, dann heißt die Botschaft nun einmal Missbrauch.

Die folgenden Sitzungen, an denen Andrea Kappelmann teilnimmt, dienen einzig dem Ziel, den vermeintlichen Missbrauch zu vergegenwärtigen. Wann war es? Zu welchen Tages- und Nachtzeiten? Wo, in welchem Zimmer? Auf welche Art?

Je tiefer Andrea Kappelmann sich in die Bilder hineinfallen lässt, je näher sie an die Details heranrückt, desto stärker vermischen sie sich mit ihren Erinnerungen an Dinge, die tatsächlich stattgefunden haben. Sie werden ununterscheidbar in ihrem Kopf. Ein Wahn wird zum Teil des biografischen Gedächtnisses.

Und diese Biografie beginnt Form anzunehmen. Der Missbrauch soll seinen Anfang genommen haben, als Andrea Kappelmann fünf Jahre alt war. Mehrfach habe ihr Vater sie vergewaltigt, bis zum Ende der Grundschulzeit etwa. Die Mutter soll die ganze Zeit davon gewusst und geschwiegen haben.

Dass nach einigen Wochen zwei Drittel der Mitglieder in der Gruppe der Auffassung sind, sie seien ebenfalls Missbrauchsopfer, macht Andrea Kappelmann nicht stutzig. Im Gegenteil. Dass andere von ähnlichen Erlebnissen berichten, bekräftigt nur das, an was sie sich zu erinnern meint. »Für uns war das einfach ein Fakt«, sagt sie.

Wissenschaftler wissen mittlerweile gut darüber Bescheid, wie sehr uns unsere vermeintliche Erinnerung in die Irre führen kann. Das Gedächtnis ist kein Archiv, wie man lange meinte, kein Abbild dessen, was sich in unserem Leben ereignet hat. Es schreibt Erinnerungen ständig um, schmückt sie aus, lässt entscheidende Details weg – oder entwirft Ereignisse, die nie stattgefunden haben. Wie das funktioniert, hat die amerikanische Psychologin Elizabeth F. Loftus mit ihren Forschungen gezeigt.

In einer ihrer Studien beispielsweise sollten die Probanden sich an Erlebnisse aus der Kindheit erinnern. Loftus sammelte dafür zunächst bei Verwandten der Versuchspersonen Geschichten ein. Anschließend legte sie die Schilderungen den Probanden vor und bat sie, sich an weitere Details zu erinnern. Nicht alle der vier Kindheitsgeschichten, die sie den Versuchspersonen präsentierte, beruhten auf den Erzählungen der Verwandten, eine der Anekdoten war frei erfunden: der Vorfall im Kaufhaus. Die Probanden hatten sich demnach angeblich im Alter von fünf Jahren einmal in einem Kaufhaus verirrt, sie weinten, eine ältere Frau tröstete sie, bis sie schließlich wieder mit ihren Eltern zusammenfanden. Das Erstaunliche: Sieben der vierundzwanzig Teilnehmer der Studie meinten tatsächlich, sich an die Begebnheit erinnern zu können, obwohl sie fiktiv war.[109]

Weitere Untersuchungen stützen die These von der Täuschbarkeit unserer Erinnerung. In einer Studie etwa präsentierten die Forscher ihren Probanden neben wahren Kindheitserlebnissen zum Beispiel auch die Anekdote, sie hätten einmal auf einer Hochzeit eine Schüssel Punsch umgekippt und damit einen riesigen Trubel ausgelöst. Im ersten Interview kam den meisten Versuchsteilnehmern die Geschichte seltsam vor. »Ich habe keine Ahnung. Davon habe ich noch nie gehört«, meinte ein Teilnehmer, als die Forscher ihm die Hochzeitsanekdote zum ersten Mal erzählten. Beim nächsten Interview meinte dieselbe Versuchsperson bereits sich an Details erinnern zu können: »Es war eine Hochzeitsfeier im Freien, und ich glaube, wir rannten herum und stießen etwas um, die Punschschüssel oder so, und wir richteten ein großes Durcheinander an; natürlich wurden wir auch gehörig ausgeschimpft.«[110] Im dritten Interview war sogar ein Viertel aller Befragten davon überzeugt, das Ereignis habe sich tatsächlich so zugetragen.

Manchmal reicht es schon aus, die Fantasie ein wenig anzuregen, um falsche Erinnerungen zu erzeugen. In einer ihrer Untersuchungen legten Loftus und ihre Kollegen den Versuchsteilnehmern eine Liste mit 40 potenziellen Kindheitserlebnissen vor. Es handelte sich um Erfahrungen wie die, einen schlechten Haarschnitt bekommen zu haben, in der Notaufnahme gewesen zu sein oder ein Haustier gewonnen zu haben. Die Befragten sollten auf einer Skala angeben, für wie wahrscheinlich sie es hielten, dass das jeweilige Ereignis in ihrer Kindheit stattgefunden hat. Zwei Wochen später bat Loftus die Probanden erneut zu sich und machte eine Fantasieübung mit ihnen. Die Teilnehmer sollten sich vorstellen, sie seien beim Spielen zu Hause über etwas gestolpert und hätten dabei eine Fensterscheibe zerbrochen. Die Studienleiter fragten immer wieder genau nach, um das Vorstellungsvermögen der Teilnehmer anzuregen: Worüber stolperten sie? Wie haben sie sich gefühlt? So ähnlich wie meine Reinkarnationstherapeutin, die immer wieder nachfragte, wie die Situationen aus meinem Mönchsleben abgelaufen seien und wie es mir dabei ergangen sei. So ähnlich, wie Andrea Kappelmann sich immer wieder Details des angeblichen Missbrauchs vorstellen sollte.

Als Loftus den Teilnehmern den Fragebogen kurz darauf noch einmal vorlegte, waren die Ergebnisse plötzlich ganz andere als beim ersten Durchgang ohne Fantasiereise: »In einer Studie gaben 24 Prozent der Teilnehmer, die sich in diese Szene versetzt hatten, später eine erhöhte Wahrscheinlichkeit dafür an, dass sie das alles selbst erlebt hätten; hingegen meinten das nur 12 Prozent derjenigen, die man nicht aufgefordert hatte, sich die Geschichte mit der Fensterscheibe vorzustellen«, schreibt sie.[111] »Offensichtlich wird einem ein intensiv vorgestelltes Ereignis scheinbar vertrauter, und diese Vertrautheit bringt man dann irrtümlich mit Kindheitserinnerungen in Verbindung statt mit dem Vorstellungsakt.«

Ihre Forschungen haben die Psychologie weitergebracht, aber Loftus selbst zur nicht unumstrittenen Aktivistin werden lassen. In Gerichtsprozessen in den USA schlägt sie sich als Gutachterin auf die Seite mutmaßlicher Vergewaltiger, wofür sie teilweise bespuckt und beschimpft wird. Ihre Kritiker fürchten, dass ihr Einsatz dazu führt, dass zu viele Täter ungestraft davonkommen. Sie aber sagt: »Besser zehn Schuldige freisprechen als einen Unschuldigen einsperren.«[112]

Andrea Kappelmann, ihre Schwester und ihr Bruder suchen mit ihrer Geschichte einen Anwalt auf, der sich sofort der Sache annimmt. So überzeugend treten die Geschwister in der Kanzlei auf, so überzeugt sind sie von ihrer vermeintlichen Erinnerung. Dass keine Anklage erhoben wird, liegt nur daran, dass der Missbrauch, hätte er wirklich stattgefunden, inzwischen verjährt gewesen wäre.

Die Geschwister greifen zur Selbstjustiz. Die Eltern, die sie nicht verklagen können, beschimpfen sie, brüllen sie nieder am Telefon, schreiben ihnen böseste Briefe. Und nicht nur ihnen. Freunde und Verwandte der Eltern bekommen offene Karten. Unsere Eltern sind Kinderschänder, steht darauf, für jedermann sichtbar, auch für den Briefträger.

Wie viele solcher Karten sie damals geschrieben haben?

»Einige«, sagt Andrea Kappelmann.

Dass die Angegriffenen nicht wissen, wie ihnen geschieht, wirkt wie eine Bestätigung der Vorwürfe.

Auch mit den Eltern der anderen vermeintlichen Missbrauchsopfer der Gruppe wird so verfahren: Hassbriefe, Wutanrufe, offene Schmähkarten. »Wahrer Psychoterror«, sagt Andrea Kappelmann heute.

Insgeheim leidet aber auch sie selbst unter dem Psychoterror der Gruppe. Nicht dass sie an irgendetwas zweifeln würde, nicht an der Lebensberaterin und deren seherischen Fähigkeiten, nicht an Seth und auch nicht an dem Missbrauch, den sie minutiös aus ihrer Erinnerung heraus seziert zu haben schien. Es ist schwer zu beschreiben, wie die absolute Gewissheit mit der Verunsicherung zusammenpasst, die das Leben in der Gruppe bei ihr auslöst.

Vielleicht ist es das Prinzip, nach dem die Gruppe funktioniert, die ständige Kontrolle der Gedanken und Gefühle, die sie verwirrt. Auch wenn sie das Ergebnis stets mitträgt, der Weg dahin bringt sie immer wieder durcheinander. Die Gruppenmitglieder zerlegen ihre Empfindungen und fügen sie neu zusammen, zu einer steinharten Fassade, die vielleicht deswegen so unerschütterlich ist, weil sie sich von der anderen Seite so brüchig anfühlt. Die neuen Überzeugungen erwachsen einem inneren Zwiespalt, den Andrea Kappelmann mit der Zeit immer stärker spürt.

Was macht man, wenn alle um einen herum sagen: Sieh genau hin.

Man aber gar nichts sieht.

Und alle darauf nur erwidern: Dann sieh noch genauer hin.

»Wenn zwölf Menschen um einen herum sagen, dein Gefühl ist aber ganz anders, als du gerade meinst, dann richtet das ein solches Chaos in einem an«, sagt Andrea Kappelmann. »Irgendwann schwimmt man vollkommen.«

Andrea Kappelmann, die von Anfang an für ihre Zögerlichkeit gescholten wurde, traut sich selbst kaum noch über den Weg. Es ist schwer zu sagen, wann die Verunsicherung einsetzt, noch vor der Entdeckung des angeblichen Missbrauchs oder erst langsam danach. Seth und die Gruppe werden zu einer Autorität, und Andrea Kappelmann selbst wird sich vielleicht genau deswegen fremder.

Die Gruppe unterstützt sie im Kampf gegen die Eltern, die vermeintlichen Kinderschänder, und schilt sie, weil sie nicht schnell genug folgt auf dem Weg der Erleuchtung.

Wenn es ein Schlüsselerlebnis gibt, dann ist es vielleicht jener Silvesterabend, den sie gemeinsam verbringen. Eine Frau aus der Gruppe hat einen Saal in Köln angemietet, für viel Geld, eine wohlhabende Frau, der, wie Andrea Kappelmann später einmal hört, heute nichts mehr von ihrem Vermögen geblieben sein soll.

Andrea Kappelmann bringt ihren jüngsten Sohn, der inzwischen etwa elf Jahre alt ist und den sie alleine großzieht, mit zu der Feier. Sie will sich mit ihm an einen Tisch setzen, doch sofort trennt man sie voneinander.

Nein, auf keinen Fall, sagt die Lebensberaterin, sie dürfe nicht neben ihrem Sohn sitzen. Wegen der destruktiven Ausstrahlung, ihrer negativen Energie, dem Zögernden, dem Zaudernden an ihr. Das tue dem Jungen nicht gut. Man weist Andrea Kappelmann einen Platz ganz außen zu.

»Es ist furchtbar, wenn eine Mutter vor den Augen aller von ihrem Sohn getrennt wird«, sagt Andrea Kappelmann. »Grauenvoll.«

Um zwölf stoßen sie auf das neue Jahr an – und auf ihren gemeinsamen großen Plan.

Sie wollen umziehen, in ein Haus nach Berlin, das die betuchte Dame, die auch den Saal zum Feiern gemietet hat, für die

Gruppe gekauft hatte. Wirklich Großes würden sie dort bewirken, in der Hauptstadt. Was, wird nicht genau gesagt. Großes halt.

Der engere Kern der Gruppe würde gemeinsam mit dem Medium das Haus beziehen, die Übrigen wohnen zumindest in der nächsten Nachbarschaft. Es ist ein Schritt, für den man die Stelle kündigen und alte Bindungen aufgeben muss.

Andrea Kappelmann zögert. Na ja, sagt sie, einen Umzug könne sie sich eigentlich gerade nicht leisten, ihr Mann zahle kaum Unterhalt. Und ihr Sohn habe gerade erst einen Schulwechsel hinter sich.

Vielleicht, sagt sie heute, waren das schon damals Vorwände. Vielleicht wollte sie die Gruppe bereits verlassen, ohne dass es ihr bewusst war.

Das Medium jedenfalls wähnt darin gleich Ausreden, eine Misstrauensbekundung. Sie setzt ihr ein Ultimatum. Entscheide dich, ob du mit uns weiterarbeiten willst. Ob du bereit bist, den nächsten Schritt zu tun. Ob du zu uns gehörst. Oder nicht.

»Es ging mir extrem schlecht, ich habe geheult«, sagt Andrea Kappelmann heute. »So schizophren es klingt, aber ich hätte alles dafür getan, in dieser Gruppe zu bleiben.«

Sie ruft die Gruppenleiterin an, will sich für ihre Zweifel entschuldigen, aber das Medium geht nicht ans Telefon, lässt sich verleugnen. Gerade nicht zu sprechen, wirklich nicht.

Andrea Kappelmann schreibt einen Brief, schickt ihn per Express, damit er pünktlich vor Ablauf der Bedenkzeit eingeht. Sie schreibt: Ich setze alles daran, meine Arbeit fortzusetzen.

Ihr Bruder, den sie einst zur Gruppe geführt hat und der inzwischen zu einem der eifrigsten Jünger des Mediums geworden ist, ruft sie an und richtet ihr aus, dass es zwecklos sei. »Du wirst das nicht schaffen.«

Von ihrer Schwester, die ebenfalls der Gruppe verfallen ist, erhält Andrea Kappelmann einen Abschiedsbrief, der letzte Satz lautet: »Du bist ab jetzt nicht mehr meine Schwester.«

Nachdem die Gruppe sie »entsorgt« hatte, wie Andrea Kappelmann es ausdrückt, lebt sie ein halbes Jahr lang in ständiger Angst. Vor Drohbriefen. Vor Anrufen. Vor offenen Karten. Vor

Seth und dem allgegenwärtigen Blick. Vor den Gedanken der anderen. Nur die Arbeit im Krankenhaus, sagt Andrea Kappelmann, habe sie davor bewahrt, vollkommen durchzudrehen. Wenn sie auf der Station ist, kann sie nicht ins Grübeln verfallen.

Irgendwann beginnt Andrea Kappelmann eine richtige Psychotherapie. Wegen ihrer Erlebnisse in der Gruppe. »Und außerdem«, sagt sie gleich in der ersten Sitzung, »bin ich Missbrauchsopfer.« Sie arbeiten heraus, dass es kein Geistwesen namens Seth gibt. Dass niemand ihre Gedanken und Gefühle kontrolliert. Und dass es auch niemals einen Missbrauch gab.

An einem Weihnachtsfeiertag besucht ihr älterer Sohn sie, wie jedes Jahr, aber dieses Mal bringt er einen Blumenstrauß und ein Couvert mit einem Brief mit, den die Großeltern, bei denen er am Morgen zum Frühstück gewesen ist, ihm mitgegeben haben. Gib das bitte deiner Mama, sagten sie.

Andrea Kappelmann beschließt noch am selben Tag, ihre Eltern anzurufen, trotz der Scham, trotz des quälenden Gewissens wegen der falschen Anschuldigungen. »Ich habe mich mit meinem Namen gemeldet, und am anderen Ende war Totenstille.«

Heute sind Andrea Kappelmann und ihre Eltern wieder versöhnt. Von ihren beiden Geschwistern hat sie nichts mehr gehört, bis heute nicht. Die Spur verliert sich, als die Gruppe nach Berlin zieht, zu zehnt folgen sie dem Medium, auch die Geschwister sind darunter. Irgendwann, das hat Andrea Kappelmann über ein paar Ecken gehört, genau weiß sie es nicht, soll die Gruppe Berlin verlassen haben und inzwischen in der Eifel residieren. Wo genau, ist unbekannt.

* * *

In meiner Arbeit als Berater beim Astroportal gehe ich ziemlich pragmatisch vor, seit ich gemerkt habe, dass sich vieles in den Anfragen wiederholt. Ich kopiere meine neuen Antworten aus alten zusammen, tausche den Namen aus, nehme leichte Abwandlungen am Text vor und stelle sie als maßgeschneiderte Wahrsagerei dar. Dorothea zum Beispiel ist wegen der vielen lobenden Bewertungen auf mich aufmerksam geworden, so dass sie meine Beratung nun ebenfalls einmal ausprobieren möchte. »Es geht um eine Beziehung zu einem Mann, die beendet ist, mich aber einfach nicht loslässt«, schreibt sie mir. »Was hat es damit auf sich? Könnte es wieder zu einem Kontakt kommen? Ich weiß, das ist eine schwierige Frage, aber vielleicht magst du einfach einmal schauen, was du übermittelt bekommst.«

Auch Caro schickt mir ein paar Fragen zum Thema Liebe: »Wird mein Herzensmann wieder auf mich zukommen?«, möchte sie wissen. »Bekommen wir eine neue Chance? Was empfindet er? Was kann ich tun, um diese Liebe mit ihm zu leben? Werden wir uns wiedersehen? Wenn ja, wann?«

Ich schicke beiden Kundinnen dieselbe Antwort, fast bis aufs Wort identisch, eine Antwort, die ihnen einerseits das sagt, was sie hören möchten und die trotzdem alles im Ungefähren lässt. Und die nicht mit Schmeicheleien geizt.

»Ich sehe, dass du sehr enttäuscht und verletzt von dem Mann bist, den du immer noch liebst und nicht loslassen kannst, und dass dich das plötzliche Ende eurer Beziehung stark aus der Bahn geworfen hat«, schreibe ich an Caro, schreibe ich an Dorothea. »Sei dir bewusst, dass es auch ihm nicht leicht gefallen ist. Auch er weiß in seinem Innern, was für eine ungewöhnliche Frau er in dir gefunden hat. Nimm dir die Zeit, die du brauchst, um die Beziehung zu verarbeiten, aber bleibe offen für neue Möglichkeiten. Ich sehe, dass es durchaus wieder zu einem Kontakt zwischen euch kommen kann, wenn ihr eure Gefühle geklärt habt.«

Und weiter schreibe ich: »Ich kann dir nicht sagen, ob das direkt wieder zu einer Beziehung führen wird, vielleicht wird es auch erst einmal freundschaftlicher Kontakt. Er ist ein sehr bodenständiger Mensch, der gerade deswegen stark von deiner Spiritualität profitieren kann.«

Beinah hätte ich vergessen, die Namen der Männer, um die es geht, auszutauschen. In Dorotheas Fall heißt er Heinz, in Caros Fall Thomas. Im letzten Moment wechsle ich die Männernamen aus, klicke auf »Senden«. Und beide Kundinnen sind begeistert.

»Eine klasse Beratung«, schreibt mir Caro. »Wie du unsere Beziehung und seine Denkweise erklärt hast, stimmt absolut. Dass wir noch einmal in Kontakt kommen werden, das sagt mir auch meine eigene Intuition. Übrigens habe ich mittlerweile einen anderen Mann kennengelernt, den du ja bereits zu sehen scheinst.«

Dorothea dankt mir für meine Worte, »von ganzem Herzen«. »Es ist schon unglaublich, wie du mich beschrieben hast, obwohl du nur meinen Namen wusstest.« Sie schildert mir gleich weitere Details ihrer Beziehung zu Heinz, die kurz gewesen sei, aber magisch, wie sie sagt, sehr intensiv. »Ich habe noch nie eine so tiefe Verbundenheit gespürt wie mit ihm.«

Dass das Wahrsagen so gut, so mühelos funktioniert, sagt der Psychologe Ray Hyman, hat gar nicht unbedingt mit der Leichtgläubigkeit oder Naivität der Kunden zu tun. Im Gegenteil: Um in vagen Deutungen einen Bezug zum eigenen Leben zu erkennen, bedürfe es sogar eines gewissen Maßes an Intelligenz und Kreativität. Es ist ein Vorgang ähnlich wie beim Interpretieren von Gedichten: Aus den vielen möglichen Bedeutungen der Verse suchen wir nach der passenden. Der Erfolg des Hellsehens resultiert Hyman zufolge vor allem aus der Tatsache, dass wir immerzu bestrebt sind, einen Sinn in allgemeinen widersprüchlichen und unvollständigen Aussagen zu erkennen.[113]

Wie gut dieses Prinzip funktioniert, zeigte der deutsch-amerikanische Informatiker Joseph Weizenbaum, der ein Computerprogramm entwickelte, das in der Lage war, menschliche Kommunikation zu imitieren. Eliza hieß das Programm, und Weizenbaum baute es so auf, dass es Stichwörter aufgreifen und allgemeine Rückfragen stellen konnte. Die Person vor dem Computer tippt etwas ein, das Programm antwortet. Der Nutzer denkt aber, er unterhalte sich zum Beispiel mit einem Psychotherapeuten. Weizenbaum beschreibt, wie eine Frau reagiert, die an seiner Studie teilnimmt und denkt, die Antworten, die der Computer gibt, stammten von dem Psychologen, bei dem sie in Behandlung ist.[114]

»Männer sind doch alle gleich«, tippt die Frau.

»Inwiefern?«, fragt der Computer.

»Sie gehen dir immer mit irgendetwas auf den Wecker.«

»Denken Sie an ein bestimmtes Beispiel?«

»Mein Freund zum Beispiel hat mich hierher kommen lassen.«

»Ihr Freund hat Sie hierher kommen lassen?«

»Er sagt, ich sei die meiste Zeit über depressiv.«

»Es tut mir leid, dass sie depressiv sind.«

»Es stimmt. Ich bin unglücklich.«

Weizenbaum war erschrocken, wie gut die simulierte Kommunikation funktionierte, und wurde fortan zu einem der größten Kritiker der künstlichen Intelligenz. Mich erinnern seine Versuche stark an meine simulierte Hellsichtigkeit. Meine Wahrsagungen von der Stange empfinden die Kundinnen ebenfalls als persönliche, maßgefertigte Antworten auf ihre Probleme.

Ich merke, dass es mich auf eine eigenartige Weise traurig stimmt, dass ich den Hunger nach Sinn mit aufgewärmter Fertighellseherei stillen kann. Dass es so wenig Magie dazu braucht und noch nicht einmal viel Einfühlungsvermögen, solange man nur die richtigen Mittel anwendet. Sogar einen Computer könnte man mit der richtigen Programmierung zum Hellsehen bringen.

Besonders befremdend ist es, dass meine Klientinnen auf diese Weise tatsächlich Vertrauen zu mir fassen. Es hat nicht lange gedauert, bis ich meine ersten Stammkunden habe.

Susanne, 37 Jahre, Heilpraktikerin, schreibt mir zum Beispiel, dass sie vor ein paar Tagen in einer Discothek einen Mann namens Jan kennengelernt habe. »Und der geht mir jetzt nicht mehr aus dem Kopf.«

Ich schicke ihr meinen Text, und sie bewertet mich mit der höchsten Punktzahl. Ein paar Tage später ruft sie an.

»Ich habe noch einmal eine Frage zu meinem Herzensmann«, sagt sie.

»Zu Jan?«

»Er hat sich noch nicht gemeldet.«

»Ja«, sage ich. Und improvisiere: »Er will sich rar machen. Er will dich zappeln lassen und testen, wie lange es dauert, bis du dich meldest. Bleib da ganz cool.«

»Ich habe seine Nummer auch gar nicht«, sagt sie.

Ich steuere meine Beratung schnell um: »Das war klug von dir. Du hättest dich ja sonst sofort gemeldet, wenn du dir seine Nummer hättest geben lassen.« Ich halte kurz inne. »Er braucht einfach ein bisschen länger«, sage ich.

»Was meinst du, wie lange?«

»Ende nächster Woche könnte sich etwas ergeben«, sage ich. »Das kommt aber darauf an, wie gelassen du bleibst.«

Einige Zeit später schreibt Susanne mir eine Mail. »Ich habe jetzt seit zwei Wochen nichts von Jan gehört«, steht darin. »Kann ich mich so getäuscht haben? Wie geht es weiter?«

Ich erahne so langsam das Prinzip. Hat man einmal den Eindruck der Hellsichtigkeit erweckt, wollen die Kunden es immer genauer wissen. Die Beratungswünsche werden konkreter, man rutscht tiefer hinein in den Alltag der Person am anderen Ende der Leitung. Die Autorität des Wahrsagers wächst, und je detaillierter die Fragen werden, desto heikler werden auch die Antworten.

Die Portale wiederum übernehmen keine Haftung für das, was in den Beratungen geschieht. Mein Arbeitgeber, der immerhin den Großteil meiner Gesprächserlöse bekommt, schreibt in seinen Geschäftsbedingungen: »Die Verantwortung für die durch einen Berater verbreiteten Inhalte liegen ausschließlich und alleine bei diesem.« Ähnliche Klauseln gibt es bei allen Anbietern.

Bei Marktführer Questico, der sich öffentlich dafür rühmt, hohe Qualitätsstandards an seine freiberuflichen Mitarbeiter anzulegen, heißt es in den Geschäftsbedingungen etwa, die »Befolgung von Ratschlägen aus einer Auskunft« liege außerhalb der Verantwortung des Unternehmens. »Jeder Kunde handelt insofern auf eigene Verantwortung.«[115]

Meine Kollegin Nora Isis erzählt mir im internen Beraterbereich meines Astroportals von einer Kundin, die wieder und wieder anruft.

»Sie ruft alle paar Tage an, seit Juni, 31 Mal schon«, schildert mir Nora Isis. »Sie hat Streit mit den Nachbarn. Wer die Treppe putzt. Und sie hat sich in ihren Arzt verliebt.«

»Du kennst ihr Leben auswendig«, sage ich.

»Ja«, seufzt Nora Isis. »Sie fragt, wann sie endlich mit ihrem Arzt zusammenkommt. Ob er sie als Mitarbeiterin in seiner Praxis einstellt. Wann er seine Frau für sie verlässt.«

»Und was sagst du ihr?«

»Seine Ehefrau hat ihn im Griff. Sie muss noch Geduld haben. Aber sie ruft alle paar Tage bei mir an und fragt nach.«

»Weiß der Arzt davon?«

»Nein, sie haben privat überhaupt nichts miteinander zu tun. Sie fantasiert sich da eine Traumwelt zusammen.«

»Sagst du ihr das so direkt?«

»Nicht wirklich.«

»Sondern? Hab Geduld?«

»Ja.«

»Ist es nicht wahnsinnig teuer für eine arbeitslose Frau, wenn sie dich ständig anruft?«, frage ich.

»Ja, aber da kümmert sich das Portal drum. Da gab es bisher keine Probleme. Sie ist volljährig und für sich selbst verantwortlich.«

»Warum sagst du ihr nicht, dass du nichts für sie tun kannst?«

»Das würde sie nicht verstehen«, sagt Nora Isis. »Wenn sie nicht bei mir anruft, nimmt sie einfach einen anderen Berater. Damit wäre sie auch nicht weiter. Und mir würde sie nur eine schlechte Bewertung geben.«

Silke, die Sängerin, der ich dank Google so viel aus ihrem Leben sagen konnte, weil sie mir beim ersten Mal gleich ihren vollen Namen geschickt hatte, ist ebenfalls von meiner medialen Begabung überzeugt und möchte mehr erfahren. »Das mit meiner musischen Ader hast du ja ganz richtig erkannt«, schreibt sie mir. »Dieses Mal würde ich gerne genauer wissen, wie es mit meiner Arbeit weitergeht. Meine ehemaligen Kollegen meinten, ich sollte wieder zurückkommen, wegen des Geldes«, schreibt sie. Ich schreibe ihr, dass sie an ihr Potenzial glauben soll und alle ihre Entscheidungen reiflich überlegen möge, außerdem schicke ich ihr, wie immer, »viel Licht und Liebe«.

Kurz darauf erkundigt sie sich, ob ich ihr raten würde, sich ganz auf die Selbstständigkeit als Musikerin zu konzentrieren.

So richtig laufen würde das nicht, Geld komme kaum dabei herum. Deswegen schrecke sie davor zurück. »Ich würde gerne wissen, was du dazu siehst und reinbekommst.«

Ich fühle mich überfordert von der Macht, die ich habe. Ich rufe eine Mitarbeiterin des Portals an, weil ich wissen möchte, was sie mir empfehlen würden. Soll ich einer Kundin zu einem neuen Beruf raten, in dem sie sich vielleicht schlechter stellt? Was, wenn mich jemand fragt, ob er seine Stelle kündigen oder seinen Partner verlassen soll? Soll ich da einfach drauflos beraten, was mir gerade in den Sinn kommt?

»Oh ja, da hatten wir schon krasse Fälle«, sagt mir die Mitarbeiterin des Portals. »Vielleicht sagen Sie besser eher so etwas wie: Denken Sie noch einmal in Ruhe darüber nach.«

»Und wenn die Kunden einfach weiter fragen?«

»Dann hilft manchmal ein klares Wort.«

Ich denke an das, was Nora Isis mir sagte: dass ein klares Wort schnell eine schlechte Bewertung nach sich ziehe.

»Aber es gibt da keine Vorgaben von Ihnen?«, frage ich.

»Nein«, sagt die Frau vom Portal. »Da geht jeder Berater selbst mit um. Sie brauchen etwas Fingerspitzengefühl, aber das kommt schon noch.«

Vielleicht, denke ich, ist es besser, wenn ich auf weitere Selbstanmaßung verzichte und meinen Berater-Job an den Nagel hänge. Dem Portal-Team schreibe ich eine knappe Mail, dass ich meinen Account gerne kündigen würde.

Meine Bilanz nach etwa einem Monat als spiritueller Lebensberater auf dem Portal: 19 Kunden, ausschließlich Frauen, insgesamt 25 Beratungen, teils telefonisch, teils per Mail. Mein Verdienst in dieser Zeit abzüglich Portalgebühr: 17,25 Euro.

Warum ich gehen möchte, interessiert die Mitarbeiter ebenso wenig wie die Frage, warum ich mich vor einigen Wochen überhaupt als Berater beworben habe. »Wir haben Ihren Berater-Account gesperrt und wünschen Ihnen weiterhin alles Gute und viel Erfolg«, heißt es in der Mail. »Wenn Sie wieder Interesse an unserem Portal haben sollten, dann melden Sie sich kurz.«

Schluss

Ich bin nicht unvoreingenommen hineingegangen in die Welt der Hellseher, Kartenleger, aufgestiegenen Meister und Erzengel. Ich habe nie an ihre Magie geglaubt und tue es auch jetzt nicht. Und auch während des Versuchs hat sich immer etwas in mir gesträubt. Die meiste Zeit war es kein Genuss, sich im Dunstkreis Erleuchteter zu bewegen. Was so viele Menschen an der Esoterik fasziniert? So ganz kann ich es mir immer noch nicht erklären.

Aber doch ein wenig.

Denn trotz dieses Unbehagens, das ich nicht ganz abschalten konnte, gab es doch einige kurze Momente, in denen ich mich als Teil der Szene gefühlt habe. Die Beraterin bei Questico, mit der mich angeblich dasselbe Talent verband, die Aussteller auf der Esoterik-Messe, die mich als Teil ihrer Gemeinschaft betrachteten, die Seminarteilnehmer, mit denen ich ein Wochenende lang mehr oder weniger erfolgreich, aber mit allem erforderlichen Ernst das Hellsehen einübte – ihrer aller Freundlichkeit war Gift für meine Skepsis. Selbst wenn es der größte Unsinn ist, an den sie glauben: Wie rebelliert man gegen Menschen, die einen so nett anlächeln? Stattdessen habe ich mich zeitweise eher schuldig gefühlt, weil ich sie für meinen unaufrichtigen Versuch benutzt habe.

Es wäre übertrieben zu sagen, ich wäre zwischenzeitlich drauf und dran gewesen, an meine eigenen übersinnlichen Fähigkeiten zu glauben, geschweige denn an die der anderen. Aber ich habe schnell gemerkt, wie nahe doch die Versuchung liegt, wenn eine Wahrsagung, die man erhält, plötzlich zuzutreffen scheint oder wenn die Kundinnen, die ich selbst beraten habe, über das, was ich ihnen erzählte, nur so jubelten. Selbst ich hatte kurz überlegt, ob die vernünftigen Erklärungen für das Übersinnliche vielleicht zu relativieren sind. Sind sie natürlich nicht.

Wir lassen uns leichter täuschen, als wir selbst vermuten. Man kann Weihnachtsbaumschmuck für ein Instrument zur Bündelung kosmischer Heilenergien halten. Man kann in dem, was einem etwas spontaner als gewöhnlich durch den Kopf geht, eine göttliche Eingebung erkennen. Man kann vom Ausschlag eines Pendels auf die Existenz mysteriöser Erdstrahlen schließen. Die selbsterlebte Bestätigung lässt sich nicht so schnell erschüttern. Eine Täuschungsspirale dreht sich schneller, als man ihr entgegenwirken kann. Zum Erfahrungsfundamentalisten wird man leicht.

Gerade deswegen bin ich erschrocken über die Unbekümmertheit, die sich eingestellt hat im Umgang mit der Esoterik. Darüber, dass Ganzheitlichkeit und Spiritualität zu so positiv konnotierten Begriffen geworden sind. Man kann es ja einfach mal probieren, sagt man. Und wenn es nichts ist, dann ist es eben nichts.

Dieses Wohlwollen kommt der Täuschung natürlich entgegen. Man muss heute nicht einmal ein Betrüger sein, um den Menschen auf einer Esoterik-Messe das Geld aus der Tasche zu ziehen. Meine Aura-Restrukturierung mittels Karma-Kamm und Transzendenzzapfen hätte auch funktioniert, wenn ich tatsächlich daran geglaubt hätte, wahrscheinlich sogar noch besser.

Vielleicht würde es als Faustregel weiterhelfen, wenn man nicht mehr einfach so vom Unmöglichen als Möglichkeit ausgeht. Für alles, was übersinnlich erscheint, gibt es eine Erklärung, die wahrscheinlicher ist: Solange die nicht ausgeschlossen werden kann, sollte man sich nicht vorschnell an die unwahrscheinlichste halten. Bisher konnte noch keine Hellseherei belegt werden. Und jede Magie verpuffte unter kontrollierten Bedingungen. Am besten ist es, pragmatische Ignoranz gegenüber dem Übersinnlichen walten zu lassen, seiner geringen Wahrscheinlichkeit wegen.

Und wenn dem doch einmal anders wäre? Wenn sich herausstellt, dass es doch mehr zwischen Himmel und Erde gibt, als die Schulweisheit erträumt?

Sollte das auch nichts heißen.

Denn selbst wenn die Möglichkeit bestünde, dass ein charismatischer Guru all unsere Probleme lösen könnte, sollten wir ihn doch nicht damit betrauen. Selbst wenn ein Erleuchteter eine Abkürzung kennt, würde ich für den umständlicheren Weg plädieren. Selbst wenn ein Wahrsager mir die Zukunft detailliert voraussagen könnte, wollte ich nicht, dass er es tut.

Natürlich kann man nicht ausschließen, dass es eine geistige Welt gibt. Aber das heißt noch lange nicht, dass man sie auch nutzen sollte. Propheten sollten ihre Gabe mit sich ausmachen. Hellseher sollten den Mund halten.

Denn das Problem an jeder Erleuchtung ist der Machtanspruch, der damit verbunden ist. Übernatürliche Geistesgaben entziehen sich jeder äußeren Kontrolle, und die Idee der Erleuchtung widerspricht der Vorstellung der Gleichheit der Menschen. Einem Erleuchteten kann man nun einmal nicht auf Augenhöhe begegnen.

Insofern ist es nur auf den ersten Blick eine demokratische Errungenschaft, dass das religiöse Charisma heute potenziell einem jeden zur Verfügung stehen kann. Dass sich jeder zum Guru erklären kann, ich, du, wir alle. Es wirkt wie eine Emanzipation von den autoritären Vorgaben der Kirchen. Man muss nicht mehr glauben, was von der Kanzel gepredigt wird. Man findet die göttliche Wahrheit in sich selbst – und wird zum eigenen Propheten im Wohnzimmerumkreis. Nur die »charismatische Herrschaft«, die der Soziologe Max Weber beschrieben hat, wird nicht dadurch freundlicher, dass sie jeder ausüben kann. Etwas Undemokratisches allen in Aussicht zu stellen, ist noch lange kein Triumph der Demokratie.

Vielleicht ist es sogar das, was mich am meisten an der Esoterik verstört. Nicht nur, dass diese ständige Verbindung von Geist und Apparat, von Seele und Technik so schief wirkt. Nicht nur, dass sie, wie Theodor Adorno schrieb, als Mythologie deswegen so falsch erscheint, weil sie in einer Zeit auftritt, die eigentlich über mythologisches Denken hinaus ist. Was am meisten beunruhigt, ist ihr Zug zum Autoritären. Vielleicht ist mir das auch bewusst geworden, weil ich bei meinem Experiment gemerkt habe, wie einfach man sich selbst zum Guru erklären und Gefolgschaft finden kann. Dass es ja jeder so machen könnte, kommt mir nicht wie eine beruhigende Vorstellung vor. Im Gegenteil.

Die Esoterik verfängt besonders in einer Zeit, die die ständige Selbstoptimierung predigt. Sie ist die wohltuende Antwort auf neue Härten, auf den ständigen Imperativ der Flexibilität und auf die wachsenden Unsicherheiten, auf Jobs, Beziehungen, Partnerschaften, die jederzeit wegbrechen können. Was liegt angesichts dieser Herausforderungen näher, als sich selbst zu einer Art Gott zu machen? Nur versperrt die Selbstermächtigung den Blick auf die eigentlichen Ursachen einer Entwicklung, auf die sie reagieren will. Sie ist ein Placebo: Sie verspricht Besserung, aber geht am Kern vorbei.

Und nicht nur das. Selbstermächtigung und Selbstaufgabe liegen oft überraschend nahe beieinander. Der vermeintliche Gestaltungsgewinn ist erkauft durch die Abhängigkeit von Geistern, Engeln und Lichtwesen. Und deren Wille ist eben nicht kontrollierbar. Esoterik ist der Eintritt des Menschen in die selbstverschuldete Unmündigkeit.

Immanuel Kant, der Aufklärer, hat in seiner Kritik an Emanuel Swedenborg, dem »Erzgeisterseher unter allen Geistersehern«, darauf hingewiesen, dass sich die geistige Welt an sich unserer Erkenntnis entzieht. Dass wir nie sicher werden unterscheiden können zwischen einer Eingebung von oben, so sie denn möglich sein sollte, und den Gespinsten und Gedanken in unserem Kopf. Vor allem Übersinnlichen macht der menschliche Verstand Halt. Aber ist das schlimm?

Am Ende seiner Auseinandersetzung mit der Geisterseherei kommt Kant zu einem nüchternen und gleichzeitig Mut machenden Fazit. Er empfiehlt der Vernunft Bescheidenheit – und Größe. »Wie viele Dinge gibt es doch, die ich nicht einsehe«, schreibt er und erinnert mit Sokrates daran, dass übersinnliche Erkenntnis zwar unmöglich, aber eben auch unnötig sei. »Wie viele Dinge gibt es doch, die ich alle nicht brauche?«[116]

Es ist kein Grund zur Resignation. Denn unser Verstand wird erst scharf, wenn er sich seiner Grenzen bewusst ist, wenn er nicht blindlings hinaussegelt auf Eroberungstouren, die doch aussichtslos sind. Die Geister, schreibt Kant, gingen ihn nichts an, aber das bekümmert ihn nicht, weil er dann seine »geringe Verstandesfähigkeit auf die übrigen Gegenstände vorteilhafter anlegen« könne. »Wenn man das Große nicht füglich erreichen kann«, schreibt er, müsse man sich eben »auf das Mittelmäßige« beschränken.

Was sollen wir den Geistern und Erzengeln hinterherrennen, den kosmischen Energien, Elfen und Feen, sie mit Apparaten, Messgeräten und Meditationen einfangen? Mit den ganz irdischen Dingen haben wir genug zu tun.

Anhang

Anmerkungen

1 Rauner, Max: Die neue Religion. Die Esoterik durchdringt den Alltag. Religionsforscher prophezeien eine stille spirituelle Revolution, Sektenbeauftragte warnen, in: Zeit Wissen, 4/2011, S. 84 f.

2 Pressemitteilung der Identity Foundation und der Universität Hohenheim vom 7. 6. 2006: »Jeder siebte Deutsche ein ›spiritueller Sinnsucher‹« (http://identity-foundation.de/images/stories/downloads/PM_Lang_Studie_Spiritualitaet.pdf).

3 Pressemitteilung der Universität Bielefeld vom 23. 2. 2012: »Eher spirituell als religiös« (http://idw-online.de/de/news464746).

4 Kramer, Bernd: Hinters Licht geführt. Der Esoterik-Markt wächst und wächst. Aber nicht alle Angebote sind so harmlos, wie sie klingen, in: Die Zeit 28/2010.

5 Ebd.

6 Kramer, Bernd: Die falsche Nase. Manche Unternehmen wählen Mitarbeiter nach der Schädelform aus, in: Zeit Campus 6/2011.

7 Messe EINHEIT – Bürgermeister Manfred Horf (CDU) unterstützt Scharlatanerie, in: Psiram-Blog, 11. 5. 2010 (http://blog.psiram com/2010/05/messe-einheit-burgermeister-manfred-horf-cdu-unterstutzt-scharlatanerie/).

8 Trauriges Ende für Klinsmanns Buddhas, in: Die Welt, 3. 9. 2008.

9 Medick, Veit: Polizei suchte mit Geisterbeschwörer nach NSU-Mörder, in: Spiegel Online, 14. 6. 2012 (http://www.spiegel.de/politik/deutschland/polizei-suchte-mit-geisterbeschwoerer-nach-den-nsu-moerdern-a-838795.html).

10 Adorno, Theodor W.: Thesen gegen den Okkultismus, in: Ders.: Minima Moralia. Notizen aus dem beschädigten Leben, Frankfurt am Main 2001, S. 274.

11 Mann, Thomas: Über mich selbst. Autobiografische Schriften, Frankfurt am Main 2010, S. 226.

12 Ebd., S. 254.

13 Ebd., S. 258.

14 Weber, Max: Gesammelte Aufsätze zur Wissenschaftslehre, hg. v. Johannes Winckelmann, Tübingen 1985, S. 594.

15 Ebd.
16 Statistisches Bundesamt (Destatis) / Wissenschaftszentrum Berlin für Sozialforschung (WZB) (Hg.): Datenreport 2011. Ein Sozialbericht für die Bundesrepublik Deutschland, Bonn 2011, S. 154f.
17 Vgl. Daten der Forschungsgruppe Weltanschauung in Deutschland (fowid) vom 29.3.2011 (http://fowid.de/fileadmin/datenarchiv/Religionszugehoerigkeit/Religionszugehoerigkeit_Bevoelkerung_1970_2011.pdf).
18 Siegers, Pascal: Alternative Spiritualitäten. Neue Formen des Glaubens in Europa. Eine empirische Analyse, Frankfurt am Main 2012, S. 320ff.
19 Luckmann, Thomas: Die unsichtbare Religion, Frankfurt am Main 1993, passim.
20 Ebd., S. 114.
21 Knoblauch, Hubert: Die populäre Religion und die Transformation der Gesellschaft, in: Aus Politik und Zeitgeschichte 52/2008, S. 5.
22 Pöhlmann, Matthias: Im Kraftstrom göttlicher Energien. Erscheinungsformen und Hintergründe moderner Esoterik, in: EZW-Text (2008) 198, S. 18.
23 Zinser, Hartmut: Esoterik. Eine Einführung, München 2009, S. 11.
24 Neugebauer-Wölk, Monika: Aufklärung – Esoterik – Wissen. Transformation des Religiösen im Säkularisierungsprozess, in: Dies. (Hg.): Aufklärung und Esoterik. Rezeption – Integration – Konfrontation, Tübingen 2008, S. 5–28.
25 Adorno: Thesen gegen den Okkultismus, S. 322.
26 Zinser: Esoterik, S. 14ff.
27 Steinfeld, Thomas: Das Rumoren der Klopfgeister. Die Physik, das Experiment, der Okkultismus und die Anfänge der modernen Kunst. Entwurf einer Gespensterkunde, in: Neue Rundschau 122 (2011) 2, S. 12.
28 BBC News Magazine, 13.3.2012 (http://www.bbc.co.uk/news/magazine-17348635).
29 Steinfeld: Das Rumoren der Klopfgeister, S. 14.
30 Zinser: Esoterik, S. 16.
31 Website der Deutschen Hauptstelle Hannover der Theosophischen Gesellschaft: http://www.blavatsky.de/cms/ueber-h.-p.-blavatsky/eine-lebensskizze.php.
32 Adorno: Thesen gegen den Okkultismus, S. 276.
33 Siegers: Alternative Spiritualitäten. S. 111f.
34 Website der »Vereinigung der Sethfreunde«: http://www.sethfreunde.org/cms/seth-material/wer-ist-seth.
35 Kramer: Hinters Licht geführt.
36 Spiegel-Online-Kolumne von Sibylle Berg vom 23.4.2011: Sie finden sich furchtbar, und das zu Recht! (http://www.spiegel.de/kultur/

gesellschaft/s-p-o-n-fragen-sie-frau-sibylle-sie-finden-sich-furcht bar-und-das-zu-recht-a-758594.html).
37 Knoblauch, Hubert: Ganzheitliche Bewegungen, Transzendenzerfahrungen und die Entdifferenzierung von Kultur und Religion in Europa, in: Berliner Journal für Soziologie 12 (2002) 3, S. 295–307.
38 Byrne, Rhonda: The Secret – das Geheimnis, München 2007, S. 63.
39 Ehrenreich, Barbara: Smile or Die. Wie die Ideologie des positiven Denkens die Welt verdummt, München 2010, S. 88 ff.
40 Popper, Karl R. / Kreuzer, Franz: Offene Gesellschaft, offenes Universum. Ein Gespräch über das Lebenswerk des Philosophen, München / Zürich 1986, S. 11.
41 Zander, Helmut: Geschichte der Seelenwanderung in Europa. Alternative religiöse Traditionen von der Antike bis heute, Darmstadt 1999, S. 572 f.; Iwersen, Julia: Wege der Esoterik. Ideen und Ziele, Freiburg 2003, S. 185.
42 Platon: Phaidon, in: Ders.: Sämtliche Werke, Bd. 1, Berlin 1940, S. 731–811.
43 Zander: Geschichte der Seelenwanderung in Europa, S. 78.
44 Ebd., S. 477.
45 Ebd., S. 482 f.; Lexikon der EZW: Reinkarnation (http://www.ekd.de/ezw/Lexikon_118.php); Informationen der Gesellschaft zur wissenschaftlichen Untersuchung von Parawissenschaften (GWUP): Reinkarnation (http://www.gwup.org/infos/themen-nach-gebiet/65-reli gion-glaube/73-reinkarnation).
46 Hemminger, Hansjörg / Kick, Annette / Schäfer, Andrew: Ein Land voller Propheten. Neureligiöse und spirituelle Kleingruppen um Medien, Gurus und erleuchtete Meister, in: Materialdienst. Zeitschrift für Religions- und Weltanschauungsfragen (2008) 6, S. 163–173.
47 Caberta, Ursula: Schwarzbuch Esoterik, Gütersloh 2010, S. 9.
48 Hemminger / Kick / Schäfer: Ein Land voller Propheten, S. 163–173.
49 Website von Ekkehard Zellmer: http://www.huna-vita.de/main/zell mer.html.
50 Informationen über Lichtkreise auf Ekkehard Zellmers Website: http://huna-vita.de/main/lichtkreis_gruenden.html#warum%20lichtkr.
51 Endbericht der Enquete-Kommission »Sogenannte Sekten und Psychogruppen« (9. 6. 1998), in: Deutscher Bundestag, 13. Wahlperiode, Drucksache 13/10950, S. 145 f.
52 Jahresabschlussbericht zum Geschäftsjahr vom 1. 10. 2010 bis zum 30. 9. 2011, einsehbar über http://www.bundesanzeiger.de/.
53 Bardt, Sylvius: Von der Freiheit, sich seinen Bezugsrahmen selbst zu wählen. Wie tolerant sind wir eigentlich?, in: EZW-Texte (2009) 205, S. 37.

54 Astro TV, Ihr Sender für Astrologie und Esoterik: http://www.astrotv.de/shop/do/product/diamonds-of-eternity-sexualitaet-ein-brennendes-feuer/A54207?site=astrotv.

55 http://www.youtube.com/watch?v=T2irjyZRV3A.

56 Bardt: Von der Freiheit, sich seinen Bezugsrahmen selbst zu wählen, S. 39.

57 Telefonberatung durch Stephan Schulz: http://www.dailymotion.com/video/xiy49v_astro-tv-stephan-g-schulz-fragen-zur-gesundheit-das-vierte-27-05-2011_lifestyle#.UUduJjeTW_J.

58 Bardt: Von der Freiheit, sich seinen Bezugsrahmen selbst zu wählen, S. 38 f.

59 Ebd., S. 38.

60 Katechismus der Katholischen Kirche, Paragraf zu »Du sollst keine anderen Götter neben mir haben«: http://www.vatican.va/archive/DEU0035/__P7L.HTM.

61 Cicero, Marcus Tullius: Von der Weissagung, Stuttgart 1828.

62 Ebd., S. 904.

63 Ebd., S. 945 f.

64 Ebd., S. 960 f.

65 Ebd., S. 261.

66 Ebd. S. 128.

67 Ebd.

68 Knoblauch, Ganzheitliche Bewegungen, Transzendenzerfahrung und die Entdifferenzierung von Kultur und Religion in Europa, S. 295–307.

69 Luckmann, Thomas: Veränderung von Religion und Moral im modernen Europa, in: Berliner Journal für Soziologie 12 (2002) 3, S. 285–293.

70 Knoblauch, Hubert: Soziologie der Spiritualität, in: Zeitschrift für Religionswissenschaft 13 (2005) 2, S. 123–133.

71 Pöhlmann: Im Kraftstrom göttlicher Energien, S. 39.

72 Knoblauch: Soziologie der Spiritualität, S. 123–133.

73 Ders.: Ganzheitliche Bewegungen, Transzendenzerfahrung und die Entdifferenzierung von Kultur und Religion in Europa, S. 295–307.

74 Beitrag auf der Website von Jesus.net: Erfüllt die Esoterik die Sehnsucht nach Harmonie? (http://gottkennen.jesus.net/eckart-haase/).

75 Haase, Eckhart: Lichtarbeit. Der Weg ins Dunkel. Die neue Esoterik des 21. Jahrhunderts, Bad Schwartau 2007, S. 6.

76 Beitrag auf der Website von Eckhart Haase: Wie Jesus mich rettete (http://www.lichtarbeit-verführung.de/jesus.html).

77 Kant, Immanuel: Träume eines Geistersehers, Stuttgart 2008, S. 65.

78 Ebd., S. 96.

79 Ebd.

80 Ebd., S. 59.

81 Ebd., S. 37.
82 Hinweis auf der Website von Questico: http://www.questico.de/k3/become_expert2.jsp.
83 Beitrag auf der Website des Fachverbands Deutscher Heilpraktiker: Biotensor (http://www.heilpraktiker.org/biotensor).
84 Bange, Uta: Die Esoterisierung der Gesellschaft (http://sekten-info-nrw.de/index.php?option=com_content&task=view&id=188&Itemid=1).
85 Ebd.
86 Hanfeld, Michael: Eine Frau telefoniert sich in den Ruin, in: Frankfurter Allgemeine Zeitung vom 23.10.2007.
87 Schiller, Friedrich: Kassandra, in: Sämtliche Werke in 5 Bänden, Bd. 1, München 2007, S. 356–360.
88 Weber, Max: Wirtschaft und Gesellschaft. Grundriß der verstehenden Soziologie, Tübingen 1980, S. 140.
89 Knoblauch: Soziologie der Spiritualität, S. 123–133.
90 Website des Films: http://kumaremovie.com/.
91 Interview mit Vikram Gandhi: »Der Nike-Slogan war mein Mantra«, in: Neon, 12/2012, S. 44.
92 Schnabel, Ulrich: Die Medizin des Glaubens, in: Die Zeit 52/2007.
93 Placebo-Effekt auch bei Wissen um Schein-Tabletten, in: Die Welt vom 27.12.2010.
94 Forer, B.R.: The fallacy of personal validation. A classroom demonstration of gullibility, in: Journal of Abnormal Psychology 44 (1949) 1, S. 118–123.
95 Furnham, A./Schofield, S.: Accepting personality test feedback. A review of the Barnum Effect, in: Current Psychology 6 (1987) 2, S. 162–178.
96 Hyman, Ray: Cold reading. How to convince strangers that you know all about them, in: Skeptical Inquirer 1 (1977) 2, S. 18–37.
97 Knoblauch, Hubert: Populäre Religion. Auf dem Weg in eine spirituelle Gesellschaft. Frankfurt am Main 2009, S. 241ff.
98 Käser, Peter: Mit der Wünschelrute auf Spurensuche. Freiherr von Pohl untersuchte Vilsbiburg und fand Zusammenhänge zwischen Wasseradern und Krankheiten, in: Vilsbiburger Journal, ohne Datum (http://www.vilsbiburg.info/wappen2/klima/wasserader/wasserader.htm).
99 Beitrag auf der Website des Instituts für Geophysik der Universität Stuttgart (http://www.geophys.uni-stuttgart.de/erdstrahlen/ref5.htm).
100 Kramer, Bernd: Esoterik an der Fachhochschule. Wünschel Dir was, in: Spiegel Online vom 27.2.2012 (http://www.spiegel.de/unispiegel/wunderbar/esoterik-an-der-fachhochschule-wuenschel-dir-was-a-813927.html).

101 Rauner, Max: Der Magier von Bludenz, in: Die Zeit 1/2007.
102 Beitrag auf der Website des Instituts für Geophysik der Universität Stuttgart: Die Störzonen, in denen Erdstrahlen entstehen, befinden sich nicht in der Erde, sondern im Kopf (http://www.geophys.uni-stuttgart.de/erdstrahlen/erds2.htm).
103 Beitrag auf der GWUP-Website vom 2.8.2011: Psi-Tests 2011. Grillen, Geister und Goldbarren (http://blog.gwup.net/2011/08/02/psi-tests-2011-grillen-geister-und-goldbarren/).
104 Mahner, Martin: Der Psi-Test der GWUP 2009, in: Skeptiker 3/2009.
105 Interview mit James Randi: »Dieselben Tricks, die ich benutze«, in: Der Standard vom 6.8.2008.
106 Test-Reglement auf der Website der James Randi Education Foundation (http://www.randi.org/site/index.php/component/content/article/37-static/254-jref-challenge-faq.html).
107 Filmbeitrag von Adrian-Basil Mueller: Die Wunderhändler – Geschäfte mit dem Übersinnlichen, MDR Fernsehen vom 10.10.2012 (http://www.mdr.de/exakt/wunderheiler104.html).
108 Filmbeitrag auf der Website der Main-Post zum Psi-Test an der Universität Würzburg (http://www.mainpost.de/videos/videogalerie/sts19436,5376).
109 Loftus, E. F.: Falsche Erinnerungen, in: Spektrum der Wissenschaft 1/1998, S. 62–67.
110 Ebd.
111 Ebd.
112 Schneider, Reto U.: Nichts als die Wahrheit. Warum die Gedächtnisforscherin Elizabeth Loftus vor Gericht auftritt, in: NZZ Folio 12/2001.
113 Hyman: Cold reading, S. 18–37.
114 Weizenbaum, Joseph: ELIZA. A computer program for the study of natural language communication between man and machine, in: Communications of the ACM 9 (1966) 1, S. 36–45.
115 Aus den Allgemeinen Geschäftsbedingungen von Questico (http://www.questico.de/agb/).
116 Kant: Träume eines Geistersehers, S. 78.

Auf sämtliche Internetquellen wurde zuletzt am 15.3.2013 zugegriffen.

Quellenverzeichnis

Adorno, Theodor W.: Thesen gegen den Okkultismus, in: Ders.: Minima Moralia. Notizen aus dem beschädigten Leben, Frankfurt am Main 2001.

Astro TV: Angebot für Diamonds of Eternity Sexualität – Ein brennendes Feuer (http://www.astrotv.de/shop/do/product/diamonds-of-eternity-sexualitaet-ein-brennendes-feuer/A54207?site=astrotv).

Bange, Uta: Die Esoterisierung der Gesellschaft, Internet-Veröffentlichung von Sekten-Info Nordrhein-Westfalen.

Bardt, Sylvius: Von der Freiheit, sich seinen Bezugsrahmen selbst zu wählen. Wie tolerant sind wir eigentlich?, in: EZW-Texte (2009) 205, S. 34–43.

Berg, Sibylle: Sie finden sich furchtbar, und das zu Recht!, in: Spiegel Online vom 23.4.2011.

Byrne, Rhonda: The Secret – das Geheimnis, München 2007.

Caberta, Ursula: Schwarzbuch Esoterik, Gütersloh 2010.

Cicero, Marcus Tullius: Von der Weissagung, Stuttgart 1828.

Dailymotion.com: Telefonberatung durch Stephan Schulz (http://www.dailymotion.com/video/xiy49v_astro-tv-stephan-g-schulz-fragen-zur-gesundheit-das-vierte-27-05-2011_lifestyle#.UUduJjeTW_J).

Deutscher Bundestag, 13. Wahlperiode: Endbericht der Enquete-Kommission »Sogenannte Sekten und Psychogruppen« (9.6.1998), Drucksache 13/10950.

Ehrenreich, Barbara: Smile or Die. Wie die Ideologie des positiven Denkens die Welt verdummt, München 2010.

Email from dead man's account spook loved ones, in: BBC News Magazine vom 13.3.2012 (http://www.bbc.co.uk/news/magazine-17348635).

Evangelische Zentralstelle für Weltanschauungsfragen (EZW): Internet-Eintrag »Reinkarnation« (http://www.ekd.de/ezw/Lexikon_118.php).

Fachverband Deutscher Heilpraktiker: Internet-Eintrag »Biotensor« (http://www.heilpraktiker.org/biotensor).

Forer, B.R.: The fallacy of personal validation. A classroom demonstration of gullibility, in: Journal of Abnormal Psychology 44 (1949) 1, S. 118–123.

Forschungsgruppe Weltanschauung in Deutschland (fowid): Daten zur Religionszugehörigkeit vom 29.3.2011 (http://fowid.de/fileadmin/datenarchiv/Religionszugehoerigkeit/Religionszugehoerigkeit_Bevoelkerung_1970_2011.pdf).

Furnham, A./Schofield, S.: Accepting personality test feedback. A review of the Barnum Effect, in: Current Psychology 6 (1987) 2, S. 162–178.

Gandhi, Vikram: »Der Nike-Slogan war mein Mantra«, in: Neon, 12/2012.

Gesellschaft zur wissenschaftlichen Untersuchung von Parawissenschaften (GWUP): Internet-Eintrag »Reinkarnation« (http://www.gwup.org/infos/themen-nach-gebiet/65-religion-glaube/73-reinkarnation).

Dies.: Psi-Tests 2011. Grillen, Geister und Goldbarren, Veröffentlichung auf der Website vom 2.8.2011 (http://blog.gwup.net/2011/08/02/psi-tests-2011-grillen-geister-und-goldbarren/).

Haase, Eckhart: Lichtarbeit. Der Weg ins Dunkel. Die neue Esoterik des 21. Jahrhunderts, Bad Schwartau 2007.

Ders.: Wie Jesus mich rettete, Internet-Veröffentlichung (http://www.lichtarbeit-verführung.de/jesus.html).

Hanfeld, Michael: Eine Frau telefoniert sich in den Ruin, in: Frankfurter Allgemeine Zeitung vom 23.10.2007.

Hemminger, Hansjörg / Kick, Annette / Schäfer, Andrew: Ein Land voller Propheten. Neureligiöse und spirituelle Kleingruppen um Medien, Gurus und erleuchtete Meister, in: Materialdienst. Zeitschrift für Religions- und Weltanschauungsfragen (2008) 6, S. 163–173.

Hyman, Ray: Cold reading. How to convince strangers that you know all about them, in: Skeptical Inquirer 1 (1977) 2, S. 18–37.

Identity Foundation / Universität Hohenheim: Jeder siebte Deutsche ein »spiritueller Sinnsucher«, Pressemitteilung vom 7.6.2006.

Institut für Geophysik der Universität Stuttgart: Die Störzonen, in denen Erdstrahlen entstehen, befinden sich nicht in der Erde, sondern im Kopf, Internet-Veröffentlichung (http://www.geophys.uni-stuttgart.de/erdstrahlen/erds2.htm).

Iwersen, Julia: Wege der Esoterik. Ideen und Ziele, Freiburg 2003.

James Randi Education Foundation: Test-Reglement für Versuche, Veröffentlichung auf der Website (http://www.randi.org/site/index.php/component/content/article/37-static/254-jref-challenge-faq.html).

Jesus.net: Erfüllt die Esoterik die Sehnsucht nach Harmonie?, Internet-Veröffentlichung (http://gottkennen.jesus.net/eckart-haase/).

Kant, Immanuel: Träume eines Geistersehers, Stuttgart 2008.

Katholische Kirche: Katechismus-Paragraf zu »Du sollst keine anderen Götter neben mir haben«, Internet-Veröffentlichung (http://www.vatican.va/archive/DEU0035/__P7L.HTM).

Käser, Peter: Mit der Wünschelrute auf Spurensuche. Freiherr von Pohl untersuchte Vilsbiburg und fand Zusammenhänge zwischen Wasseradern und Krankheiten, in: Vilsbiburger Journal, ohne Datum (http://de.scribd.com/doc/104759074/Freiherr-von-Pohl-Mit-der-Wunschelrute-auf-Spurensuche).

Knoblauch, Hubert: Populäre Religion. Auf dem Weg in eine spirituelle Gesellschaft, Frankfurt am Main 2009.

Ders.: Die populäre Religion und die Transformation der Gesellschaft, in: Aus Politik und Zeitgeschichte 52/2008, S. 9–15.

Ders.: Soziologie der Spiritualität, in: Zeitschrift für Religionswissenschaft 13 (2005) 2, S. 123–132.
Ders.: Ganzheitliche Bewegungen, Transzendenzerfahrungen und die Entdifferenzierung von Kultur und Religion in Europa, in: Berliner Journal für Soziologie 12 (2002) 3, S. 295–307.
Kramer, Bernd: Esoterik an der Fachhochschule. Wünschel Dir was, in: Spiegel Online vom 27. 2. 2012.
Ders.: Die falsche Nase. Manche Unternehmen wählen Mitarbeiter nach der Schädelform aus, in: Zeit Campus 6/11.
Ders.: Hinters Licht geführt. Der Esoterik-Markt wächst und wächst. Aber nicht alle Angebote sind so harmlos, wie sie klingen, in: Die Zeit 28/2010.
Loftus, E. F.: Falsche Erinnerungen, in: Spektrum der Wissenschaft 1/1998, S. 62–67.
Luckmann, Thomas: Veränderung von Religion und Moral im modernen Europa, in: Berliner Journal für Soziologie 12 (2002) 3, S. 285–293.
Ders.: Die unsichtbare Religion, Frankfurt am Main 1993.
Mahner, Martin: Der Psi-Test der Gwup 2009, in: Skeptiker 3/2009.
Main-Post: Film-Beitrag zum Psi-Test an der Universität Würzburg (http://www.mainpost.de/videos/videogalerie/sts19436,5376).
Mann, Thomas: Über mich selbst. Autobiografische Schriften, Frankfurt am Main 2010.
Medick, Veit: Polizei suchte mit Geisterbeschwörer nach NSU-Mörder, in: Spiegel Online vom 14. 6. 2012.
Messe EINHEIT – Bürgermeister Manfred Horf (CDU) unterstützt Scharlatanerie, in: Psiram-Blog vom 11. 5. 2010 (http://blog.psiram.com/2010/05/messe-einheit-burgermeister-manfred-horf-cdu-unterstutzt-scharlatanerie/).
Mueller, Adrian-Basil: Die Wunderhändler – Geschäfte mit dem Übersinnlichen, MDR-Fernsehbeitrag vom 10. 10. 2012.
Neugebauer-Wölk, Monika: Aufklärung – Esoterik – Wissen. Transformation des Religiösen im Säkularisierungsprozess, in: Dies. (Hg.): Aufklärung und Esoterik. Rezeption – Integration – Konfrontation, Tübingen 2008, S. 5–28.
Placebo-Effekt auch bei Wissen um Schein-Tabletten, in: Die Welt vom 27. 12. 2010.
Platon: Phaidon, in: Ders.: Sämtliche Werke, Bd. 1, Berlin 1940.
Pohl, Gustav Freiherr von: Erdstrahlen als Krankheitserreger, Diessen vor München 1932.
Pöhlmann, Matthias: Im Kraftstrom göttlicher Energien. Erscheinungsformen und Hintergründe moderner Esoterik, in: EZW-Text (2008) 198, S. 5–38.
Popper, Karl R. / Kreuzer, Franz: Offene Gesellschaft, offenes Universum.

Ein Gespräch über das Lebenswerk des Philosophen, München/Zürich 1986.
Questico: Allgemeine Geschäftsbedingungen (http://www.questico.de/agb/).
Questico: Hinweise für Lebensberater (http://www.questico.de/k3/become_expert2.jsp).
James Randi: »Dieselben Tricks, die ich benutze«, in: Der Standard vom 6.8.2008.
Rauner, Max: Die neue Religion. Die Esoterik durchdringt den Alltag. Religionsforscher prophezeien eine stille spirituelle Revolution, Sektenbeauftragte warnen, in: Zeit Wissen 4/2011.
Ders.: Der Magier von Bludenz, in: Die Zeit 1/2007.
Schiller, Friedrich: Kassandra, in: Sämtliche Werke in 5 Bänden, Bd. 1, München 2007.
Schnabel, Ulrich: Die Medizin des Glaubens, in: Die Zeit 52/2007.
Schneider, Reto U.: Nichts als die Wahrheit. Warum die Gedächtnisforscherin Elizabeth Loftus vor Gericht auftritt, in: NZZ Folio 12/2001.
Siegers, Pascal: Alternative Spiritualitäten. Neue Formen des Glaubens in Europa. Eine empirische Analyse, Frankfurt am Main 2012.
Statistisches Bundesamt (Destatis)/Wissenschaftszentrum Berlin für Sozialforschung (WZB) (Hg.): Datenreport 2011. Ein Sozialbericht für die Bundesrepublik Deutschland, Bonn 2011.
Steinfeld, Thomas: Das Rumoren der Klopfgeister. Die Physik, das Experiment, der Okkultismus und die Anfänge der modernen Kunst. Entwurf einer Gespensterkunde, in: Neue Rundschau 122 (2011) 2.
Theosophische Gesellschaft: Website der »Deutschen Hauptstelle Hannover« (http://www.blavatsky.de/cms/ueber-h.-p.-blavatsky/eine-lebensskizze.php).
Trauriges Ende für Klinsmanns Buddhas, in: Die Welt vom 3.9.2008.
Universität Bielefeld: »Eher spirituell als religiös«, Pressemitteilung vom 23.2.2012 (http://idw-online.de/de/news464746).
Vereinigung der Sethfreunde: Website, http://www.sethfreunde.org/cms/seth-material/wer-ist-seth.
Weber, Max: Gesammelte Aufsätze zur Wissenschaftslehre, hg. v. Johannes Winckelmann, Tübingen 1985.
Ders.: Wirtschaft und Gesellschaft. Grundriß der verstehenden Soziologie, Tübingen 1980.
Weizenbaum, Joseph: ELIZA. A computer program for the study of natural language communication between man and machine, in: Communications of the ACM 9 (1966) 1, S. 36–45.
Zander, Helmut: Geschichte der Seelenwanderung in Europa. Alternative religiöse Traditionen von der Antike bis heute, Darmstadt 1999.
Zinser, Hartmut: Esoterik. Eine Einführung, München 2009.

Angaben zum Autor

Bernd Kramer

Jahrgang 1984, Studium der Volkswirtschaftslehre, Soziologie und Politik an der Universität Köln, Absolvent der Kölner Journalistenschule; schreibt als Journalist unter anderem für die *taz, Spiegel Online* und *Die Zeit.*